JN171753

幼稚園・小学校教育の理論と指導法

生野金三・香田健治・湯川雅紀・高木史人 編

鼎書房

まえがき

2016（平成28）年12月中央教育審議会は、「幼稚園、小学校、中学校、高等学校及び特別支援学校の 学習指導要領等の改善及び必要な方策等について」の答申を発表した。そこでは、「2．学習指導要領等の改善の方向性」の項において、「主体的・対話的で深い学び」の実現（「アクティブ・ラーニング」の視点）から、子供たちが、学習内容を人生や社会の在り方と結びつけて深く理解し、これからの時代に求められる資質・能力を身に付け、生涯にわたって能動的に学び続けることができるよう、「主体的・対話的で深い学び」の実現に向けて、授業改善に向けた取組を活性化していくことが重要である[(1)]。とし、そして学習の内容と方法の両方を重視し、子供の学びの過程を質的に高めていき、単元や題材のまとまりの中で、子供たちが「何ができるようになるか」を明確にしながら、「何を学ぶか」という学習内容と、「どのように学ぶか」という学びの過程を組み立てていくことが重要になるとしている[(2)]。

まず、「何ができるようになるか」をめぐっては、新しい時代に必要となる資質・能力の育成を志向し、

① 「何を理解しているか、何ができるか（生きて働く「知識、技能」の習得）」

② 「理解していること・できることをどう使うか（未知の状況にも対応できる「思考力、判断力、表現力等」の育成）」

③ 「どのように社会・世界と関わり、よりよい人生を送るか（学びを人生や社会に生かそうとする「学びに向かう力、人間性等」の涵養）[(3)]」

等の内容を掲げている。①②では、知識を理解することに加えて、習得した知識や技能を目的に応じて使う力を重視し、その際、主体的協働的に問題を発見し解決していくアクティブ・ラーニングへの転換の必要性を強調している。そして、全体的には主体的に学習に取り組む態度も含めた学びに向う力や自己の感情や行動を統制する能力など、いわゆる「メタ認知」に関するものや多様性を尊重する態度と互いの良さを生かして協働する力、持続可能な社会作りに向けた態度、リーダーシップやチームワーク、感性、優しさや思いなど、人間性に関するものを重要視している。

次いで、「どのように学ぶか」をめぐっては、主体的・対話的で深い学びを実現するために、

① 学ぶことに興味や関心を持ち、自己のキャリア形成の方向性と関連付けながら見通しを持って粘り強く取り組み、自己の学習活動を振り返って次につなげる「主体的な学び」が実現できているか。

② 子供同士の協働、教職員や地域の人との対話、先哲の考え方を手掛かりに考えること等を通じ、自己の考えを広げ深める「対話的な学び」が実現できているか。

③ 習得・活用・探究という学びの過程の中で、各教科等の特質に応じた「見方・考え方」を働かせながら、知識を相互に関連付けてより深く理解したり、情報を精査して考えを形成したり、問題を見いだして解決策を考えたり、思いや考えを基に創造したりすることに向かう「深い学び」が実現できているか[(4)]。

等の視点から授業改善を行うことであるとする。3者の視点に立った授業改善を行うことで、学校教育における質の高い学びを実現し、学習内容を深く理解し、資質・能力を身に付け、生涯にわたって能動的（アクティブ）に学び続けるであろう。

以上みてきたことからも分かるように学習指導要領の改訂で、就中重要視されているのは、能動学習、つまりアクティブ・ラーニングと言っても過言ではない。

　そのアクティブ・ラーニングをめぐっては、大学教育においても重要視されている。大学の教育をめぐって、中央教育審議会の答申においては、教員による一方的な講義形式の教育とは異なり学習者の能動的な学修への参加を取り入れた授業・学習法の総称であるとし、学習者が能動的に学修することによって、認知的、倫理的、社会的能力、教養、知識、経験を含めた汎用能力の育成を志向し、質的転換を図る必要があるとする。

　以上のことを踏まえ、本書は大学における教職課程の「領域及び保育内容の指導法に関する科目、教科及び指導法に関する科目」の基礎的なテキストとして編纂した。本書の題名はこうしたことに鑑み『幼稚園・小学校教育の理論と指導法』とした。本書の特色は、次の通りである。

　第Ⅰ章「初等教育の教育目的・目標」では、幼稚園教育及び小学校教育の目的、教育目標、幼稚園・小学校が目指す連携の在り方について、論究している。

　第Ⅱ章「初等教育の教育内容」では、今次改訂の幼稚園教育要領における幼稚園の各領域内容の改善点、小学校学習指導要領における小学校の各教科・領域等の内容の改善点について、触れている。

　第Ⅲ章「初等教育の指導法」では、幼稚園ならびに小学校における指導計画の作成方法、学習指導案の意義、学習指導案の事例を掲げている。

　補章「小中の連携」では、中学校における学習指導要領の改善の視点と学習指導案と授業研究との関わり、さらに学習指導案の事例を掲げている。

　以上が本書の構成であるが、本書が受講生各位の教師としての資質・能力の育成に寄与すれば幸いである。

　2018年2月

編者代表　生 野 金 三

注1　中央教育審議会　答申　「幼稚園、小学校、中学校、高等学校及び特別支援学校の学習指導要領の改善及び必要な方策について」p.6、2016年12月21日
　2　同上書　p.6
　3　同上書　p.6
　4　同上書　p.8

幼稚園・小学校教育の理論と指導法　目次

第Ⅰ章　初等教育の教育目的・目標

1　幼稚園教育

(1) 幼稚園の教育目的

　2008（平成20）年改訂の幼稚園教育要領では「幼小接続」「預かり保育等の子育て支援」の充実が大きな特色だった。このたびの2017（平成29）年改訂においては、「社会に開かれた教育課程の実現」「一人一人の資質・能力を育んでいくこと」「小学校以降の教育や生涯にわたる学習とのつながりを見通すこと」が大きな眼目となっている。

　特に「資質・能力」という言葉に注目しておくならば、従来の小学校・中学校・高等学校の学習指導要領においても「学力」の向上が目指されたのだが、このたびの改訂では長らく使用された「学力」の語が消え、「資質・能力」の語が現れた。これは従来の学力が知識や記憶偏重の趣があったけれども、輻輳する現代社会において、学力を身につけるだけでは不充分だとの判断がなされたからであろう。

　幼稚園教育は、学校教育の始発として、その資質・能力を育む第一歩として重要であるとの認識がある。始発の教育をまずは大切に行い、やがて初等教育から中等教育、高等教育と進み、社会人としての資質・能力が十全に育まれることを目指しての改訂であると認識される。

　しかし、そうはいっても、幼稚園教育が「環境を通しての教育」である事情に変化はない。小学校等以降の授業を通しての教育とはその点が異なる。その上で、今回の改訂のポイントは、(1) 幼稚園教育で育みたい「資質・能力」を明確に示すこと、(2) 幼稚園修了時（5歳児）までに育ってほしい姿を「幼児期の終わりまでに育ってほしい姿」として明確化する、(3) 幼児一人一人のよさや可能性を把握する等「幼児理解に基づいた評価の実施」、(4) 言語活動等の充実を図ると共に、(5)「障害のある幼児や海外からの帰国した幼児等特別な配慮を必要とする幼児への指導の充実」が挙げられる。

　まず、「環境を通しての教育」及び上記 (1)(2) について確認しておくと、第1に、幼稚園教育は幼児の生命を保持し安定した情緒を維持しうる環境の下で、幼児の主体的な活動を促し、幼児期にふさわしい生活を展開することを目指す。また、第2に、遊びを通しての指導を重視する。幼児にとって遊びは重要な学習である。第3に、幼児一人一人の発達の特性に応じた教育を行う。この3者を指す（なお、ここにいう環境とは、物的環境だけではなく、教師や他の幼児をも含めた幼児を取り巻く全ての環境を指している）。

　学校教育全体を通して共通する、育成を目指す「資質・能力」は以下の①②③の3つの柱からなっている。

　①　知識及び技能が習得されるようにすること。

② 思考力、判断力、表現力等を育成すること。

③ 学びに向かう力、人間性等を涵養すること。

その上で（1）の環境を通して体験する幼稚園教育の特性に鑑みて、以上の3つの柱は、幼稚園の場合、以下のように整理される。

① 豊かな体験を通じて、感じたり、気付いたり、分かったり、できるようになったりする「知識及び技能の基礎」

② 気付いたことや、できるようになったことなどを使い、考えたり、試したり、工夫したり、表現したりする「思考力、判断力、表現力等の基礎」

③ 心情、意欲、態度が育つ中で、よりよい生活を営もうとする「学びに向かう力、人間性等」

これらの3本柱を、遊びを通しての総合的な指導によって教育していくのが、幼稚園における環境を通して行う教育なのである。この資質・能力は従来の5領域の枠組みにおいても育むことが可能なので、5領域は引き続き維持されることとなった。また、これらの①②③は個別に取り出して身に付けさせるのではなく、遊びを通して総合的な指導を行う中で、一体的に育んでいくことが重要である。

新しい幼稚園教育要領では、このような資質・能力を育むことを通して、幼児期の終わりまでに育ってほしい姿が次のように示された。それは、「健康な心と体」「自立心」「協同性」「道徳性・規範意識の芽生え」「社会生活との関わり」「思考力の芽生え」「自然との関わり・生命尊重」「数量や図形、標識や文字などへの関心・感覚」「言葉による伝え合い」「豊かな感性と表現」の10項目である。これらは3歳児、4歳児にそれぞれふさわしい指導を積み重ねて育まれ、幼稚園等と小学校の教員が持つ5歳児修了時の姿が共有化さることにより、幼小接続の一層の強化が図られることを期待されるものである。

この他、（3）では、一人一人の可能性は他の園児との比較や一定の基準によって測られるものでないこと、小学校との情報の共有化の工夫を図るのが大切なこと、日々の記録やドキュメンテーションやポートフォリオなどによって日々の幼児の評価の参考となる情報を蓄積することの重要性が指摘された。

また、上記（4）では、「主体的・対話的で深い学び」が実現できているかの視点からの指導の改善を図ること、「友達や教員と言葉の遣り取りしながら自分の考えをまとめたりすること」、幼児が次の活動への意欲を持つように「見通しや振り返り」をするように工夫すること、「情報機器の活用」などが大切だという。

（5）では、障害のある幼児に対しては「個別の教育支援計画」「個別の指導計画」の作成・活用に努めることが、帰国した幼児や日本語の習得に困難のある幼児に対しては「個々の幼児の実態に応じ、指導内容や指導方針の工夫を組織的かつ計画的に行うこと」が求められた。

また、幼稚園では、教科書のような主たる教材を用いず環境を通して行う教育をし、家庭との関係が他校種よりも緊密であること、預かり保育や子育て支援などの教育課程以外の活動が多くの幼稚園実施されていることを踏まえて、幼稚園におけるカリキュラム・マネジメントは「極めて重要」だと位置付けられた。したがって、

① 全体的な計画にも留意しながら、「幼児期の終わりまでに育ってほしい姿」を踏まえ、

教育課程を編成すること。

　② 教育課程の実施状況を評価してその改善を図っていくこと。

　③ 教育課程の実施に必要な人的又は物的な体制を確保するとともにその改善を図っていくこと。

などを通して、教育過程に基づき組織的かつ計画的に各幼稚園の教育活動の質の向上を図っていくことに努めることが、幼稚園において求められることとなった。

(2) 幼稚園の教育目標

　上記の目的に基づき、学校教育法において幼稚園の目標が次のように示されている。

学校教育法

第23条　幼稚園における教育は、前条に規定する目的を実現するため、次に掲げる目標を達成するよう行われるものとする。

1　健康、安全で幸福な生活のために必要な基本的な習慣を養い、身体諸機能の調和的発達を図ること。

2　集団生活を通じて、喜んでこれに参加する態度を養うとともに家庭や身近な人への信頼感を深め、自主、自律及び協同の精神並びに規範意識の芽生えを養うこと。

3　身近な社会生活、生命及び自然に対する興味を養い、それらに対する正しい理解と態度及び思考力の芽生えを養うこと。

4　日常の会話や、絵本、童話等に親しむことを通じて、言葉の使い方を正しく導くとともに、相手の話を理解しようとする態度を養うこと。

5　音楽、身体による表現、造形等に親しむことを通じて、豊かな感性と表現力の芽生えを養うこと。

　ここには、5項目にわたって幼稚園教育の目標が示されている。その様相を具に見てみると、それは①基本的な生活習慣の育成、②人と関わり信頼感を高め、そして規範意識の芽生えの育成、③身近な自然界の事象等に関わろうとする興味や関心の育成、④言葉への感覚を豊かにし言語能力の育成、⑤音楽、造形等の体験を通して感性及び表現力の育成等である。これらの5項目は、幼稚園教育要領における「健康」「人間関係」「環境」「言葉」「表現」の領域に対応していることが分かる。ここに掲げられている目標の達成が幼稚園の目的の実現につながるものである。

　ここでは、教育（保育）の中での活動において、一つの領域を設定するというものでなく、また一日の活動（部分の活動）の中で総ての領域をもたらすことなく体験するように設定するものではない。それは、幼稚園教育要領において、「各領域に示すねらいは、幼稚園における生活の全体を通じ、幼児が様々な体験を積み重ねる中で相互に関連をもちながら次第に達成に向かうものであること、内容は、幼児が環境に関わって展開する具体的な活動を通して総合的に指導されるものであることに留意しなければならない[1]」とあり、環境との関わりにおいて総合的に指導していくことを重要視しているからである。

（3）幼稚園が目指す連携の在り方

　幼稚園教育要領の「第1章 総則の第3 教育課程の役割と編成等 5 小学校教育との接続に当たっての留意事項」においては、幼小の接続について以下のように示されている。

> （1）　幼稚園においては、幼稚園教育が、小学校以降の生活や学習の基盤の育成につながることに配慮し、幼児期にふさわしい生活を通して、創造的な思考や主体的な生活態度などの基礎を培うようにするものとする。
>
> （2）　幼稚園教育において育まれた資質・能力を踏まえ、小学校教育が円滑に行われるよう、小学校の教師との意見交換や合同の研究の機会などを設け、「幼児期の終わりまでに育ってほしい姿」を共有するなど連携を図り、幼稚園教育と小学校教育との円滑な接続を図るよう努めるものとする。

　幼稚園における幼児期の教育は、「生涯にわたる人格形成の基礎を培う重要なものであり、幼稚園教育は、学校教育法に規定する目的及び目標を達成するため、幼児期の特性を踏まえ、環境を通して行うものであることを基本とする」としている。そして、その教育を通して育成された資質・能力を小学校以降の生活や学習の基盤になるようにすることが求められている。

　一方、小学校においては、今次改訂の小学校学習指導要領の「第1章 総則　第2 教育課程の編成 4 学校段階等間の接続」において、1年生への入学当初にスタートカリキュラムを実施することが義務付けられた。これは、幼稚園から小学校に移る中で、学びの連続性、一貫性を重視し、移行を円滑にすることを求めている。しかし、このことは就学前までの幼児期にふさわしい教育を求めているのであって、小学校教育を先行的に実施するものではない。

　幼稚園教育要領においては、幼児期に育みたい資質・能力として、以下のように示している。すなわち、(1) 豊かな体験を通じて、感じたり、気付いたり、分かったり、できるようになったりする「知識及び技能の基礎」、(2) 気付いたことや、できるようになったことなどを使い、考えたり、試したり、工夫したり、表現したりする「思考力、判断力、表現力等の基礎」、(3) 心情、意欲、態度が育つ中で、よりよい生活を営もうとする「学びに向かう力、人間性等」である。なお、これらは、生きる力を育むために幼稚園教育の基礎を踏まえて、一体的に育むものとされている。

　そして、今次改訂の幼稚園教育要領では、「幼児期の終わりまでに育ってほしい姿」を示している。これらは、心身の健康に関する領域「健康」、人との関わりに関する領域「人間関係」、身近な環境との関わりに関する領域「環境」、言葉の獲得に関する領域「言葉」及び感性と表現に関する領域「表現」、の5領域に示すねらい及び内容に基づく活動全体を通して、育成したい5歳児修了時における資質・能力の具体的な姿である。教師は、このことを保育指導を行う際に十分考慮しなければならない。この姿とは、(1) 健康な心と体、(2) 自立心、(3) 協同性、(4) 道徳性・規範意識の芽生え、(5) 社会生活との関わり、(6) 思考力の芽生え、(7) 自然との関わり・生命尊重、(8) 数量や図形、標識や文字などへの関心・感覚、(9) 言葉による伝え合い、(10) 豊かな感性と表現の10の姿を示している。

しかし、これらは、5歳児の終わりまでに必ずできるようになることやできるように育てなければならないことを示す到達目標ではない。幼児は、この示した方に向かって育っていくだろう、育ってほしいという方向目標である。つまり、5歳児の終わりにある程度育っているであろうという姿である。さらに、この姿は、5歳児から育成するものでなく、3、4歳児の頃から、意図的・計画的な指導をすることによって育成されるものである。

　幼稚園教育においては、幼児に「幼児期の終わりまでに育ってほしい姿」を含む生きる力の基礎を育成するため、在園期間の全体を通して、全体の計画を作成しなければならない。さらには、年間指導計画や学期ごとの指導計画等の長期の指導計画と、それとの関連性を図りながら具体的な幼児の発達や実態に応じて作成する週の指導計画や日の指導計画等の短期の指導計画の作成をしなければならない。つまり、幼児期の教育における「教育の目的・目標」、「教育課程」、「教育活動」、「活動の評価」の4つの構造を理解し、指導計画の作成や日々の実践の中でPDCAサイクル(2)を実践しながら幼児の資質・能力を育成することが求められているのである。

　そのため、幼児期の教育においては、幼児の好奇心や探究心を大切にしながら、豊かな感性を発揮し、見付ける、調べる、尋ねる、協働するなどの多様な方法を用いて、楽しみながら問題を見付けたり、解決し、気付いたりする活動を展開することが重要である。すなわち、幼児期の教育において、幼児が小学校に就学するまでに、豊かな体験を通じて、感じたり、気付いたり、分かったり、できるようになったりする「知識及び技能の基礎」、気付いたことや、できるようになったことなどを使い、考えたり、試したり、工夫したり、表現したりする「思考力、判断力、表現力等の基礎」、心情、意欲、態度が育つ中で、よりよい生活を営もうとする「学びに向かう力、人間性等」を育成することである。

　一方、小学校においては、幼稚園から小学校への円滑な移行を図ることが求められている。特に、小学校入学当初には、幼児期の教育で身に付けた資質・能力をスタートカリキュラムや教科指導で発揮できるようにすることが求められる。スタートカリキュラムでは、生活科を中心に合科的・関連的な指導や弾力的な時間割などのカリキュラム・マネジメントが必要視される。このような連続性・一貫性のある指導が、その後の小学校生活の中で児童個々の資質・能力を伸長できるようになるといえよう。

　幼小の接続を図るには、まず、幼児期の教育が遊びの中で学ぶのに対し、小学校教育が各教科等の授業を通じて学ぶという違いがあることを十分理解することである。しかし、これらには、共に「人との関わり」「ものとの関わり」「こととの関わり」という直接的・具体的な事象や対象との関わりの中で教育活動が行われるという共通点がある。つまり、幼児も児童も「人、もの、こと」と関わりを通して、成長していくのである。

　幼小の連携は、幼児期の教育で育成された資質・能力を小学校教育につなげていくという意味で重要視されているのである。この連携を円滑に行うためには、以下の3点が求められる。すなわち、第1に、幼児期の教育では、育成すべき資質・能力を理解しながら、「幼児期の終わりまでに育ってほしい姿」を目指す方向で教育を行うことである。第2に、小学校の教師との研修会や交流会などを通して「幼児期の終わりまでに育ってほしい姿」を共有し、小学校教育につなげていくことが大切である。第3に、小学校との連携を図る際には、「幼児期の終わりまでに育ってほしい姿」に照らし合わせた幼児の具体的な姿を伝えることである。

注1　文部科学省　『幼稚園教育要領』P.11、2019年

　　2　PDCAサイクル（PDCA cycle、Plan（計画）−Do（実行）−Check（評価）−action（改善）cycle）は、教育活動における教育目標の設定や指導計画の作成、教育実践、学習評価、指導の改善等を進める手法の1つである。この4段階を継続的に繰り返すことによって、教育活動の質を向上させる。

引用・参考文献
・文部科学省『幼稚園教育指導資料第1集 指導計画の作成と保育の展開』フレーベル館、2008年
・無藤隆・汐見稔幸編『イラストで読む！幼稚園教育要領 保育所保育指針 幼保連携型認定こども園教育・保育要領はやわかりBOOK』学陽書房、2017年

2　小学校教育

（1）小学校の教育目的・目標

　我が国では、小学校は義務教育に位置付けられているが、その義務教育については、教育基本法において次のように示されている。

> 教育基本法　第2章　義務教育
> 第5条
> 2　義務教育として行われる普通教育は、各個人の有する能力を伸ばしつつ社会において自立的に生きる基礎を培い、また、国家及び社会の形成者として必要とされる基本的な資質を養うことを目的として行われるものとする。

　ここでは、個々人の有している能力を発展させ、社会において自立的に生きる基礎を育成し、並びに国民及び社会の形成者として必要な知識・技能・態度を育成することが義務教育の目的であるとしている。このように義務教育では、その基礎的、基本的なものを育成することを目指している。小学校は義務教育に位置付けられることから小学校の教育目的もこの目的に基づくものとなる。その小学校の目的は、学校教育法において次のように示されている。

> 学校教育法　第29条　小学校教育の目的
> 　小学校は、心身の発達に応じて、義務教育として行われる普通教育のうち基礎的なものを施すことを目的とする。

　小学校は、初等普通教育として児童の心身の発達段階や特性を考慮し、調和のとれた人間の育成を図ることにその教育目的が置かれる。「調和のとれた人間の育成」とは、「生きる力」の基盤となる確かな学力、豊かな心、健やかな体の調和的な発達を重視することにある。この小学校の目的の実現のために、小学校教育の目標が次のように示されている。

> **学校教育法　第30条　小学校教育の目標**
>
> 　小学校における教育は、前条に規定する目的を実現するために必要な程度において第21条各号に掲げる目標を達成するよう行われるものとする。
>
> ②　前項の場合においては、生涯にわたり学習する基礎が培われるよう、基礎的な知識及び技能を習得させるとともに、これらを活用して課題を解決するために必要な思考力、判断力、表現力その他の能力をはぐくみ、主体的に学習に取り組む態度を養うことに、特に意を用いなければならない。

　「前条に規定する目的を実現するために必要な程度において第21条各号に掲げる目標」とあるが、その第21条各号とは、

> **学校教育法　第21条　義務教育の目標**
>
> 　義務教育として行われる普通教育は、教育基本法（平成18年法律第120号）第5条2項に規定する目的を実現するために、次に掲げる目標を達成するよう行われものとする。
>
> 1　学校内外における社会的活動を促進し、自主、自律及び協同の精神、規範意識、公正な判断力並びに公共の精神に基づき主体的に社会の形成に参画し、その発展に寄与する態度を養うこと。
>
> 2　学校内外における自然体験活動を促進し、生命及び自然を尊重する精神並びに環境の保全に寄与する態度を養うこと。
>
> 3　我が国と郷土の現状と歴史について、正しい理解に導き、伝統と文化を尊重し、それらをはぐくんできた我が国と郷土を愛する態度を養うとともに、進んで外国の文化の理解を通じて、他国を尊重し、国際社会の平和と発展に寄与する態度を養うこと。
>
> 4　家族と家庭の役割、生活に必要な衣、食、住、情報、産業その他の事項について基礎的な理解と技能を養うこと。
>
> 5　読書に親しませ、生活に必要な国語を正しく理解し、使用する基礎的な能力を養うこと。
>
> 6　生活に必要な数量的な関係を正しく理解し、処理する基礎的な能力を養うこと。
>
> 7　生活にかかわる自然現象について、観察及び実験を通して、科学的に理解し、処理する基礎的な能力を養うこと。
>
> 8　健康、安全で幸福な生活のために必要な習慣を養うとともに、運動を通じて体力を養い、心身の調和的発達を図ること。
>
> 9　生活を明るく豊かにする音楽、美術、文芸そのたの芸術について基礎的な理解と技能を養うこと。
>
> 10　職業についての基礎的な知識と技能、勤労を重んずる態度及び個性に応じて将来の進路を選択する能力を養うこと。

等である。情報化やグローバル化といった変化の激しい複雑な社会は、人間の予測を超えて加速的に進展するようになってきている。こうした社会において、児童がこれから直面していく様々な課題に主体的に取り組み、自立的で心豊かにたくましく生きてゆくためには、「生きる

力」が求められる。その「生きる力」を育成するにあたり、これらの目標が規準となる。

　先の学校教育法第30条の小学校教育では、「必要な程度において」達成することが求められるとあるが、これは児童の心身の発達の段階や特性及び学校や地域の実態を十分考慮した上で、それらに応じて教育目標を設定し、その達成を目指していくのである。

　その場合、生涯にわたり学習する基礎が培われるようにしなければならない。その基礎として重要な要素、いわゆる「学力」の3要素が示されている。その3要素とは、①基礎的な知識・技能の習得、②知識・技能を活用して課題を解決するために必要な思考力、判断力、表現力等、③主体的に学習に取り組む態度等である。ここでは、「思考力、判断力、表現力等」とは、「知識・技能」を活用して課題を解決するために必要な力と規定されている。児童が「どのように社会や世界と関わり、よりよい人生をおくるか」に関わる「主体的に学習に取り組む態度」は、他の2つの要素をどのような方向性で働かせていくかを決定付ける重要な要素である。

　ところで、中央教育審議会の答申は、「知識・技能を活用して課題を解決する」という過程をめぐって、以下の3者があると指摘する。

・物事の中から問題を見いだし、その問題を定義し解決の方向性を決定し、解決方法を探して計画を立て、結果を予測しながら実行し、振り返って次の問題発見・解決につなげていく過程

・精査した情報を基に自分の考えを形成し、文章や発話によって表現したり、目的や場面、状況等に応じて互いの考えを適切に伝え合い、多様な考えを理解したり、集団としての考えを形成したりしていく過程

・思いや考えを基に構想し、意味や価値を創造していく過程[1]

　そして、教育課程において、これらの過程に必要となる「思考力、判断力、表現力等」が、各教科等の特質に応じて育まれるようにするとともに、教科等横断的な視点に立って、それぞれの過程について、言語能力、情報活用能力及び問題発見・解決能力、現代的な諸課題に対応して求められる資質・能力の育成を目指す中で育まれるようにすることが重要となる[2]としている。

(2) 小学校が目指す連携の在り方

　「学校段階等間の接続」をめぐって、『小学校学習指導要領　総則編』において、「幼児期の教育との接続及び低学年における教育全体の充実」の項に、

---

(1)　幼児期の終わりまでに育ってほしい姿を踏まえた指導を工夫することにより、幼稚園教育要領等に基づく幼児期の教育を通して育まれた資質・能力を踏まえて教育活動を実施し、児童が主体的に自己を発揮しながら学びに向かうことが可能となるようにすること。

　　また、低学年における教育全体において、例えば生活科において育成する自立し生活を豊かにしていくための資質・能力が、他教科等の学習においても生かされるようにするなど、教科等間の関連を積極的に図り、幼児期の教育及び中学年以降の教育との円滑な接続が図られるよう工夫すること。特に、小学校入学当初においては、幼児期において自発的な活動としての遊びを通して育まれてきたことが、各教科等における学習に円滑に接続されるよう、生活科を中心に、合科的・関連的な指導や弾力的な時間割の設定など、指導の工夫や指導計画の作成を行うこと。[3]

とする。ここでは、小学校の教育目標を達成するための重要な教育活動として、幼児期の教育と小学校教育の円滑な接続の重要性を示している。小学校の低学年は、幼児期の教育を通じて身に付けた資質・能力を生かしながら生活科を初め教科等の学習につなぎ、児童の資質・能力を伸長する時期である。幼稚園教育要領においては、「知識及び技能の基礎」「思考力、判断力、表現力等の基礎」「学びに向かう力、人間性等」の資質・能力の3つの要素を一体的に育むように努めることや、幼児期の教育を通して資質・能力が育まれている幼児の具体的な姿を「幼児期の終わりまでに育ってほしい姿」として示している。

　幼児期の教育を踏まえ、加えて幼児期から児童期への発達の流れを大切にし、幼児期の教育と低学年の教育との円滑な接続を図っていくことが重要である。そして、幼児教育によって育まれた資質・能力をさらに伸長することができるようにすることが重要である。特に、入学当初においては、幼児期の遊びや学びを通じた総合的な指導を通じて育まれてきた資質・能力が、各教科等における学習に円滑に接続されるよう、スタートカリキュラムを児童や学校、地域の実情を踏まえて編成し、その中で生活科を中核に合科的・関連的な指導や弾力的な時間割の編成等、指導の工夫や指導計画の作成が求められる。

　このように小学校教育においても幼稚園教育等との連携や交流は意義のあるものであり、目標や内容を念頭に置いて、計画的に取り組んでいくことが望まれる。

注1　文部科学省『小学校学習指導要領（平成29年告示）解説　総則編』p.38、2017（平成29）年7月
　　2　同上書　p.39
　　3　同上書　pp.72-73

第Ⅱ章　初等教育の教育内容

幼稚園教育要領における教育の特色（新幼稚園教育要領の改善点）

　2017（平成29）年に改訂された幼稚園教育要領において注目すべきは、「幼稚園教育において育みたい資質・能力及び『幼児期の終わりまで育ってほしい姿』」が掲げられていることである。幼稚園教育において育みたい資質・能力として、

(1)　豊かな体験を通じて、感じたり、気付いたり、分かったり、できるようになったりする「知識及び技能の基礎」

(2)　気付いたことや、できるようになったことなどを使い、考えたり、試したり、工夫したり、表現したりする「思考力、判断力、表現力等の基礎」

(3)　心情、意欲、態度が育つ中で、よりよい生活を営もうとする「学びに向かう力、人間性等[1]」

等の3つの柱を掲げている。これは、学校教育法第30条第2項が定める学校教育において重視すべき3要素とも大きく共通している。これらの資質・能力は、現行の幼稚園教育要領の5領域の枠組みにおいても育んでいくことが可能であると考えられることから5領域は引き続き、維持する[2]としている。前述した資質・能力の3つの柱を踏まえ、具体的な姿として明らかにしたものが「幼児期の終わりまで育ってほしい姿」である。これは、それぞれの領域に示すねらい及び内容に基づく活動全体を通して、資質・能力が育まれている幼児の幼稚園終了時の具体的な姿であり、教師が指導を行う際、考慮すべき10項目である。

(1)　健康な心と体

　　幼稚園生活の中で、充実感をもって自分のやりたいことに向かって心と体を十分に働かせ、見通しをもって行動し、自ら健康で安全な生活をつくり出すようになる。

(2)　自立心

　　身近な環境に主体的に関わり様々な活動を楽しむ中で、しなければならないことを自覚し、自分の力で行うために考えたり、工夫したりしながら、諦めずにやり遂げることで達成感を味わい、自信をもって行動するようになる。

(3)　協同性

　　友達と関わる中で、互いの思いや考えなどを共有し、共通の目的の実現に向けて、考えたり、工夫したり、協力したりし、充実感をもってやり遂げるようになる。

(4)　道徳性・規範意識の芽生え

　　友達と様々な体験を重ねる中で、してよいことや悪いことが分かり、自分の行動を振り返ったり、友達の気持ちに共感したりし、相手の立場に立って行動するようになる。また、きまりを守る必要性が分かり、自分の気持ちを調整し、友達と折り合いを付けながら、きまりをつくったり、守ったりするようになる。

(5) 社会生活との関わり

　家族を大切にしようとする気持ちをもつとともに、地域の身近な人と触れ合う中で、人との様々な関わり方に気付き、相手の気持ちを考えて関わり、自分が役に立つ喜びを感じ、地域に親しみをもつようになる。また、幼稚園内外の様々な環境に関わる中で、遊びや生活に必要な情報を取り入れ、情報に基づき判断したり、情報を伝え合ったり、活用したりするなど、情報を役立てながら活動するようになるとともに、公共の施設を大切に利用するなどして、社会とのつながりなどを意識するようになる。

(6) 思考力の芽生え

　身近な事象に積極的に関わる中で、物の性質や仕組みなどを感じ取ったり、気付いたりし、考えたり、予想したり、工夫したりするなど、多様な関わりを楽しむようになる。また、友達の様々な考えに触れる中で、自分と異なる考えがあることに気付き、自ら判断したり、考え直したりするなど、新しい考えを生み出す喜びを味わいながら、自分の考えをよりよいものにするようになる。

(7) 自然との関わり・生命尊重

　自然に触れて感動する体験を通して、自然の変化などを感じ取り、好奇心や探究心をもって考え言葉などで表現しながら、身近な事象への関心が高まるとともに、自然への愛情や畏敬の念をもつようになる。また、身近な動植物に心を動かされる中で、生命の不思議さや尊さに気付き、身近な動植物への接し方を考え、命あるものとしていたわり、大切にする気持ちをもって関わるようになる。

(8) 数量や図形、標識や文字などへの関心・感覚

　遊びや生活の中で、数量や図形、標識や文字などに親しむ体験を重ねたり、標識や文字の役割に気付いたりし、自らの必要感に基づきこれらを活用し、興味や関心、感覚をもつようになる。

(9) 言葉による伝え合い

　先生や友達と心を通わせる中で、絵本や物語などに親しみながら、豊かな言葉や表現を身に付け、経験したことや考えたことなどを言葉で伝えたり、相手の話を注意して聞いたりし、言葉による伝え合いを楽しむようになる。

(10) 豊かな感性と表現

　心を動かす出来事などに触れ感性を働かせる中で、様々な素材の特徴や表現の仕方などに気付き、感じたことや考えたことを自分で表現したり、友達同士で表現する過程を楽しんだりし、表現する喜びを味わい、意欲をもつようになる。

　この10項目を考慮する際、自己制御、自尊心、協調性及び意欲等の非認知的能力について理解することで、幼児の中に育てたい力が明確になり、日常の接し方等が大きく変わってくる。この非認知的能力は、目標を達成するとき、他者と協力するとき、情動を抑制するとき等に大いに寄与すると考えられているからである。

　以下、領域「健康」、領域「人間関係」、領域「環境」、領域「言葉」、領域「表現」等のそれぞれの特色について見てみる。

注1 『幼稚園教育要領』pp.3-4、文部科学省、2017年3月
  2 『幼稚園教育要領・保育所保育指針・幼保連携型認定こども園教育・保育要領の成立と変遷』p.25、
    萌文書林、2017年5月

1 幼稚園の教育内容

① 領域「健康」

---

1 ねらい
(1) 明るく伸び伸びと行動し、充実感を味わう。
(2) 自分の体を十分に動かし、進んで運動しようとする。
(3) 健康、安全な生活に必要な習慣や態度を身に付け、見通しをもって行動する。

【考察】
　「1　ねらい」において刮目すべきは、(3) の項目に「見通しをもって行動する」という文言が付加されていることである。この文言は、前述の資質・能力や指導の際の考慮事項等に関連している。「見通しをもって行動する」等の内容は、(1) の豊かな体験を通じて、感じたり、気付いたり、分かったり、できるようになったりする「知識及び技能の基礎」等を踏襲する言葉である。毎日の幼稚園生活を繰り返す中で、沢山の生活習慣を体験し、その必要性に気付き、"次の活動に入る前にお手洗いにいっておこう""お弁当の時間になるから手を洗い、清潔にしよう"等、先を見通し、自ら考え行動できるようにすることが幼児期にとって重要であると考えているということである。
　知識を得ることは、幼児期において気付くということから始まるため、日常生活を行う中で体験を繰り返しながら様々なことを得ていくことになる。又、「幼児期の終わりまでに育ってほしい姿」(1) 健康な心と体 (2) 自立心 (5) 社会生活との関わり等においても強調されている。幼稚園生活の中で、充実感をもって自分のやりたいことに向かって明るく伸び伸びと行動し、その中で生活習慣において大切なことを得て、先の見通しが持てるようになっていき、自分自身で健康で安全な生活をつくりだすことができるようになるということである。そして幼児自ら進んで生活をするため、安全や健康に留意して過ごすためにはうがい、手洗い、早寝早起き、清潔を保つということを行うことで健康に過ごせるということを身をもって知り、先を読んで行動に移すことができることを願っているということである。

2　内容
(1) 先生や友達と触れ合い、安定感をもって行動する。
(2) いろいろな遊びの中で十分に体を動かす。
(3) 進んで戸外で遊ぶ。
(4) 様々な活動に親しみ、楽しんで取り組む。
(5) 先生や友達と食べることを楽しみ、食べ物への興味や関心をもつ。

（6）　健康な生活のリズムを身に付ける。

（7）　身の回りを清潔にし、衣服の着脱、食事、排泄などの生活に必要な活動を自分でする。

（8）　幼稚園における生活の仕方を知り、自分たちで生活の場を整えながら見通しをもって行動する。

（9）　自分の健康に関心をもち、病気の予防などに必要な活動を進んで行う。

（10）　危険な場所、危険な遊び方、災害時の行動の仕方が分かり、安全に気を付けて行動する。

【考察】

　以下に、領域「健康」の内容について「幼児期の終わりまでに育ってほしい姿」（以下「10の姿」とする）との関わりから考察したい。

　（1）から（10）の内容を概観すると、それは「10の姿」の「（1）健康な心と体」「（2）自立心」「（4）道徳性・規範意識の芽生え」「（5）社会生活との関わり」「（6）思考力の芽生え」等の内容と関わりを有していることが分かる。その様相を具体的に見てみる。

　内容の（1）～（10）全て、「10の姿」の「（1）健康な心と体」を有していることが分かる。様々な遊びを行う中で先生や友達と触れ合いながら十分に体を動かし、安定感をもって行動することが重要である。又、人間が生きていく上で最も大切な食に関しては、先生や友達と楽しく食事をし、食べ物に関しての興味・関心を持つようにする。基本的生活習慣に関してはそれを身に付けることができるようにするため、身の回りを清潔にし、衣服の着脱、食事、排泄などを自ら行えるような文言になっている。健康に関心を持ちその予防を心がけるようにするために生活リズムを整えることができるようにしていくといったようにまさに「健康」に楽しく充実した生活を送れるようにその基盤作りをしているといえるであろう。

　幼児にとって幼稚園生活は初めての集団生活の場であり、先生や友達と生活をしていく中で食事をする楽しさや自分の苦手なものでも友達と一緒であれば一口でも頑張って口に運び、味を共有する喜びを味わったりすることもできるようになる。又、身の回りの始末や片付けなど友達と生活をしやすいようにするために場を整えることができるようにしていく必要がある。この場合保育者は、幼児が理解できるようになるまで繰り返しお手本を示したり、言葉で伝えていくことが重要になる。そうすることでその必要性が分かり、先を見通しながら自ら生活する場を整えていくことができるようになっていくのである。

　また、（7）と（9）は、「10の姿」の「（2）自立心」と関わりを有していることが分かる。生活に必要な活動を自分で行い、自分自身の健康に関心を持ち病気の予防などに必要な活動を進んで行うということは、幼児が生活をする中で自ら主体的に健康について関心を持ち、生活しながら生きていく上での知恵を得ていく経験が重要である。それにより理解できなかったことが理解できるようになったり、できなかったことができるようになる。その過程において自分の力で考え、どう行ったら合理的に健康に生活できるかを見出し、自信を持って活動できるようになっていくのであろう。

　さらに（8）は、「10の姿」の「（6）思考力の芽生え」と関わりを有していることが分かる。幼児は、幼稚園における生活の仕方を知り、その上で自分たちが生活をしていく場をそれをしやすいように考えながら整えていき、どうしたら安全に有意義に過ごせるか先を見通しながら行動することができるようになることを願っている。生活の場を整えるということは、幼児が

幼稚園で生活をする保育室であったり、園庭、ホールのことであろう。この場で安全に楽しく過ごすためには、保育室、園庭、ホール等の中を過ごしやすいように自らが身の回りの始末をしたり片付けをする必要がある。身近な自分自身の環境に積極的に関わり、楽しく有意義に遊ぶためにはどのように場を整えていけばよいかを予想し、見通しをもって考えていかなければならないということであろう。

さらに (10) は、「10の姿」の「(4) 道徳性・規範意識の芽生え」と関わりを有していることが分かる。幼稚園生活の中で、危険な場所がどんなところであるか、危険な遊び方がどんな遊びをすることなのか、又、災害時などの行動の仕方が分かり、安全に気を付けて行動できるということは、友達と様々な体験を重ねる中で、ここは危険だから登ってはいけないところ、こういう遊び方をすると怪我をしてしまうからいけない、決まりを守って遊ぶことで危険から免れることができる、災害時には先生の言うことをよく聞いてふざけず、慌てず、おしゃべりをせず、押したりせずに行動をしなければならないことなどが理解できることを願っている。そして、決まりを守り、自分の気持ちを調整することにより安全な生活ができるということを分かってほしいということも願っているのである。幼児は毎日の生活の中で正しい遊具の使用方法や遊び方の決まりを守ることによって、十分に体を動かしながら楽しく遊ぶ経験を積み重ねることで安全に遊ぶ方法を体得していくのであろう。

> 課題１：領域「健康」の「ねらい」や「内容」は、幼児期の終わりまでに育ってほしい10の姿のどの項目とかかわりが深いか考えてみよう。

参考文献
・『幼稚園教育要領ハンドブック』pp.92-103、学研教育みらい、2017年9月

② 領域「人間関係」

※下線は変更された表現

> 〔他の人々と親しみ、支え合って生活するために、自立心を育て、人と関わる力を養う。〕
> 1　ねらい
> 　(1)　幼稚園生活を楽しみ、自分の力で行動することの充実感を味わう。
> 　(2)　身近な人と親しみ、関わりを深め、工夫したり、協力したりして一緒に活動する楽しさを味わい、愛情や信頼感をもつ。
> 　(3)　社会生活における望ましい習慣や態度を身に付ける。

【考察】

「1　ねらい」において刮目すべきは、(2) の項目に「工夫したり、協力したりして一緒に活動する楽しさを味わい」という文言が付加されていることである。この文言は、前述した資質・能力や指導の際の考慮事項等のとの関わりを有する。前半の「工夫したり、協力したり」等の

内容は、資質・能力の (2) の「気付いたことや、できるようになったことなどを使い、考えたり、試したり、工夫したり」等の内容を踏襲している。また、「工夫したり、協力したり」等は、「幼児期の終わりまでに育ってほしい姿」(以下「10の姿」とする) の「(2) 自立心」「(3) 協同性」「(6) 思考力の芽生え」等においても強調されている。幼児たちは、友達と関わったり、身近な事象に関わったり、身近な環境に関わったりして気付いたり、考えたり、工夫したり協力したりして充実感を得たり、楽しんだり、達成感を味わったりするであろう。

一方、後半の「活動する楽しさを味わい」であるが、「1 ねらい」の「(1) 幼稚園生活を楽しみ」とあるように、幼稚園生活において幼児は、自分と異なる様々な個性をもった友達と活動したり、遊んだりして楽しさを味わっている。その過程において、時として自己主張によってぶつかり合い、折り合いを付けることを繰り返しながら、決まりを守り、協力する楽しさや充実感を味わうようになる。幼稚園ではこのようなことを願っている。そして、また友達と一緒に楽しく遊ぶためには、参加者がルールに従うことが必要であること、より楽しくするためには自分達がルール作り変えたりすること等を分かっていく。このように領域「人間関係」においては、身近な人々を含め様々な人と親しみ、そして自立心を育て、関わる力を養うことを願っている。

2　内容

(1)　先生や友達と共に過ごすことの喜びを味わう。

(2)　自分で考え、自分で行動する。

(3)　自分でできることは自分でする。

(4)　いろいろな遊びを楽しみながら物事をやり遂げようとする気持ちをもつ。

(5)　友達と積極的に関わりながら喜びや悲しみを共感し合う。

(6)　自分の思ったことを相手に伝え、相手の思っていることに気付く。

(7)　友達のよさに気付き、一緒に活動する楽しさを味わう。

(8)　友達と楽しく活動する中で、共通の目的を見いだし、工夫したり、協力したりなどする。

(9)　よいことや悪いことがあることに気付き、考えながら行動する。

(10)　友達との関わりを深め、思いやりをもつ。

(11)　友達と楽しく生活する中できまりの大切さに気付き、守ろうとする。

(12)　共同の遊具や用具を大切にし、皆で使う。

(13)　高齢者をはじめ地域の人々などの自分の生活に関係の深いいろいろな人に親しみをもつ。

【考察】

以下に、領域「人間関係」の内容について見てみる。その際、指導者である教師の考慮事項との関わりより見てみる。

まず、(1) から (13) の内容を概観すると、それは「10の姿」の「(2) 自立心」「(3) 共同性」「(4) 道徳性・規範意識の芽生え」「(5) 社会生活との関わり」「(6) 思考力の芽生え」等の内容と関わりを有していることが分かる。その様相を具体的に見てみる。

内容の (1) と (12) と (13) は、「10の姿」の「(5) 社会生活との関わり」を有していること

が分かる。(1)の「共に過ごすことの喜びを味わう。」、(12)の「共同の遊具や用具を大切」、(13)の「高齢者をはじめ地域の人々……親しみをもつ。」等の文言からそのことが分かる。ここでは、自分に関わりを有するいろいろな人と触れ合う中で親しみもったり、喜びを味わったりして様々な関わり方があることに気付き、と同時に他者の気持ちを考慮して関わったりすることを願っている。今日においては、家庭をはじめ地域の人々との関わりの希薄化が指摘され、人と関わる力が弱まってきている。こうしたことに鑑みる時、幼稚園の段階から人との様々な関わりを体験することは人と関わる〈人間関係〉力を養う基盤となろう。幼児にとって幼稚園の生活は、初めての集団生活の場である。幼児が幼稚園生活を通して友達とともに過ごす喜びを味わうためには、まずもって教師の関わりが極めて重要である。教師は、個々の幼児に思いを寄せ、幼児の気持ちや欲求などの幼児の心の声を読み取り、幼児の内面を把握しようとすることが必要（重要）である。

　また、(2)と(3)と(4)と(8)は、「10の姿」の「(2)自立心」と関わりを有していることが分かる。生活の様々な場面で自分なりに考えて自分の力でやってみようとする態度を育てることは、自立の第一歩であり、それは生きる力を身に付け、自らの生活を確立していく上で大切なことである。自分で考え、行動しようとする気持ちは、幼児が教師に受け入れられ、教師と一緒に考える時間を過ごすという体験が基礎となっている。指導者である教師は、それぞれの幼児の発達に即した適切な受容や励ましを行っていくことが必要（重要）である。そうしたことによって幼児は、物事を自分でやり遂げた嬉しさ、充実感を味わうことができよう。こうした経験を経て幼児は自信をもって行動するようになっていくであろう。

　さらに、(6)と(7)と(8)と(9)は、「10の姿」の「(6)思考力の芽生え」と関わりを有していることが分かる。ここでは、幼児が友達と一緒に生活をする中で、自分の思いを伝えることができるようになり、そして相手の思っていることや言いたいこと等に気付くことができるようになること、加えて、友達と様々な心を動かす出来事を共有する中で、異なる考え方があることに気付いていくことも願っている。そして、目的を共有し、それを実現しようと、工夫し合ったり、力を合わせて問題を解決したりして生き生きとした関係性を構築していくことも、さらにまた、幼児が他者と関わる中で、自他の行動に対する様々な反応を得て、自ら判断したり、考えなおしたりして自分なりの考えを生み出していくことも願っている。

　内容の(5)と(8)と(10)は、「10の姿」の「協同性」と関わりを有していることが分かる。ここでは、幼児は、友達と一緒に様々な体験を通して、心を動かす出来事を友達と共有し、相手の感情にも気付いていくことができるようになること、加えて、一緒に活動する幼児同士が目的を共有し、一人では得られないものに集中していく気分を感じたり、その中で工夫したり、力を合わせて問題を解決したりして生き生きとした関係性を構築していくこと、さらに、自他の気持ちや欲求は異なることが分かるようになるにつれて、自分の気持ちと異なった他者の気持ちを理解した上で、共感の思いやりのある行動ができるようになっていくことも願っている。

　(12)は、「10の姿」の「(4)道徳性・規範意識の芽生え」と関わりを有していることが分かる。幼児は、他の幼児との関わりながら生活する中で、生活に必要な行動に仕方を身に付け、また友達と楽しく過ごすためには、守らなければならないことに気付いていく。そうした中で遊具や用具を使って十分に遊び、楽しかったという経験を積み重ねることによって、譲り合って遊

具や用具を使う必要性のあることを知らせていくことである。

③ 領域「環境」

〔周囲の様々な環境に好奇心や探究心をもって関わり、それらを生活に取り入れていこうとする力を養う。〕

1 ねらい
  (1) 身近な環境に親しみ、自然と触れ合う中で様々な事象に興味や関心をもつ。
  (2) 身近な環境に自分から関わり、発見を楽しんだり、考えたりし、それを生活に取り入れようとする。
  (3) 身近な事象を見たり、考えたり、扱ったりする中で、物の性質や数量、文字などに対する感覚を豊かにする。

今次改訂の領域「環境」の「1　ねらいについては、2008（平成20）年のものと変更はない。領域「環境」では、幼児が周りの環境と直接かかわることから始まり、他の領域と相互連関させながら総合的に指導することが肝要である。幼児の周りには、人、もの、ことなど様々な環境がある。そして、幼児は、人、もの、ことなどの身近な環境との関わりを通し、豊かな体験をすることによって成長していくのである。そのために、教師は、幼児が身近な環境に好奇心や探究心をもって主体的・能動的に関わり、それらを自分の遊びや生活に取り入れていくことができるように、意図的・計画的に環境を構成することが重要となる。

幼児は身近な環境に興味・関心をもつことによって、身近な環境に親しみをもって関わるようになる。そして、幼児は、身近な環境に繰り返し関わる中で、新たな発見をしたり、より楽しむために考えたりするようになる。さらに、その体験を通し、学んだことを別の遊びや生活場面で活用するようになる。教師は、このような幼児の姿を適切にみとり、支援し更なる成長へと導くことが大切である。

領域「環境」では、身近な事象を見たり、考えたり、扱ったりする中で、物の性質や数量、文字などに対する関わりを広げていくことも重要である。幼児は、日常生活の中で、人やものを数えたり、ものの量や形を比べたりする体験をしている。また、幼児の身の回りには、文字を目にする機会も多い。教師は、正しい知識の獲得を目的とするのではなく、それぞれの役割や働きを実感できるように援助することが大切である。

このように、領域「環境」のねらいでは、幼児が環境に対して遊びや生活を通して、興味・関心をもち学びに向かう力、人間性等を涵養し、その関わりの中で、思考力、判断力、表現力等の基礎を伸ばし、知識及び技能の基礎を育成することが求められているのである。そのために、教師は、幼児の実態をよく理解し、遊びや生活の様子を適切に捉え、意図的・計画的に指導・援助することが求められるといえよう。

2　内容

（1）　自然に触れて生活し、その大きさ、美しさ、不思議さなどに気付く。

（2）　生活の中で、様々な物に触れ、その性質や仕組みに興味や関心をもつ。

（3）　季節により自然や人間の生活に変化のあることに気付く。

（4）　自然などの身近な事象に関心をもち、取り入れて遊ぶ。

（5）　身近な動植物に親しみをもって接し、生命の尊さに気付き、いたわったり、大切にしたりする。

（6）　<u>日常生活の中で、我が国や地域社会における様々な文化や伝統に親しむ。</u>

（7）　身近な物を大切にする。

（8）　身近な物や遊具に興味をもって関わり、<u>自分なりに比べたり、関連付けたりしながら考えたり、試したりして工夫して遊ぶ。</u>

（9）　日常生活の中で数量や図形などに関心をもつ。

（10）　日常生活の中で簡単な標識や文字などに関心をもつ。

（11）　生活に関係の深い情報や施設などに興味や関心をもつ。

（12）　幼稚園内外の行事において国旗に親しむ。

3　内容の取扱い

（1）　幼児が、遊びの中で周囲の環境と関わり、次第に周囲の世界に好奇心を抱き、その意味や操作の仕方に関心をもち、物事の法則性に気付き、自分なりに考えることができるようになる過程を大切にすること。また、他の幼児の考えなどに触れて新しい考えを生み出す喜びや楽しさを味わい、<u>自分の考えをよりよいものにしようとする気持ちが育つようにすること。</u>

（2）　幼児期において自然のもつ意味は大きく、自然の大きさ、美しさ、不思議さなどに直接触れる体験を通して、幼児の心が安らぎ、豊かな感情、好奇心、思考力、表現力の基礎が培われることを踏まえ、幼児が自然との関わりを深めることができるよう工夫すること。

（3）　身近な事象や動植物に対する感動を伝え合い、共感し合うことなどを通して自分から関わろうとする意欲を育てるとともに、様々な関わり方を通してそれらに対する親しみや畏敬の念、生命を大切にする気持ち、公共心、探究心などが養われるようにすること。

（4）　<u>文化や伝統に親しむ際には、正月や節句など我が国の伝統的な行事、国歌、唱歌、わらべうたや我が国の伝統的な遊びに親しんだり、異なる文化に触れる活動に親しんだりすることを通じて、社会とのつながりの意識や国際理解の意識の芽生えなどが養われるようにすること。</u>

（5）　数量や文字などに関しては、日常生活の中で幼児自身の必要感に基づく体験を大切にし、数量や文字などに関する興味や関心、感覚が養われるようにすること。

　「2　内容」については、2018（平成20）年幼稚園教育要領の11から12へと項目が1点付け加えられた。また、「3　内容の取扱い」については、（1）の一部が加筆され、（4）が新たに追加された。加筆された内容（6）については、我が国や地域社会における行事や遊び、遊具など昔からの文化や遊びに触れることが示されている。すなわち、これまでの歴史の中で、育まれてきた我が国や地域社会の文化や伝統の豊かさやよさに気付くことの大切さが示されている。

また、これに関連して内容の取扱い（4）が新たに付け加えられ、文化や伝統に親しむ際には、幼児が正月の餅つきや節分の豆まき、七夕の飾りつけなどの我が国の伝統的な行事に参加したり、様々な国や地域の異なる文化に触れたりすることを通して、社会や国際理解を意識できる機会をもつことが示されている。この内容と内容の取扱いについては、前文に示されている「社会に開かれた教育課程」を踏まえて、我が国や地域社会における様々な伝統文化や、異文化等に触れたり、関わったりする中で親しみをもてるようにすることを意図している。また、幼児に社会とのつながりや、多様性を尊重する態度や国際理解の意識の芽生えを育むことをねらっているのである。

　一方、内容（8）と内容の取扱い（1）については、下線部が付け加えられた。これは、幼児の思考力の芽生えを育む観点から、遊び等の体験や活動の中で、比べる、関連付けるなどの思考の過程を示している。すなわち、自分で考えようとする力を伸ばしていくことを示している。これらは、近年の幼児の育成の中での環境の変化等を踏まえて、内容及び内容の取扱いに示すことで、その改善・充実を図っているのである。

　このように、内容と内容の取扱いについてもねらいと同様に、資質・能力の3つの柱をもとに修正・改善し、構成されているといえよう。

課題3：領域「環境」の「内容」及び「内容の取扱い」の改善点について、なぜ、このように改善されたのか考えよう。

---

④　領域「言葉」

1　新『幼稚園教育要領』における領域「言葉」の位相

　幼稚園の教育が小学校教育と異なるのは、教科ごとの授業を通して教育するのではなく、広い意味での環境を通して教育することにある。環境は「言葉」だけで独立した環境があるのでなく、他の様々な領域や生活が関わり合う全体的、総合的なものとしてある。したがって、領域「言葉」も、「健康」「人間関係」「環境」「表現」などと関わりながら教育されるということをまずは、押さえておこう。

　その上で、幼稚園教育要領（以下、「要領」とする）に即して、以下の概説を行う。2017（平成29）年に新たに改正された要領では領域「言葉」は、旧要領とほぼ変更はなかった。ただし、新要領では、第1章「総則」の第2「幼稚園教育において育みたい資質・能力及び「幼児期の終わりまでに育ってほしい姿」が新しく加えられ、これと各領域とを参照しながら教育を行う必要がある点が目新しい。「幼稚園教育において育みたい資質・能力及び「幼児期の終わりまでに育ってほしい姿」は、幼稚園において一定の教育目標を定めて、幼児から小学校の児童への移行をなるべくスムーズにさせるための指針という性質をもつだろう。

　「幼稚園教育において育みたい資質・能力及び「幼児期の終わりまでに育ってほしい姿」は、大きく前段と後段とに別れる。前段の「幼稚園教育において育みたい資質・能力」は3つの項目からなる。それは（1）「知識及び技能の基礎」（2）「思考力、判断力、表現力等の基礎」（3）「学びに向かう力、人間性等」である。

後段の「幼児期の終わりまでに育ってほしい姿」は次の10の項目からなる。

(1) 健康な心と体 (2) 自立心 (3) 協同性 (4) 道徳性・規範意識の芽生え (5) 社会生活との関わり (6) 思考力の芽生え (7) 自然との関わり・生命尊重 (8) 数量や図形、標識や文字などへの関心・感覚 (9) 言葉による伝え合い (10) 豊かな感性と表現

前段は領域ごとに設定されるものでなく、「一体的に」育むように努めるものであり、後段も5領域の「活動全体を通して資質・能力が育まれている幼児の幼稚園修了時の具体的な姿」だとされている。これらを踏まえて、教師は指導を考慮する必要がある。これらは、幼稚園でも、新しい小学校学習指導要領などに説かれる「主体的・対話的で深い学び」に接続した教育目標が設定されたというべきだろう。

以上を理解した上で、領域「言葉」を以上の教育目標と関わらせながら解説しよう。なぜならば、「要領」では、従来からの領域の解説を絶えず新しい教育目標との相関において意味付けする作業が、教師に求められるからである。

2 要領における領域「言葉」項目の解説

要領の領域ごとの解説は、大きく「〔　〕内に示された総説」「1　ねらい」と「2　内容」「3内容の取扱い」とからなっている。

まず、領域「言葉」の総説は、〔経験したことや考えたことなどを自分なりの言葉で表現し、相手の話す言葉を聞こうとする意欲や態度を育て、言葉に対する感覚や言葉で表現する力を養う。〕とされている。経験や考えを自らの言葉で伝達するのは、幼稚園に接続する小学校学習指導要領の国語科では「話すこと」という事項になる。また、「聞こうとする」は同じく小学校では「聞くこと」となる。小学校国語科ではこれらを一括して「A話すこと・聞くこと」とする。小学校との対比でいうと、小学校の「B書くこと」「C読むこと」は、幼稚園では副次的な扱いとなる。つまり、幼稚園での言葉は音声のそれを中心にして構成されるということである。かつて国語教育研究者の西尾実は、日常の言葉の使い方を「言語活動」(のちに「言語生活」)と称したが、幼稚園での「言葉で表現し」「聞こうとする意欲や態度」は言語生活の基礎というものである。一方、総説後段の「言葉に対する感覚や言葉で表現する力」は、言語生活の基礎の上にさらなる言葉の洗練を求める基礎だといえる。西尾実は、音声に基づく言語活動という基礎の上に文字による文学活動が位置付けられると考えたが、幼稚園では事情が異なる。ここにいう「言葉に対する感覚」や「言葉で表現する力」は、幼稚園ならではの音声言語のいとなみを中心に考えるべきだろう。後に説明するように、絵本であっても「読み－聴き」を中心にした活動を通して幼児は「聴く」のである。しかし、日常言語から芸術的な言語に及ぶ言葉の活動の全体が見通されて、領域「言葉」が設定されていることは押さえておきたい。

「1　ねらい」は、

(1)　自分の気持ちを言葉で表現する楽しさを味わう。

(2)　人の言葉や話などをよく聞き、自分の経験したことや考えたことを話し、伝え合う喜びを味わう。

(3)　日常生活に必要な言葉が分かるようになるとともに、絵本や物語などに親しみ、言葉に対する感覚を豊かにし、先生や友達と心を通わせる。

の3項目が述べられている。このうち、（1）（2）と（3）の前半までが日常の言語活動であるのに対して、（3）の後半が文学的な活動だということになろう。

「2　内容」は、

（1）　先生や友達の言葉や話に興味や関心をもち、親しみをもって聞いたり、話したりする。

（2）　したり、見たり、聞いたり、感じたり、考えたりなどしたことを自分なりに言葉で表現する。

（3）　したいこと、してほしいことを言葉で表現したり、分からないことを尋ねたりする。

（4）　人の話を注意して聞き、相手に分かるように話す。

（5）　生活の中で必要な言葉が分かり、使う。

（6）　親しみをもって日常の挨拶をする。

（7）　生活の中で言葉の楽しさや美しさに気付く。

（8）　いろいろな体験を通じてイメージや言葉を豊かにする。

（9）　絵本や物語などに親しみ、興味をもって聞き、想像をする楽しさを味わう。

（10）　日常生活の中で、文字などで伝える楽しさを味わう。

の10項目からなっているが、これを見ても、（1）から（6）までが日常の言語活動であるのに対して（7）から（9）までが文学的活動であることは了解されよう。そうして最後の（10）は、小学校国語科で学び始める「B書くこと」「C読むこと」への導入として文字への興味を持たせるための項目として設定されていることが窺える。

「3　内容の取扱い」は、次の5項目である。

（1）言葉は、身近な人に親しみをもって接し、自分の感情や意志などを伝え、それに相手が応答し、その言葉を聞くことを通して次第に獲得されていくものであることを考慮して、幼児が教師や他の幼児と関わることにより心を動かされるような体験をし、言葉を交わす喜びを味わえるようにすること。

（2）幼児が自分の思いを言葉で伝えるとともに、教師や他の幼児などの話を興味をもって注意して聞くことを通して次第に話を理解するようになっていき、言葉による伝え合いができるようにすること。

（3）絵本や物語などで、その内容と自分の経験とを結び付けたり、想像を巡らせたりするなど、楽しみを十分に味わうことによって、次第に豊かなイメージをもち、言葉に対する感覚が養われるようにすること。

（4）幼児が生活の中で、言葉の響きやリズム、新しい言葉や表現などに触れ、これらを使う楽しさを味わえるようにすること。その際、絵本や物語に親しんだり、言葉遊びなどをしたりすることを通して、言葉が豊かになるようにすること。

（5）幼児が日常生活の中で、文字などを使いながら思ったことや考えたことを伝える喜びや楽しさを味わい、文字に対する興味や関心をもつようにすること。

の5項目の留意事項を伝えている。

（1）（2）が日常の言語活動に関する留意事項であり、（3）が文学的活動に関する留意事項、

（5）が文字への注意を喚起する留意事項である。今回の新要領から（4）が加わった。従来の文学的活動が（3）に触れられてあるように「絵本や物語」という言葉で表され、これらが教師から幼児に与えられる傾向があるのに対して、（4）は同じ文学的活動であっても、幼児自らが「生活の中で」「楽しく」つまり、遊びなどの環境を通して感得していくことを強調している。幼児の主体的な活動の芽生えを促しているといえよう。

3 新要領を踏まえて、さらに領域「言葉」への理解を深めよう

　冒頭にも述べたように、幼稚園教育は領域「言葉」だけが孤立して行われるのではない。広い意味での環境を通して行われる。そうして、他領域等と全体的、総合的に関わり合いながら行われる。幼稚園教諭は、教育的効果を高めるために臨機応変にふるまうことが求められる。そうして、その背後に、じつは各教員のしっかりとした各領域への理解、幼児への理解を持つことが必要だろう。

　さて、ここでは領域「言葉」への理解を深めることを試みたい。

　ここでは、幼稚園教育などの近代教育が導入される前の昔の言葉の教育について触れておこう。日本の民俗学の創始者の柳田國男は1936（昭和11）年に「昔の国語教育」という論文を発表している。これは、当時の標準語教育を押し進める小学校での学校国語教育を批判した論文だったが、幼稚園での領域「言葉」の問題を考えるヒントにもなると思う。それというのも、柳田國男は小学校の児童に限っての教育ではなく、生後直ぐからの国語教育を論じていたからである。

　まず柳田は「標準語」という近代の人工的な言語が語彙不足であることを指摘する。ここで注意しておかなければならないのは、かつての標準語教育では、方言は撲滅すべき低次元の語と位置付けられ、標準語に統一する教育が行われていたことである。これは現在の、方言も使用を認めるが異なる方言を用いる者が意味を通わせることのできる「共通語」を学校教育では用いる、というスタンスとはかなり異なる。柳田は、大人が子供に言葉の離乳食とでもいうべき「童言葉（幼児語）」を与えたことを評価する。童言葉は「メッ」が目を見て心を察しなさいという簡潔な指示をしているように、身体性、具体性を帯びた言葉として有用であった。「マンマ」「アムアム」などは、唇の動きが、お乳を吸い、食べ物を咀嚼する動きそのものである。ママやマンマが母親や食物を指す語として各地に用いられているのには理由があった。神仏などの抽象的ともいえる信仰の対象を指すノンノン、マンマン、ナンナンなどは、拝むときの具体的な口の動きを示している。

　このような言葉の離乳食の童言葉をいっぱいに与えられて大人との言葉の生活を始めた子供は、やがて並行遊びから集団遊びへと進んでいった。子供集団における遊びの中で、子供は遊びの中で言葉を蓄えていった。隠れん坊の「もういいかい」「まあだだよ」という問答は、時間の経過を言葉で遣り取りするという、普段の子供には得難い、時間という抽象的な概念を知るよい機会であったろう。

　このようにして育っていった子供は、隠れん坊の言葉の問答をもっと長く、歌に昇華させていく。通りゃんせやかごめかごめなどの童歌の多くの詞章が問いと答えとから成り立っていることに注意すべきであろう（問「ここはどこの細道じゃ」／答「天神様の細道じゃ」）。問答、すなわち言葉による伝え合いの形の祖型が、ここに秘められていた。

そうして、昔話が用意される。その始めには、歌と物語とのあわいにある「お月さんいくつ」や「猿が三匹」「雀雀なして泣く」のような歌物語から始まり、短い動物昔話のごとき短い昔話から始まる。それがやがて本格昔話の継子譚「米福粟福」のような長編に及ぶのである。昔話は、短い話から長い話まで、幼児から思春期の子供まで幅広い話種が用意されていた。柳田國男は昔話の話種、話題すなわち物語内容だけでなく、そこに蓄えられている語彙に着目した。昔話を「言葉の宝蔵」と呼んだのはそのためである。

　そうして、子供が自らの遊びの中で、新しい言葉を使い始めること、命名、新語作成の能力を発揮したことを指摘する。タンポポは鼓の擬音語を子供が花の形から当てはめたのだというように。日本語を豊かにしてきたのは大人ではなく、子供の力だったというのである。子供はただに教えられるだけの存在ではなかったというのである。

　さて、その柳田國男が子供の言葉獲得に着目したのは、「聴く」教育であった。充分に聴くことが、基礎であると。年はのいかない子供に話をさせるのは残酷だと論じた柳田は、しっかりと聴く力を養わせる必要を説いた。ここで、柳田は「聴く」という文字を用いていた。「聞く」ではない。中国語では「聞」は聞き流す、聞こえるを含意する。「聴」は耳を澄ませて注意して聴く。聴くは効くや利くにも通じる積極的ないとなみである。

　歴史的に、昔話は「ムカシをハナス」でなく、「むかしをカタル」と言った。昔語りで聴き手は相槌を打った。東北の山形県の多くでは「オットー（おお、尊い）」と相槌を打った。全国的には「ウン」や「フン」という相槌が多かった。いまでも、深く考え込んだときに「うーん」と唸るような深いウンの用法があり、さも得心したときに「フウーン」と答えるように、ウンもフンも由緒正しい相槌であった。聴く姿勢は、話し合う姿勢の前提として必要である。聴き手は下手な語りを止めさせる実力行使さえ行った。これらのことを踏まえるならば、たとえば、絵本の「読み聞かせ」という言葉があるけれども、これからは「読み－聴き」として、子どもの聴く力を「聞かせる」という受動的行為ではなく「聴く」能動的行為として積極的に評価していく必要がある。

> 課題４：領域「言葉」と他の領域とが相互に関連し合うような指導案を、104ページ以降に示した指導案を参考にして作成してみよう。
>
> 課題５：幼児の言葉の獲得がどのように行われているか、柳田國男の「昔の国語教育」を参考にして、現在の状況と比較してみよう。

⑤　領域「表現」

> 〔感じたことや考えたことを自分なりに表現することを通して、豊かな感性や表現する力を養い、創造性を豊かにする。〕
>
> 1　ねらい
> 　（1）　いろいろなものの美しさなどに対する豊かな感性をもつ。
> 　（2）　感じたことや考えたことを自分なりに表現して楽しむ。
> 　（3）　生活の中でイメージを豊かにし、様々な表現を楽しむ。

「表現」の「1ねらい」においては、従来と比べて大きな変更は加えられていないが、先に挙げた総則における「育みたい資質・能力」の3項目や「幼児期の終わりまでに育ってほしい姿」（以下「10の姿」とする）が新たに加わったことで、新たにそれらに対応した箇所を吟味し、より深くねらいについて理解することが必要だと思われる。

　ねらい（1）にある「豊かな感性を持つ」とは、資質・能力の（1）「豊かな体験を通して、感じたり（中略）する」に対応し、幼児の表現教育の基礎を形成していると思われる。また「10の姿」の「（10）　豊かな感性と表現」にも「心を動かす出来事などに触れ感性を働かせる」と記述されているように、豊かな感性をもつ幼児を育てることは幼稚園における表現教育の初期段階として極めて重要である、ということが理解できる。

　ねらい（2）はそのまま資質・能力の（2）「気付いたことや、できるようになったことなどを使い（中略）表現したりする」に対応し、ここでは感性に裏付けられた表現への関心を育てることを重要視している。このことは「10の姿」にも「様々な素材の特徴や表現の仕方などに気付き、感じたことや考えたことを自分で表現」すると記述されているとおり、感じて、考えて、表現するという活動に高い関心を持つ幼児を育てたい、という意思がうかがえる。

　ねらい（3）は「生活の中で」という文言が示すとおり、「よりよい生活を営もうとする」と記述されている資質・能力の（3）に関連する項目である。「イメージ」とは心の中に思い浮かべる姿や情景であり、印象や心象でもあり、想像力でもある。日常生活の様々な局面でこのような「イメージ」を豊かに働かせることが、「よりよい生活」に結びつくと解釈できるのではないだろうか。また「10の姿」の最後に「友達同士で表現する過程を楽しんだりし、表現する喜びを味わい、意欲をもつようになる」とあるように、表現活動のプロセスを喜ぶ幼児を育てるという目的が、「様々な表現を楽しむ」という文言に集約されているのである。

　以上のように「表現」の領域においては、3項目のねらいがほぼ正確に総則にある「育みたい資質・能力」の3項目に対応し、かつそれらのねらいは、「10の姿」に関連付けされているといえるだろう。

　2　内容
（1）　生活の中で様々な音、形、色、手触り、動きなどに気付いたり、感じたりするなどして楽しむ。
（2）　生活の中で美しいものや心を動かす出来事に触れ、イメージを豊かにする。
（3）　様々な出来事の中で、感動したことを伝え合う楽しさを味わう。
（4）　感じたこと、考えたことなどを音や動きなどで表現したり、自由にかいたり、つくったりなどする。
（5）　いろいろな素材に親しみ、工夫して遊ぶ。
（6）　音楽に親しみ、歌を歌ったり、簡単なリズム楽器を使ったりなどする楽しさを味わう。
（7）　かいたり、つくったりすることを楽しみ、遊びに使ったり、飾ったりなどする。
（8）　自分のイメージを動きや言葉などで表現したり、演じて遊んだりするなどの楽しさを味わう。

　「表現」の領域では「2　内容」においても、従来と比べて大きな変更は加えられていないが、

総則にある「10の姿」とのかかわりは検証しておく必要があるだろう。なぜならば、この「10の姿」は、幼稚園での活動全体を通して育まれることに留意する必要があるとされているからである。幼稚園での活動全体ということは、「表現」活動においても、内容がこれらの「10の姿」を網羅し、育むための活動になっていなければならない。

　まず (1) と (2) は表現活動の基礎である感性に関わる内容であるから、「10の姿」の「(10) 豊かな感性と表現」の中の「感性を働かせる」という文言、および「(7) 自然との関わり・生命尊重」の中の「自然に触れて感動する体験を通して、自然の変化などを感じ取り、好奇心や探求心をもって考え言葉などで表現しながら、身近な事象への関心が高まる」という箇所に対応していると思われる。自然を含む生活の中で出会うもの、聞こえるもの、起こる出来事などに旺盛な好奇心と豊かな感受性をもって向き合い、楽しむことを主眼に置いている。

　また (1) においては「形」が「色」より先に配置されていることが今回のわずかな変更点の一つである（以前の記述は「色、形」であったのが、「形、色」に変更された）が、これは「形」が「10の姿」の「(8) 数量や図形、標識などへの関心・感覚」の中の「図形」との関連が考えられるからであろう。

　あと、(2) においては「イメージを豊かにする」ことが「10の姿」の「(2) 自立心」や「(3) 協同性」、「(4) 道徳性・規範意識の芽生え」、「(5) 社会生活との関わり」などに結びつく端緒ともなるだろう。

　(3) については、「伝え合う」という文言からもわかるとおり、友達または教師とのコミュニケーションに関わる内容である。また「伝える」という活動は、言葉による伝達も含まれていると考えられるので、必然的にここは「10の姿」の「(10) 豊かな感性と表現」のみならず、「(9) 言葉による伝え合い」にも関連する内容であるといえるだろう。

　(4) はねらいの (2) に対応した、音楽やダンス、絵や工作などによる表現活動全般についての記述である。感じたこと、考えたことを実際に表現する活動であり、「10の姿」の「(10) 豊かな感性と表現」に関連するのはもちろん、「自由にかいたり、つくったり」という文言からは、幼児の自発性・主体性を重視する態度がうかがえることから、「10の姿」の「(2) 自立心」にも関連する項目である。

　(5) の「素材に親しみ」という箇所は「10の姿」の「(10) 豊かな感性と表現」に関連している。また「工夫して遊ぶ」という表記からは、「10の姿」の「(2) 自立心」および「(6) 思考力の芽生え」との関連がうかがえるだろう。

　(6) は音楽の表現活動についての項目である。歌と簡単なリズム楽器という記述からはみんなで合唱したり、合奏したりする光景が想像される。「10の姿」の「(10) 豊かな感性と表現」に対応している項目であり、なおかつ「(3) 協同性」を育むねらいがあると考えられる。

　(7) の前半は造形活動を楽しむ内容であるから、「10の姿」の「(10) 豊かな感性と表現」に則った内容であることは言うまでもないが、注目すべきは後半に、作ったもので遊んだり、飾ったりなどするという活動が入ってくることである。これは表現活動に留まらず、表現の結果を受けて次の活動に生かすという内容である。

　「遊ぶ」ということは幼稚園において、幼児のもっとも重要な活動と位置付けられており、すべての教育的意図や本稿に挙げたねらいなどはすべて「遊び」を通して指導・育成されるべ

きものである。したがってこの項目は「表現」という領域のもっとも重要な内容を示していると
いえるだろう。幼児が幼稚園で「遊ぶ」ということは、多くの場合教師や友達同士で行う「遊
び」である。ここに「10の姿」の「(3) 協同性」を育もうとする意志が見て取れる。

　それとともに、「飾ったりする」という文言にも注目したい。飾るという行為は、ものを特
定の環境に置いて、その環境の雰囲気を変えたり、そのものがより美しく見えるように工夫し
たりすることである。幼児は幼稚園で、普段自分たちが活動している部屋に自分の作品を飾る
ことで公共の場と自分との関わりを学んだり、しかるべき場所に飾ることで作品がより美しく
見えることを体験したりする。このことは「10の姿」の「(5) 社会生活との関わり」に強く関
連付けられているといえよう。

　(8) はイメージを言葉や動きで表したり、演じたりする活動であり、(6) が音楽、(7) が主
に造形活動について述べた内容であったのに対し、それ以外の表現活動についての内容である
と思われる。目的が「表現する」、「演じて遊ぶ」、となっているので、それぞれ「10の姿」の
「(10) 豊かな感性と表現」および「(3) 協同性」との関連がうかがえる。

　最後になったが、「表現」という領域では、幼児の自発的な活動をサポートする内容が多く、
「感性」という心の動きと、「表現」するという体の動きが連動した活動内容が特徴である。こ
のことはすべての「ねらい」や「内容」に「10の姿」の「(1) 健康な心と体」を育むということ
が前提として存在するのである。

※下線は変更された表現

3　内容の取扱い
上記の取扱いに当たっては、次の事項に留意する必要がある。
(1)　豊かな感性は、身近な環境と十分に関わる中で美しいもの、優れたもの、心を動かす出来
　　事などに出会い、そこから得た感動を他の幼児や教師と共有し、様々に表現することなどを
　　通して養われるようにすること。その際、風の音や雨の音、身近にある草や花の形や色など
　　自然の中にある音、形、色などに気付くようにすること。
(2)　幼児の自己表現は素朴な形で行われることが多いので、教師はそのような表現を受容し、
　　幼児自身の表現しようとする意欲を受け止めて、幼児が生活の中で幼児らしい様々な表現を
　　楽しむことができるようにすること。
(3)　生活経験や発達に応じ、自ら様々な表現を楽しみ、表現する意欲を十分に発揮させること
　　ができるように、遊具や用具などを整えたり、様々な素材や表現の仕方に親しんだり、他の
　　幼児の表現に触れられるよう配慮したりし、表現する過程を大切にして自己表現を楽しめる
　　ように工夫すること。

　「3　内容の取扱い」において、初めて大きな変更点が現れる。上記の下線を施した部分であ
るが、(1) では豊かな感性を養うための留意事項として、自然を特に重要視し、独立した文章
として加筆されている。風や雨、草花など具体的な例を挙げ、自然界にある音、形、色などに
気付くような働きかけを促している。これは「2　内容」の項でも少し触れたが、音、形、色
に対する気付きが「10の姿」の「(10) 豊かな感性と表現」を育てるために重要であることはも
ちろん、「(7) 自然との関わり・生命尊重」という態度を育むために非常に重要だと考えられ

たからに他ならない。

　また（3）では、幼児が表現に対する意欲を十分に発揮させるための環境を整える事項の中に、「様々な素材や表現の仕方に親しむ」という文言が加えられた。これは総則の資質・能力（1）に書かれている「豊かな体験を通して」という文言や、「10の姿」の「(10) 豊かな感性と表現」に表された「様々な素材の特徴や表現の仕方に気付き」という文言を受けて、今回新たに加筆されたのだと考えられる。

　したがって、これからの幼稚園教育においては、表現活動の際に自然と触れ合う機会をもつことが、より重要となるであろう。また幼児が様々な素材に親しむ機会や、様々な表現に触れる機会を最大限確保することも、今まで以上に切実な課題となってくるであろう。

> 課題6：教育要領2　内容 (2)「生活の中でイメージを豊かにする」とはどういうことか。具体的な例を挙げて説明してみよう。

2　小学校の教育内容

1　国語科

1　国語科の目標

　2017（平成29）年告示の小学校学習指導要領によると、小学校国語科の教育目標は次のとおりである（この目標は、構成は同様な形で、第1・第2学年、第3・第4学年、第5・第6学年の3つの発達段階（学年進行）に分けられて、さらに詳説されている）。

　言葉による見方・考え方を働かせ、言語活動を通して、国語で正確に理解し適切に表現する資質・能力を次のとおり育成することを目指す。

(1)　日常生活に必要な国語について、その特質を理解し適切に使うことができるようにする。

(2)　日常生活における人との関わりの中で伝え合う力を高め、思考力や想像力を養う。

(3)　言葉がもつよさを認識するとともに、言語感覚を養い、国語の大切さを自覚し、国語を尊重してその能力の向上を図る態度を養う。

　2008（平成20）年告示の同要領と比較すると、2017年は目標がより細かく規定された。ここにいう「資質・能力」は、従来の学力という語を用いることを止めて、新たに採用したものである。従来の学力が知識偏重の語意を含ませつつ来たことへの反省がある。この輻輳する現代社会に向かって児童が活躍していくには、学力偏重ではいけない、もっと生活に根ざしていく生きる力を身に付ける必要があるという思いから資質・能力という語が選ばれた。

　この資質・能力を科目という括りから見ていくと、〔知識及び技能〕と〔思考力、判断力、表現力等〕とに分けて捉えることになる。この分け方は、知識及び技能が「何を」知っているか「何を」できるかという、どちらかというと知識、技術を身につけるいとなみである。言葉の意味が分かる、文字が上手に書くことができる、などを想起すると分かりやすいかもしれない。つまり、国語の基礎的な知識と技能を習得することである。ただし、国語科ではこの中に2008

年の学習指導要領で新しく加わった〔伝統的な言語文化と国語の特質に関する事項〕のほとんども加わっているのが大きな特徴である。したがって、古典や口承文芸などの知識を持ち、言葉の言い回しなどを使いこなし、国語を尊重する態度を持っていることなどが大きな比重を占めている。

　一方、〔思考力、判断力、表現力等〕は、従来の3領域、すなわち「話すこと・聞くこと」「書くこと」「読むこと」という整理をしている。これらをどのように自主的かつ対話的に深く思考する力、判断する力、表現する力を発揮できるかが、問われるのである（今回の文部科学省の指導要領改訂での中心的な課題は、児童が教育現場でいかにして「主体的・対話的で深い学び」を実践するかであろう。ここでは、それを勘案して以上のように説明した）。

　〔知識及び技能〕と〔思考力、判断力、表現力等〕とが組み合わされる「主体的・対話的で深い学び」の活動から、児童の「資質・能力」の発達が可能となるという見立てである。そうして、小学校学習指導要領に従うことにより、日本のどこの小学校でも同様の教育目的の下で等しく教育を受けられることが担保される道理である。

2　発達段階に応じた教育内容

　小学校学習指導要領では学年を第1・第2学年、第3・第4学年、第5・第6学年の3つの発達段階に分けて、それぞれの教育目標、教育内容について説明している。それらは、それぞれ前節に引用した教育目標、教育内容を各発達段階に即して説明し直したものとみてよい。ここでは、特に教育内容（〔知識及び技能〕と〔思考力、判断力、表現力等〕）について、小学校学習指導要領の記述に即して、発達段階による記述の変化に注目して説明を試みる。

2-1　〔知識及び技能〕

　〔知識及び技能〕については全ての学年で（1）言葉の特徴や使い方に関する事項、（2）話や文章に含まれている情報の扱い方に関する事項、（3）我が国の言語文化に関する事項、という3つの大項目を掲げて、その下にア、イ、ウ……と細かい教育内容が記載されている。

　たとえば、第1・第2学年の（1）では、小学校に入学して間もない児童が初めて接する国語科の授業であることを踏まえて、アの言葉の、表現し伝える働きに気付くことという国語の機能及びその有用性を自覚させることから始まって、イの発音に関する注意（口形や姿勢）などの音声言語への注意、そうして、ウの発音を表記する平仮名や片仮名等の文字やかぎ（「　」）などの記号、助詞〈は・へ・を〉等の読み方、エの学年別漢字配当表に配当されている漢字、オの語句や語彙の量を増やし、話や文章中で使いこなすこと、カの主語と述語への気付き、キの丁寧語などの言葉の使用や敬体の文章に読み慣れること、クの語句のまとまりや音の響きに気を付けて音読すること、の8項目が掲げられている。

　これが第3・第4学年になると、同じ（1）であってもアからクまでの項目で取り上げられている事項が児童の発達段階に応じて変化している。たとえば、ウの文字の項では「漢字と仮名を用いた表記、送り仮名の付け方、改行の仕方を理解して文や文章で使うとともに、句読点を適切に打つこと」と、より高度な内容になっている。それが第5・第6学年になるとさらに高度な内容を求めることになる。「ウ　文や文章の中で漢字と仮名を適切に使い分けるとともに、送り仮名や仮名遣いに注意して正しく書くこと」と。

2-2 〔思考力、判断力、表現力等〕

　〔思考力、判断力、表現力等〕についても、このように児童の発達段階に応じて、教育内容が高度になっていくのは同様である。〔思考力、判断力、表現力等〕は、大きく「A　話すこと・聞くこと」「B　書くこと」「C　読むこと」の3つの領域に分けられ、その下に(1)(2)……、さらにその下にはア、イ、ウ……と細かく説明が施されている。(1)(2)の構成や文言は、「A　話すこと・聞くこと」「B　書くこと」「C　読むこと」にほぼ共通している。

◎「A　話すこと・聞くこと」

　第1・第2学年の「A　話すこと・聞くこと」では、次の(1)(2)の項目がある。

　(1)　話すこと・聞くことに関する次の事項を身に付けることができるよう指導する。

　(2)　(1)に示す事項については、例えば、次のような言語活動を通して指導するものとする。

　(1)には次のア〜オの5つの事項が掲げられている。

　ア　身近なことや体験したことなどから話題を決め、伝え合うために必要な事柄を選ぶこと。

　イ　相手に伝わるように、行動したことや経験したことに基づいて、話す事柄の順序を考えること。

　ウ　伝えたい事柄や相手に応じて、声の大きさや速さなどを工夫すること。

　エ　話し手が知らせたいことや自分が聞きたいことを落とさないように集中して聞き、話の内容を捉えて感想を持つこと。

　オ　互いの話に関心をもち、相手の話を受けて話をつなぐこと。

　ここで注意しておきたいのは、(1)で「身に付ける」という表現が使われたことである。これは前の要領では「能力を育てる」という言い方であった。「能力」という知識なども含意させる言い方でなく、より実践的な技術を「身に付ける」ように指導するという志向が窺える。

　次に(2)では、次のア、イの2つの事項が掲げられている((2)の文言は、以下の「B　書くこと」「C　読むこと」においても同文である)。

　ア　紹介や説明、報告など伝えたいことを話したり、それらを聞いて声に出して確かめたり感想を述べたりする活動。

　イ　尋ねたり応答したりするなどして、少人数で話し合う活動。

　ここは、文末が「活動」と体現止めされているように、具体的な「活動」の内容が示されており、座学的な知識の確認でなく、実践的な行動をする必要が示されている。

　さて、以上の「A　話すこと・聞くこと」が第3・第4学年になると、たとえば「聞く」態度の指導について説いた事項に注目すると、(1)エ「必要なことを記録したり質問したりしながら聞き、話し手が伝えたいことや自分が聞きたいことの中心を捉え、自分の考えを持つこと」とある。第1・第2学年の聞き方に加えて「記録したり質問したり」する取材者としての聞き方ができるようになることが目指される。そして、第1・第2学年では「聞くこと」を通して「感想を持つこと」を求められていたのが、第3・第4学年では「自分の考えを持つこと」と自己の主体性をより強く持つ態度が求められるようになっている。

　さらに第5・第6学年の「A　話すこと・聞くこと」(1)エ「話し手の目的や自分が聞こうとする意図に応じて、話の内容を捉え、話し手の考えと比較しながら、自分の考えをまとめること」となる。つまり、ここでの聞き方は、自分の考えを持つだけでなく、そこに自分をも客体視する比較の眼差しが求められ、話し手と聞き手との立場の違いを明確に表現する能力が求め

られてくる。

このように、学習指導要領では、児童の発達段階（学年の進行）に伴って、指導事項もより高度なものに変化していくのである。

◎「B　書くこと」

「B　書くこと」第1・第2学年では、「A　話すこと・聞くこと」と同じく次の (1)(2) の項目がある（(2) の項目は、「A　話すこと・聞くこと」と同じ文言なので引用を省略する）。

(1) 書くことに関する次の事項を身に付けることができるよう指導する。

(1) は次のア〜オの5つの項目が掲げられている。

ア　経験したことや想像したことなどから書くことを見付け、必要な事柄を集めたり確かめたりして、伝えたいことを明確にすること。

イ　自分の思いや考えが明確になるように、事柄の順序に沿って簡単な構成を考えること。

ウ　語と語や文と文との続き方に注意しながら、内容のまとまりが分かるように書き表し方を工夫すること。

エ　文章を読み返す習慣を身に付けるとともに、間違いを正したり、語と語や文と文との続き方を確かめたりすること。

オ　文章に対する感想を伝え合い、自分の文章の内容や表現のよいところを見付けること。

(2) ではア〜ウの3つの事項が掲げられている。

ア　身近なことや経験したことを報告したり、観察したことを記録したりするなど、見聞きしたことを書く活動。

イ　日記や手紙などを書くなど、思ったことや伝えたいことを書く活動。

ウ　簡単な物語をつくるなど、感じたことや想像したことを書く活動。

アは生活科などの観察記録とも関連する報告（レポート）文章を書くことで、児童にとって初めての学習であり、イは自分の思いを他者に伝える日記や手紙という人間関係についての文の学習であり、ウは物語という文学的な文章の学習である。

これも第3・第4学年、第5・第6学年の同じ事項と比較することで、学習指導要領が児童に望んでいる学習の発達のあり方や教育のあり方が分かる。

たとえば、(2) アについていうと、第3・第4学年では「調べたことをまとめて報告するなど、事実やそれを基に考えたことを書く活動」となっている。ここでは第1・第2学年の書く対象が「身近なことや体験したこと」「観察したこと」から「調べたこと」へと変化している。それは、たとえば本を読んで調べることも含まれてくるだろう。つまり、自分の身近なこと以外に書く内容に広がりが生じているのである。また、「見聞きしたことを書く」第1・第2学年に比べて、「事実」の他に「考えたこと」をも書くことになる。それが併記されているということは、「事実」と「考えたこと」すなわち感想とを区別して書くことが求められるのである。

さらに第5・第6学年になると、(2) アは「事象を説明したり意見を述べたりするなど、考えたことや伝えたいことを書く活動」とある。第5・第6学年になると、第1・第2学年では (2) ウも報告する文章と関連する活動事項と見做される。すなわち (2) ウは「事実や経験を基に、感じたり考えたりしたことや自分にとっての意味について文章に書く活動」も併せて読み取っておく必要があろう。つまり、「事実」を調べ上げたことを書くことによって報告するのだが、

そこに「自分にとっての意味」を含み持たせることが促されていると見られる。対象とする事象について児童が主体性を持って判断する活動が求められるのである。

◎「C　読むこと」

「C　読むこと」でも、「A　話すこと・聞くこと」「B　書くこと」と同様に (1)(2) が立てられ、(1) では「読むことに関する次の事項を身に付けることができるよう指導する。」として次のア〜カの6項目が掲げられている（(2) の項目は、「A　話すこと・聞くこと」と同じ文言なので引用を省略する）。

ア　時間的な順序や事柄の順序などを考えながら、内容の大体を捉えること。

イ　場面の様子や登場人物の行動など、内容の大体を捉えること。

ウ　文章の中の重要な語や文を考えて選び出すこと。

エ　場面の様子に着目して、登場人物の行動を具体的に想像すること。

オ　文章の内容と自分の体験とを結び付けて、感想を持つこと。

カ　文章を読んで感じたことや分かったことを共有すること。

(2) では、次のア、イ、ウの3項目が掲げられている。

ア　事物の仕組みを説明した文章などを読み、分かったことや考えたことを述べる活動。

イ　読み聞かせを聞いたり物語などを読んだりして、内容や感想を伝え合ったり、演じたりする活動。

ウ　学校図書館などを利用し、図鑑や科学的なことについて書いた本などを読み、分かったことなどを説明する活動。

2017年告示の新しい要領から、「学校図書館などを利用したり」と具体的な図書の種類である「図鑑」との文言が入った（全ての学年においてこの種の文言が入った）。従来は「本や文章を読んで」となっていた部分である。具体的に学校図書館の文言が入ったのは、学校図書館の充実の必要があることを意味して来よう。大規模な小学校と小規模な小学校とでは一人当たりの蔵書数に目を奪われて、蔵書数そのものに違いがあるようでは、結果的に小規模校の児童に不利益が生じ得る。学習指導要領に学校図書館の利用が明記されたことで、全ての小学校でのより一層の学校図書館の充実が求められたと言えよう。従来の教科用図書の教材は、それぞれ置かれた位置（単元）のもとでの役割を期待されていた。単元観については諸説がある（たとえば、従来では学習指導要領によって取り上げられている事項に関する単元を、技能単元と呼び、要領にない場合には活動単元や話題単元という言い方をする場合が多かったかと思われる）が、従来では学校図書館の利用は、活動単元に位置付けられることになるだろう。

さて、書くことのいわゆる文学的な文章について立てられた事項 (2) イは第3・第4学年では「詩や物語などを読み、内容を説明したり、考えたことなどを伝え合ったりする活動」とある。これが第5・第6学年になると、(2) イでは「詩や物語、伝記などを読み、内容を説明したり、自分の生き方などについて考えたことを伝え合ったりする活動」となる。これからどのような変化が読み取られるか、読者各自で考え、読者同士で考えを伝え合い、それぞれがそのようないとなみをする前よりもより深い理解に至る。これらが「活動」という体言で止められている意義を考えたい。じつは、その「活動」こそが「主体的・対話的で深い学び」の核心をなすものであり、これを児童に教育する活動単元的な要素の充実が、これからの教員に求められているのである。

② 社会科

1 社会科で何を学ぶのか？

こう問われたら、「地理や歴史、それに政治とか経済とか」という答えが返ってくる。もちろんこれで間違いではない。では次に「何のためにそれらを学ぶのですか？」と問われたらどうだろう。おそらく、「社会の常識を一応知っておかないと生活に困るから」とか、「地理や歴史についてのことを一通り教養として知っておく方がいいだろう」というような答えが返ってくるであろう。

しかし、その答えに対しては次のような反論がある。たとえば「江戸幕府の対外政策について知っていたところで、それでいまの社会生活に何の役に立つのですか？」「地球の裏側の国の生活や産業について知っていたところで、何の役にもたたないでしょ」「教養も大切だけど、それが役に立つのはクイズ番組に出演したときぐらいじゃないの？」…。

このような反論にさらに反論することはむずかしい。つまり、社会科で学ぶ内容については一応のイメージは共有されているのだが、それを学ぶ目標や意義については必ずしも理解されていないのである。目標や意義が不明瞭なまま地理や歴史、政治や経済のことを学ばされると、その結果として「細かな知識を詰め込まれた」「暗記教科だ」「テストが終わったらみんな忘れた」などという社会科に対するマイナスイメージがどんどん増幅されてしまう。悲しいことにそれが社会科をめぐる現実だといわねばならない。

では学習指導要領には社会科を学ぶ目標や意義はどのように示されているのだろうか、確かめてみよう。2017（平成29）年3月に公表された小学校学習指導要領「社会　1目標」の前文にはつぎのように記されている。

> 社会的な見方・考え方を働かせ、課題を追究したり解決したりする活動を通して、グローバル化する国際社会に主体的に生きる平和で民主的な国家及び社会の形成者に必要な公民としての資質・能力の基礎を次のとおり育成することを目指す。

一読して明らかなように、ここには「地理を学ぶ、歴史を学ぶ」というような内容目標はまったく書かれていない。細かくみてみよう。「社会的な〜通して」の最初の部分は、社会科の学習の仕方について示している。知識をつめこんだりするのではないことは明らかである。では、社会科の目標とは何か。それはこの前文の最後の部分に書かれている。「公民としての資質・能力の基礎を育成すること」である。そして「公民としての資質・能力の基礎を育成すること」は、「平和で民主的な国家及び社会の形成者」あるいは「グローバル化する国際社会に主体的に生きる」ためには必要なのだと記されている。

ここで2つの疑問が湧くに違いない。まず1つ目は「では地理や歴史はどうなるのか」という疑問、2つ目は「公民っていったい何なのか」という疑問である。

　「公民」というコトバは、中学校社会科の「公民的分野」、高等学校の「公民科」という教育課程を表す用語として登場するが、学校以外の一般的な生活場面ではあまり用いられない。だからイメージしにくいのも当然であるが、簡単に言えば、「まっとうな社会人」というような意味である。「まっとうな」というのはその社会に適応していること、つまり慣習や法令や常識のようなものをわきまえて無用な摩擦を生じないように社会生活を送ること、そして、それだけにとどまらず、よりよい社会の実現にむけて社会の一員として判断したり行動したりすること…のようなイメージである。大切なのは、「よりよい社会の実現にむけて社会の一員として判断したり行動したりする」には社会の過去や現在についての幅広い知識が必要になってくるという点である。個人的な好き嫌いや目先の利益にとらわれて判断したり、マスコミやネット情報をうのみにして判断したりするだけでは「まっとうな」判断とは言えない。つまり「公民」としては失格だということになる。したがって、「公民」としてふさわしい社会的な判断をするには地理や歴史や政治や経済について一通り学習しておくことがどうしても必要になるのである。

　つまり地理や歴史を学ぶことは公民になるための「手段」なのである。多くの人が公民として行動しなければ、社会の秩序は保たれない。地理や歴史その他の社会科の学習をすることは、お互いが豊かで幸せな社会生活を送るためにぜひとも必要なことなのである。社会についてさまざまな知識を教養として身に付けておくことは悪いことではないが、地理や歴史を学ぶことには、そのような個人的な趣味や都合を超えたもっともっと大きな意味があることを、まず確認しておきたい。

2　小学校社会科の内容構成の考え方

　児童の「社会的な見方・考え方」は、最初は未熟である。したがって入門期は学習の素材は児童の日常生活の範囲に多く求めることになる。身近な地域から発達段階に応じて徐々に視野を広げていく手法を「同心円拡大方式」と呼ぶが、現行の社会科の教科課程も基本的にはこの方式で構成されている。

　第3学年では学校の通学区域（校区、学区）の学習からスタートして、児童の住む市区町村まで、第4学年では都道府県まで視野を広げる。第5学年では日本全体、第6学年では日本と関わりの深い国や地球規模にまで学習範囲は広がる。

　「空間認識」つまり平面的な視野の広がりとならんで大切なのが、「時間認識」つまり歴史的な見方・考え方である。一般に歴史学習は第6学年の内容（2）がそれに相当すると考えられているが、児童をいきなり2000年も前の社会にワープさせることは困難である。

　そのために2つの内容が用意されている。まずは第3学年の内容の（4）である。市区町村などの身近な地域にこだわりながらも、生活道具の変遷や地域の文化財、祭りなどに注目させることで歴史的な思考への導入をはかっている。続いて第4学年の内容の（4）では都道府県レベルにまで視野を広げて、主として江戸時代ないしそれ以後の地域開発や文化振興などに目を向けさせる。「いま」から「おじいさんの時代」、江戸時代、そして縄文・弥生時代へと徐々に遠ざかっていくという「環境拡大原理」が貫かれている。

以上はまとめれば「近いものから遠いものへ」という配列であるが、同時に小学校社会科の内容の配列には「単純なものから複雑なものへ」という視点も重視されている。たとえば消防署や警察などのはたらきについても、第3学年ではその施設の確認や具体的な仕事の工夫や努力の確認が中心となるが、第6学年では行政組織や地方自治と絡めて行政サービスとしてのその機能や今後の在り方にも注目させる。また環境問題でも第3学年では身近な自然環境の確認にとどまるが第4学年になると生活環境や防災に、第5学年以降では公害問題や地球環境保全のような複雑な問題にまで話がおよぶ。

以上みてきたように、社会科の学習内容は児童の発達段階をふまえて慎重に配列されている。授業作りにあたっては、前後の学年での学習内容、さらには第1学年、第2学年での生活科の学習や中学校での学習も視野に入れながら、「なぜいまこの学習が必要なのか」「ならば、どんな学習内容や学習方法が求められるのか」を十分に考慮しながら指導構想を練っていかなければならないといえる。

3 各学年の内容

〈第3学年〉

学習指導要領によれば第3学年では次のような知識の理解が求められている。

① 身近な地域や自分たちの市（または区町村…以下同じ）の様子を大まかに理解すること。

② 生産の仕事は、地域の人々の生活と密接な関わりをもって行われていることを理解すること。

③ 販売の仕事は、消費者の多様な願いを踏まえ売り上げを高めるよう、工夫して行われていることを理解すること。

④ 消防署や警察署などの関係機関は、地域の安全を守るために、相互に連携して緊急時に対処する体制をとっていることや、関係機関が地域の人々と協力して火災や事故などの防止に努めていることを理解すること。

⑤ 市や人々の生活の様子は、時間の経過に伴い、移り変わってきたことを理解すること。

第3学年では、まず「校区たんけん」で身近な地理的環境に注目させたあと、自分たちの市の特徴ある地域を数か所取り上げて、地形や土地利用、生活の違いに気付かせる（①）。②と③では、自分たちの市における農業または工業、そしてスーパーマーケットなどを事例に、地域における生産、流通、販売、消費の実態を概観させる。

その後、消防の働きなど「安全なくらし」を支える人々の工夫や努力を取り上げ（④）、最後に身近な生活用品の変遷や年中行事などを手掛かりに歴史的な見方・考え方の大切さに気付かせていく（⑤）。以上の学習を通じて、見学・調査したり地図などの資料を調べたり年表などにまとめたりするなどの技能を身に付けさせることも同時に求められている。

なお、第3学年では、さまざまな生活物資の供給（輸入）とからめて、国にはそれぞれの国旗があることに注目させること、および⑤の歴史的な事象とからめて元号の存在に気付かせる必要があることに留意したい。

〈第4学年〉

学習指導要領によれば第4学年では次のような知識の理解が求められている。

① 自分たちの県（または都道府…以下同じ）の地理的環境の概要を理解すること。また47都道府県の名称と位置を理解すること。

② 飲料水、電気、ガスを供給する事業は、安全で安定的に供給できるよう進められていることや、地域の人々の健康な生活の維持と向上に役立っていることを理解すること。（飲料水、電気、ガスの中から1つを選択する）

③ 廃棄物を処理する事業は、衛生的な処理や資源の有効利用ができるよう進められていることや、生活環境の維持と向上に役立っていることを理解すること。（ごみまたは下水のいずれかを選択）

④ 地域の関係機関や人々は、自然災害に対し、様々な協力をして対処してきたことや、今後想定される災害に対し、様々な備えをしていることを理解すること。（地震、津波など過去に児童の身近な地域で発生したものを取り上げる）

⑤ 県内の文化財や年中行事は、地域の人々が受け継いできたことや、それらには地域の発展など人々の様々な願いが込められていることを理解すること。

⑥ 地域の発展に尽くした先人は、様々な苦心や努力により当時の生活の向上に貢献したことを理解すること。

⑦ 県内の特色ある地域では、人々が協力し、特色あるまちづくりや観光などの産業の発展に努めていることを理解すること。（国際交流または地域の自然や文化の保護・活用の事例を取り上げる）

第3学年に比べて内容が多岐にわたっていることが明らかである。とくに注目したいのは、たとえば下水の仕組みや県内の遠く離れた町の様子など、児童が直接的に目にすることができないものを取り上げる頻度が高くなっていることである。したがって、指導要領も指摘するように、「地図帳や各種の資料で調べ白地図にまとめる」学習や見学や聞き取り調査などの学習を積極的に取り入れて、抽象的な説明、理解に終わらないように授業展開を工夫することが求められる。また①では47都道府県の位置・名称の理解という、児童の日常生活とは直接関係のない内容の理解が求められている。教科書の記述も参考にしながら、クイズづくりを試みるなどして抵抗なく知識を獲得できるような工夫が求められよう。

なお、④に関しては、自助、共助、公助という3つのレベルでの支援が考えられるが、公助の一部としての自衛隊など国の機関の働きについても注目させることが今回の学習指導要領では求められている。これは東日本大震災のような大規模災害や有事を想定してのことと思われる。

〈第5学年〉

学習指導要領によれば第5学年では次のような知識の理解が求められている。

① 世界における我が国の国土の位置、国土の構成、領土の範囲などを大まかに理解すること。

② 我が国の国土の地形や気候の概要を理解するとともに、人々は自然環境に適応して生活していることを理解すること。

③ 我が国の食料生産は、自然条件を生かして営まれていることや、国民の食料を確保する重要な役割を果たしていることを理解すること。

④　食料生産に関わる人々は、生産性や品質を高めるよう努力したり輸送方法や販売方法を工夫したりして、良質な食料を消費地に届けるなど、食糧生産を支えていることを理解すること。

⑤　我が国では様々な工業生産が行われていることや、国土には工業のさかんな地域が広がっていること及び工業製品は国民生活の向上に重要な役割を果たしていることを理解すること。

⑥　工業生産に関わる人々は、消費者の需要や社会の変化に対応し、優れた製品を生産するよう様々な工夫や努力をして、工業生産を支えていることを理解すること。

⑦　貿易や運輸は、原材料の確保や製品の販売などにおいて、工業生産を支える重要な役割を果たしていることを理解すること。

⑧　放送、新聞などの産業は、国民生活に大きな影響を及ぼしていることを理解すること。

⑨　大量の情報や情報通信技術の活用は、様々な産業を発展させ、国民生活を向上させていることを理解すること。

⑩　自然災害は国土の自然条件などと関連して発生していることや、自然災害から国土を保全し国民生活を守るために国や県などが様々な対策や事業を進めていることを理解すること。

⑪　森林は、その育成や保護に従事している人々の様々な工夫と努力により国土の保全など重要な役割を果たしていることを理解すること。

⑫　関係機関や地域の人々の様々な努力により、公害の防止や生活環境の改善が図られてきたことを理解するとともに、公害から国土の環境や国民の健康な生活を守ることの大切さを理解すること。

　第5学年の学習内容は大きく「国土学習」（上記の①と②）、「産業学習」（上記の③から⑨）、「環境学習」（上記の⑩〜⑫）に分けられる。いずれにせよ、児童の日常の経験の範囲を大きく超える内容であり、従来から「5年生の壁」といわれてきたように、社会科学習からの逃避が顕著にみられる時期である。それだけに地図帳や資料で調べるというういわゆる調べ活動とその結果の表現に加えて、映像資料の積極的な活用などが求められてくる。また、教科書に取り上げられている内容を網羅的に取り上げるのではなく、産業学習（④）においては、たとえば農業では稲作のほかに野菜、水産物のいずれかを取り上げるなど、内容の選択も重要になってくる。いずれにせよ、児童自身や児童が住む地域の実態と教科書の記述とをいかにうまくリンクさせていくかという点で教師の技量が試されてくる学年である。

　なお、この学年での留意点としては、国土学習（①）において竹島や尖閣諸島、北方領土をめぐる昨今の厳しい国際情勢をとりあげておくこと、⑨において情報倫理の側面にも注目させることが指摘できる。

〈第6学年〉

学習指導要領によれば第6学年では主に次のような知識の理解が求められている。

①　日本国憲法は国家の理想、天皇の地位、国民としての権利及び義務など国家や国民生活の基本を定めていることや、現在の我が国の民主政治は日本国憲法の基本的な考え方に基づいていることを理解をするとともに、立法、行政、司法の三権がそれぞれの役割を果た

していることを理解すること。

② 国や地方公共団体の政治は、国民主権の考え方の下、国民生活の安定と向上を図る大切な働きをしていることを理解すること。生活は、多様であることを理解するとともに、スポーツや文化などを通して他国と交流し、異なる文化や習慣を尊重し合うことが大切であることを理解すること。

③ 我が国は、平和な世界の実現のために国際連合の一員として重要な役割を果たしたり、諸外国の発展のために援助や協力を行ったりしていることを理解すること。

以上は一般に「政治学習」（とくに③は「国際単元」）と呼ばれている。歴史学習（紙数の関係で歴史学習の内容項目は省略）と並んで第6学年の大切な学習内容となっているが、いずれも、細かな知識内容に踏み込むことを避け、地図や年表、映像資料を活用し、可能であれば遺跡その他の歴史遺産を見学するなどして児童の興味・関心を高めることが一層求められてくる。

なお歴史学習については、中学校の歴史的分野とは異なり、おおむね大正時代以前については指導要領に示された42人の人物を中心とする人物・文化遺産を軸とした歴史学習であることにとくに留意する必要がある。また昭和に入ってからは複雑な国際情勢の理解が必要な場面も少なくないので指導要領にも「児童の発達の段階を考慮すること」と記されているように、特定の解釈を押し付けることにならないような配慮が求められる。

4 「覚える社会科」から「考え、判断する社会科」へ

「1　社会科で何を学ぶのか」では、社会科学習の目標や意義を「公民としての資質・能力の基礎を育成すること」とまとめた。ただし「1」で引用した「社会科の目標」の記述には、そのあとに「次のとおり育成することを目指す」として3つの具体的な目標が掲げられている。最後にこの具体的目標を確認しておこう。

---

(1)　地域や我が国の国土の地理的環境、現代社会の仕組みや働き、地域や我が国の歴史や伝統と文化を通して社会生活について理解するとともに、様々な資料や調査活動を通して情報を適切に調べまとめる技能を身に付けるようにする。

(2)　社会的事象の特色や相互の関連、意味を多角的に考えたり、社会に見られる課題を把握して、その解決に向けて社会への関わり方を選択・判断したりする力、考えたことや選択・判断したことを適切に表現する力を養う。

(3)　社会的事象について、よりよい社会を考え主体的に問題解決しようとする態度を養うとともに、多角的な思考や理解を通して、地域社会に対する誇りと愛情、地域社会の一員としての自覚、我が国の国土と歴史に対する愛情、我が国の将来を担う国民としての自覚、世界の国々の人々と共に生きていくことの大切さについての自覚などを養う。

「3　各学年の内容」では、細かな学習内容をほぼ学習指導要領に沿うかたちで紹介したが、それらの学習内容は、じつは上記の（1）〜（3）の目標を達成するために必要な要素ないし手段として取り上げられているのである。市の伝統行事の学習も産業学習も、日本の歴史を概観することも地球の環境について学ぶことも、すべては上記の目標を達成するために用意された

素材なのである。このことをあらためて確認しておきたい。

　そして各学年での学習を通して、「情報を適切に調べまとめる技能」(1)、「社会への関わり方を選択・判断したりする力」(2)、「地域社会に対する誇りと愛情、我が国の将来を担う国民としての自覚」(3) などが達成されたとき、「公民としての資質・能力を育成する」という社会科の究極の目標が達成されるのである。

　「地理や歴史その他の社会科の学習をすることは、みんなが、つまりお互いが豊かで幸せな社会生活を送るためにぜひとも必要なこと」という文言を再度記して、この項を閉じることとする。

課題9：つねに新聞記事やテレビのニュースに関心をもち社会の動きをモニターしておこう。
課題10：先輩の社会科実践記録を広い視野にたって批判的に考察できるよう研鑽を積もう。

---

③　算数科

1　算数科改訂の趣旨及び要点

　小学校算数科では、数学的に考える資質・能力を育成する観点から、実社会との関わりと算数・数学を統合的・発展的に構成していくことを意識して、数学的活動の充実等を図ることが意図される。その考えの中心は、2016 (平成28) 年12月に中央教育審議会から示された、『幼稚園、小学校、中学校、高等学校及び特別支援学校の学習指導要領等の改善及び必要な方策等について（答申）』(以下、答申とする) であり、それをもとに改訂された、2017 (平成29) 年3月に示された「小学校学習指導要領」(以下、学習指導要領とする) にある。

2　算数科における目標

　育成を目指す資質・能力が全ての教科・領域等において示された学習指導要領において、算数科では、「数学的な見方・考え方を働かせ、数学的活動を通して、数学的に考える資質・能力を育成することを目指す」を総括的に示した上で、次のような目標が示された。

---

(1)　数量や図形などについての基礎的・基本的な概念や性質などを理解するとともに、日常の事象を数理的に処理する技能を身に付けるようにする。
(2)　日常の事象を数理的に捉え見通しをもち筋道を立てて考察する力、基礎的・基本的な数量や図形の性質などを見いだし統合的・発展的に考察する力、数学的な表現を用いて事象を簡潔・明瞭・的確に表したり目的に応じて柔軟に表したりする力を養う。
(3)　数学的活動の楽しさや数学のよさに気付き、学習を振り返ってよりよく問題解決しようとする態度、算数で学んだことを生活や学習に活用しようとする態度を養う。

　上記の目標においては、(1) では「知識及び技能」の習得に関する目標、(2) では「思考力、判断力、表現力等」の育成に関する目標、(3) では「学びに向かう力、人間性等」の涵養に関する目標が3つの柱として示されている。具体的に整理を行うと次のようになる。

（1）知識及び技能

・数量や図形などについての基礎的・基本的な概念や性質などの理解

・日常の事象を数理的に表現・処理する技能

・数学的な問題解決に必要な知識

（2）思考力、判断力、表現力等

・日常の事象を数理的に捉え、見通しをもち筋道を立てて考察する力

・基礎的・基本的な数量や図形の性質や計算の方法を見いだし、既習事項と結びつけて統合的に考えたり、そのことをもとに発展的に考えたりする力

・数学的な表現を用いて事象を簡潔・明瞭・的確に表したり目的に応じて柔軟に表したりする力

（3）学びに向かう力、人間性等

・数量感覚や図形感覚を豊かにし、数学的に考えることや数理的な処理を行うことのよさに気付き、生活や学習に活用しようとする態度。

・数学的に考えることや数理的な処理を行ったことを振り返って、よりよい問題解決が行えないかをさらに検討しようとする態度

なお、この算数の教科目標をもとに、各学年での目標も示されている。この各学年での教科目標は、児童の発達段階を考慮して、①第1学年、②第2学年と第3学年、③第4学年と第5学年、④第6学年の4つの段階が意識された記述となっている。算数の教科目標と学年の目標との関連を意識した指導が必要となる。

3　算数科の学習における「数学的な見方・考え方」

目標の中には、「数学的な見方・考え方」とあるが、これは次のように定義される。

> 「数学的な見方・考え方」…事象を、数量や図形及びそれらの関係などに着目して捉え、論理的、統合的・発展的に考えること

算数科の学習においては、「数学的な見方・考え方」を働かせながら、知識及び技能を習得したり、習得した知識及び技能を活用して探究したりすることにより、生きて働く知識となり、技能の習熟・熟達にもつながるとともに、より広い領域や複雑な事象について思考・判断・表現できる力が育成され、このような学習を通じて、「数学的な見方・考え方」が更に豊かで確かなものとなっていくと考えられる。

また、算数科において育成を目指す「学びに向かう力、人間性等」についても、「数学的な見方・考え方」を通して社会や世界にどのように関わっていくかが大きく作用しており、「数学的な見方・考え方」は資質・能力の3つの柱である「知識及び技能」、「思考力、判断力、表現力等」、「学びに向かう力、人間性等」の全てに働くものである。

4　資質・能力を育成する学びの過程

算数科の授業においては、「数学的な見方・考え方」を働かせた学習を展開するとともに、学習指導の過程においては、数学的に問題発見・解決する過程を重視するものとなっている。

その中でも特に、(1)「日常生活の事象を数理的に捉え、数学的に表現・処理し、問題を解決したり、解決の過程や結果を振り返って考えたりする」ことと、(2)「算数の学習から問題を見いだし解決したり、解決の過程や結果を振り返って統合的・発展的に考えたりする」ことの2つの問題発見・解決の過程が相互に関わり合うような構成が求められている。また、これらの基盤として、各場面で言語活動を充実させ、それぞれの過程や結果を振り返り、評価・改善することができるようにすることも大切なこととなる。

　ここでいう、(1)(2)は、次のような学習過程のイメージとなる。

(1) 日常の考察に算数・数学を生かす

　①　日常生活や社会事象に内在する課題を数理的に捉え、数学的に表現した問題に設定する。

　②　その問題を焦点化し、数学的に表現処理することで問題を解決する。

　③　それまでの解決への過程をふり返り、得られた結果の意味を考察する。

(2) 算数・数学の世界で事象を考察する

　①　それまで学習してきた数学の事象について統合的・発展的に捉えることで新たな問題を設定する。

　②　その問題を焦点化して、数学的に表現・処理することで、問題を解決する。

　③　それまでの解決への過程をふり返り、概念を形成したり体系化したりする。

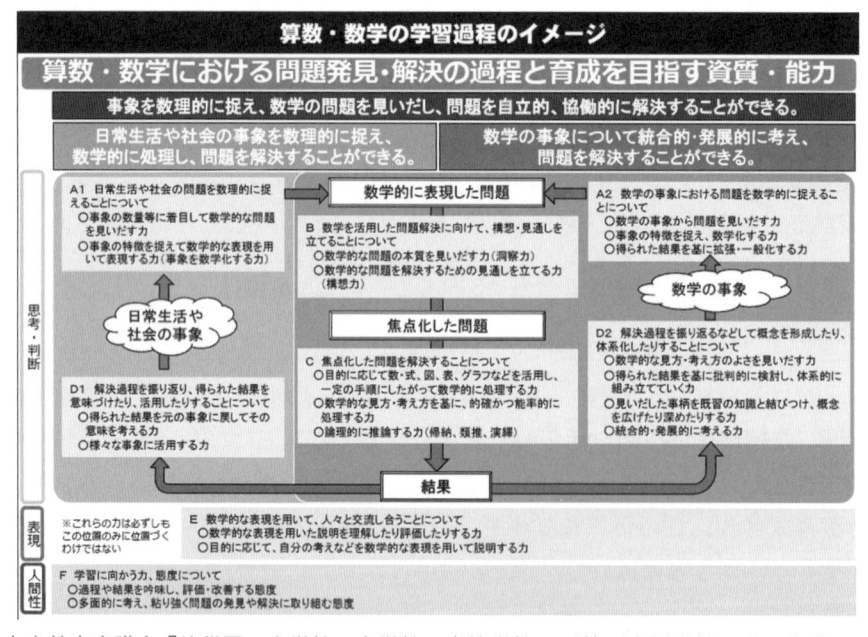

中央教育審議会『幼稚園、小学校、中学校、高等学校及び特別支援学校の学習指導要領等の改善及び必要な方策等について（答申）』2016参照のこと。

　このような2つの学習過程がイメージされるのは、3つの柱で示された資質・能力を身に付けていく時、形式的に知識や技能を覚え込む学びに留まらず、身に付けた資質・能力を様々な課題解決に生かしていけるように、学びを深めていくことが必要不可欠となるからである。学んだことの意味を新たな学習や実生活に結び付けて理解したり、未来を自らが切り拓くために必要となる資質・能力を身に付けたり、さらには生涯にわたって能動的に学び続けたりするこ

とができるようにするための質の高い算数の問題解決学習の実現が求められているのである。

　これらの学習過程のイメージは、答申おいて、次のように示されている。

・疑問や問いの気付き

・問題の設定

・問題の理解、解決の計画

・解決の実行

・解決したことの検討

・解決過程や結果の振り返り

・新たな疑問や問いの気付き

＊学習過程については、自立的に、時に協働的に行い、それぞれに主体的に取り組めるようにする。

　なお、これらの学習過程は、互いに独立しているものではない。関連し合いながら学習をすすめていく必要がある。学習過程において、数学らしい表現による他者とのコミュニケーションを創造していく事が重要となる。

　さらには、学習過程はあくまで児童の学び方であり、教師の指導過程とは異なる。教師が学習過程に沿って授業を行ったとしても、児童の学習の過程として算数を学んでいなければ、目標とする資質・能力の育成にはつながらない。その点を十分に留意した上で、指導の工夫が必要となる。

5　領域とその特徴

　学習指導要領においては、「データの活用」が新設されており、「A　数と計算」「B　図形」「C　測定（1〜3年）」「C　変化と関係（4〜6年）」「D　データの活用」となっている。

　数、量、図形に関するそれぞれの内容とそれらを考察する方法の観点から整理されてきた内容領域の構成をふまえた上で、育成を目指す資質・能力を明確にした内容領域が設定されているといえる。これは、児童が「数学的な見方・考え方」を働かせた数学的な活動を通して、考察を深める数学の内容を明確にするためである。

　また、中学校の領域とのつながりもわかりやすくなっており、図にあるような、「A　数と式」「B　図形」「C　関数」「D　データの活用」とのつながりが示されている。

　これらの領域のねらいと概観は次の通りである。

文部科学省『小学校指導要領（平成29年告示）解説算数編』p.38、日本文教出版、2018年を参照

A　数と計算

（1）　領域のねらい

・　整数、小数及び分数の概念を形成し、その性質について理解するとともに、数についての感覚を豊かにし、それらの数の計算の意味について理解し、計算に習熟すること。

・　数の表し方の仕組みや数量の関係に着目し、計算の仕方を既習の内容を基に考えたり、統合的・発展的に考えたりすることや、数量の関係を言葉、数、式、図などを用いて簡潔に、明瞭に、又は、一般的に表現したり、それらの表現を関連付けて意味を捉えたり、式の意味を読み取ったりすること。

・　数や式を用いた数理的な処理のよさに気付き、数や計算を生活や学習に活用しようとする態度を身に付けること。

(2)　内容の概観

①　数の概念について理解し、その表し方や数の性質について考察すること。

②　計算の意味と方法について考察すること。

③　式に表したり式に表されている関係を考察したりすること。

④　数とその計算を日常生活に生かすこと。

B　図形

(1)　領域のねらい

・　基本的な図形や空間の概念について理解し、図形についての豊かな感覚を育てるとともに、図形を構成したり、図形の面積や体積を求めたりすること。

・　図形を構成する要素とその関係、図形間の関係に着目して、図形の性質、図形の構成の仕方、図形の計量について考察すること。図形の学習を通して、筋道立てた考察の仕方を知り、筋道を立てて説明すること。

・　図形の機能的な特徴のよさや図形の美しさに気付き、図形の性質を生活や学習に活用しようとする態度を身に付けること。

(2)　内容の概観

①　図形の概念について理解し、その性質について考察すること。

②　図形の構成の仕方について考察すること。

③　図形の計量の仕方について考察すること。

④　図形の性質を日常生活に生かすこと。

C　測定（1〜3年）

(1)　領域のねらい

・　身の回りの量について、その概念及び測定の原理と方法を理解するとともに、量についての感覚を豊かにし、量を実際に測定すること。

・　身の回りの事象の特徴を量に着目して捉え、量の単位を用いて的確に表現すること。

・　測定の方法や結果を振り返って数理的な処理のよさに気付き、量とその測定を生活や学習に活用しようとする態度を身に付けること。

(2)　内容の概観

①　量の概念を理解し、その大きさの比べ方を見いだすこと。

②　目的に応じた単位で量の大きさを的確に表現したり比べたりすること。

③　単位の関係を統合的に考察すること。

④　量とその測定の方法を日常生活に生かすこと。

C　変化と関係（4〜6年）

(1)　領域のねらい

・　伴って変わる2つの数量の関係について理解し、変化や対応の様子を表や式、グラフに表したり読んだりするとともに、2つの数量の関係を比べる場合について割合や比の意味や表し方を理解し、これらを求めたりすること。

・　伴って変わる2つの数量の関係に着目し、表や式を用いて変化や対応の特徴を考察するとともに、2つの数量の関係に着目し、図や式などを用いてある2つの数量の関係と別の2つの数量の関係の比べ方を考察し、日常生活に生かすこと。

・　考察の方法や結果を振り返って、よりよい解決に向けて工夫・改善をするとともに、数理的な処理のよさに気付き、数量の関係の特徴を生活や学習に活用しようとする態度を身に付けること。

(2)　内容の概観

①　伴って変わる2つの数量の変化や対応の特徴を考察すること。

②　ある2つの数量の関係と別の2つの数量の関係を比べること。

③　2つの数量の関係の考察を日常生活に生かすこと。

D　データの活用

(1)　領域のねらい

・　目的に応じてデータを集めて分類整理し、適切なグラフに表したり、代表値などを求めたりするとともに、統計的な問題解決の方法について知ること。

・　データのもつ特徴や傾向を把握し、問題に対して自分なりの結論を出したり、その結論の妥当性について批判的に考察したりすること。

・　統計的な問題解決のよさに気付き、データやその分析結果を生活や学習に活用しようとする態度を身に付けること。

(2)　内容の概観

①　目的に応じてデータを収集、分類整理し、結果を適切に表現すること。

②　統計データの特徴を読み取り判断すること。

以上のように、児童が学ぶべき内容は、A・B・C・Dで分けられている。しかし、それぞれの領域についても、けっして完全に別個のものではない。それぞれを関連付けられる点については関連付け、目標とする資質・能力の育成につなげていく必要がある。

課題11：数学的な見方・考え方について具体例を考えてみよう。

課題12：算数の授業において、想定する必要のある2つの事象があるが、それらを想定する意図について考えてみよう。

---

④ 理　科

1　教科の目標の改善

　理科の目標については、資質・能力の3つの柱、(1) 知識及び技能、(2) 思考力、判断力、表現力等、(3) 学びに向かう力、人間性等、に対応する形で改訂されている。

※下線は変更された表現

改訂（平成29年告示）	現行（平成20年告示）
自然に親しみ、理科の見方・考え方を働かせ、見通しをもって観察、実験を行うことなどを通して、自然の事物・現象についての問題を科学的に解決するために必要な資質・能力を次のとおり育成することを目指す。 (1) 自然の事物・現象についての理解を図り、観察、実験などに関する基本的な技能を身に付けるようにする。 (2) 観察、実験などを行い、問題解決の力を養う。 (3) 自然を愛する心情や主体的に問題解決しようとする態度を養う。	自然に親しみ、見通しを持って観察、実験などを行い、問題解決の能力と自然を愛する心情を育てると共に、自然の事物・現象についての実感を伴った理解を図り、科学的な見方や考え方を養う。

2　学年目標の改善

　学年の目標は、理科では3年生から学年毎に設定されているが、今回の改訂で、資質・能力の3つの柱に対応した表現となっている（表中に【　】で示した）。以下に「第3学年」の目標を例にあげる。

※下線は変更された表現

改訂（平成29年告示）	現行（平成20年告示）
(1) 物質・エネルギー ① 物の性質、風とゴムの力の働き、光と音の性質、磁石の性質及び電気の回路についての理解を図り、観察、実験などに関する基本的な技能を身に付けるようにする。【知識及び技能】 ② 物の性質、風とゴムの力の働き、光と音の性質、磁石の性質及び電気の回路について追究する中で、主に差異点や共通点を基に、問題を見出す力を養う。【思考力、判断力、表現力等】 ③ 物の性質、風とゴムの働き、光と音の性質、磁石の性質及び電気の回路について追究する中で、主体的に問題解決しようとする態度を養う。【学びに向かう力、人間性等】 (2) 生命・地球 ① 身の回りの生物、太陽と地面の様子について	(1) ものの重さ、風やゴムの力並びに光り、磁石及び電気を働かせたときの現象を比較しながら調べ、見いだした問題を興味・関心をもって追究したりものづくりをしたりする活動を通して、それらの性質や働きについての見方や考え方を養う。 (2) 身近に見られる動物や植物、日なたと日陰の地面を比較しながら調べ、見いだした問題

の理解を図り、<u>観察、実験</u>などに関する基本的な技能を身に付けるようにする。【知識及び技能】

② 身の回りの生物、太陽と地面の様子について追究する中で、主に<u>差異点や共通点</u>を基に、問題を見いだす力を養う。【思考力、判断力、表現力等】

③ 身の回りの生物、太陽と地面の様子について追究する中で、生物を愛護する態度や<u>主体的に問題解決</u>しようとする態度を養う。【学びに向かう力、人間性等】

を興味・関心をもって追究する活動を通して、生物を愛護する態度を育てるとともに、生物の成長のきまりや体のつくり、生物と環境とのかかわり、太陽と地面の様子との関係についての見方や考え方を養う。

3　内容の改善

　小学校理科の内容では、文章構成について改訂がなされている。現行に対して改訂では各単元の内容冒頭に、対象となるもの、着目するところ、どのように調べるかが記載され、次に資質・能力の3つの柱のうち、アとして①（知識及び技能）、イとして②（思考力、判断力、表現力等）の内容に分けて整理されている。さらに具体的な内容は（ア）（イ）・・・と列記されている。各単元について「何ができるようになるか」が明確にされている。以下に、新設や追加内容に着目しながら「B地球」から学年間の関連項目の内容を抜粋した。3年生で「太陽と地面の様子」、4年生で「雨水」「天気」について基礎的な現象について学び、5年生では「流れる水の働きと土地の変化」「天気の変化」で応用的な学習として自然災害についての取り扱いが新設、追加されているのがわかる。6年生では「土地のつくりと変化」で自然災害について項目が新設されている。この内容は、中学校1年生で学習する「自然の恵みと火山災害・地震災害」（中学校3年生から移行）へと接続され、2年生の「自然の恵みと気象災害」（中学校3年生から移行）、3年生の「地域の自然災害」へと発展することも念頭に置いておくと良い。さらに他の項目についても、関連内容について学年を横断して理解してみてほしい。

※下線は変更された表現、太字は特に改訂のポイントとなる点

改訂（平成29年告示）	現行（平成20年告示）
【第3学年】	【第3学年】
2　内容	2　内容
B　生命・地球	B　生命・地球
(2) 太陽と地面の様子	(3) 太陽と地面の様子
太陽と地面の様子との関係について、日なたと日陰の様子に着目して、それらを<u>比較しながら</u>調べる活動を通して、次の事項を身に付けることができるよう指導する。	日陰の位置の変化や、日なたと日陰の地面の様子を調べ、太陽と地面の様子との関係について考えをもつことができるようにする。
ア　次のことを理解するとともに、<u>観察、実験</u>などに関する技能を身に付けること。	
（ア）日陰は太陽の光を遮るとでき、日陰の位置は太陽の<u>位置の変化</u>によって変わること。	ア　日陰は太陽の光を遮るとでき、日陰の位置は太陽の動きによって変わること。

（イ）地面は太陽によって暖められ、日なたと日陰では地面の暖かさや湿り気に違いがあること。

イ　日なたと日陰の様子について追究する中で、**差異点や共通点を基に、**太陽と地面の様子との関係についての**問題を見いだし、表現すること。**

3　内容の取り扱い

(4)　内容の「B生命・地球」の(2)のアの(ア)の「太陽の位置の変化」については、東から南、西へと変化することを取り扱うものとする。また、太陽の位置を調べるときの方位は東、西、南、北を扱うものとする。

【第4学年】

2　内容

B　生命・地球

(3) 雨水の行方と地面の様子【新設】

雨水の行方と地面の様子について、流れ方やしみ込み方に着目して、それらと地面の傾きや土の粒と大きさとを関連付けて調べる活動を通して、次の事項を身に付けることができるよう指導する。

ア　次のことを理解するとともに、観察、実験などに関する技能を身に付けること。

(ア) 水は、高い場所から低い場所へと流れて集まること。

(イ) 水のしみ込み方は、土の粒の大きさによって違いがあること。

イ　雨水の行方と地面の様子について追究する中で、**既習の内容や生活経験を基に、**雨水の流れ方やしみ込み方と地面の傾きや土の粒の大きさとの関係について、**根拠のある予想や仮説を発想し、表現すること。**

(4) 天気の様子

天気や自然界の水の様子について、気温や水の行方に着目して、それらと天気の様子や水の状態変化とを関係付けて調べる活動を通して、次の事項を身に付けることができるよう指導する。

ア　次のことを理解するとともに、観察、実験などに関する技能を身に付けること。

イ　地面は太陽によって暖められ、日なたと日陰では地面の暖かさや湿り気に違いがあること。

3　内容の取り扱い

(3)　内容の「B生命・地球」の(3)のアの(ア)の「太陽の動き」については、太陽が東から南を通って西に動くことを取り扱うものとする。また、太陽の動きを調べるときの方位は東、西、南、北を扱うものとする。

【第4学年】

2　内容

B　生命・地球

（該当内容なし）

(3) 天気の様子

1日の気温の変化や水が蒸発する様子などを観察し、天気や気温の変化、水と水蒸気との関係を調べ、天気の様子や自然界の水の変化についての考えをもつことができるようにする。

（ア）天気によって、1日の気温の変化の仕方に
　　違いがあること。

（イ）水は、水面や地面などから蒸発し、水蒸
　　気になって空気中に含まれていくこと。ま
　　た、空気中の水蒸気は、結露して再び水に
　　なって現れることがあること。

イ　天気や自然界の水の様子について追究する
　中で、**既習の内容や生活経験を基に**、天気の
　様子や水の状態変化と気温や水の行方との関
　係について、**根拠のある予想や仮説を発想し、**
　表現すること。

【第5学年】

2　内容

B　生命・地球

(3) 流れる水の働きと土地の変化

　流れる水の働きと土地の変化について、水の速
さや量に着目して、それらの条件を制御しながら
調べる活動を通して、次の事項を身に付けるこ
とができるよう指導する。

ア　次のことを理解するとともに、観察、実験
　などに関する技能を身に付けること。

（ア）流れる水には、土地を浸食したり石や土な
　　どを運搬したり堆積させたりする働きがあること。

（イ）川の上流と下流によって、川原の石の大
　　きさや形に違いがあること。

（ウ）雨の降り方によって、流れる水の量や速さ
　　は変わり、増水により土地の様子が大きく
　　変化する場合があること。

イ　流れる水の働きについて追究する中で、流
　れる水の働きと土地の変化との関係について
　の**予想や仮説を基に、解決の方法を発想し、**
　表現すること。

(4) 天気の変化

　天気の変化の仕方について、雲の様子を観測
したり、映像などの気象情報を活用したりする
中で、雲の量や動きに着目して、それらと天気
の変化とを関係付けて調べる活動を通して、次
の事項を身に付けることができるよう指導する。
などに関する技能を身に付けること。

ア　天気によって1日の気温の変化の仕方に違
　いがあること。

イ　水は、水面や地面などから蒸発し、水蒸気
　になって空気中に含まれていくこと。また、
　空気中の水蒸気は、結露して再び水になって
　現れることがあること。

【第5学年】

2　内容

B　生命・地球

(3) 流水の働き

　地面を流れる水や川の様子を観察し、流れる
水の速さや量による働きの違いを調べ、流れる
水の働きと土地の変化の関係についての考えを
もつことができるようにする。

ア　流れる水には、土地を浸食したり、石や土
　などを運搬したり堆積させたりする働きがあ
　ること。

イ　川の上流と下流によって、川原の石の大き
　さや形に違いがあること。

ウ　雨の降り方によって、流れる水の速さや水
　の量が変わり、増水により土地の様子が大き
　く変化する場合があること。

(4) 天気の変化

　1日の雲の様子を観測したり、映像などの情
報を活用したりして、雲の動きなどを調べ、天
気の変化の仕方についての考えをもつことがで
きるようにする。

（ア）<u>天気の変化は、雲の量や動きと関係があ</u>ること。

（イ）天気の変化は、映像などの気象情報を用いて予想できること。

イ　<u>天気の変化の仕方について追究する中で、天気の変化の仕方と雲の量や動きとの関係についての**予想や仮説を基に、解決の方法を発想し、表現すること。**</u>

3　内容の取り扱い

(5) <u>内容の「B生命・地球」の（3）のアの（ウ）については、自然災害についても触れること。</u>【新設】

(6) 内容の「B生命・地球」の（4）のアの（イ）については、台風の進路による天気の変化や<u>台風と降雨との関係及びそれに伴う自然災害についても触れること。</u>【追加】

ア　雲の量や動きは、天気の変化と関係があること。

イ　天気の変化は、映像などの気象情報を用いて予想できること。

3　内容の取り扱い

(4) 内容の「B生命・地球」の（4）のイについては、台風の進路による天気の変化や台風と降雨との関係についても触れるものとする。

【第6学年】

2　内容

B　生命・地球

(4) 土地のつくりと変化

　土地のつくりと変化について、土地やその中に含まれる物に着目して、土地のつくりやでき方を多面的に調べる活動を通して、次の事項を身に付けることができるようにする。

ア　次のことを理解するとともに、<u>観察、実験</u>などに関する技能を身に付けること。

（ア）土地は、礫、砂、泥、火山灰などからできており、層をつくって広がっているものがあること。また、<u>層には**化石**が含まれているものがあること。</u>【(4)イから移動】

（イ）地層は、流れる水の働きや火山の噴火によってできること。

（ウ）土地は、火山の噴火や地震によって変化すること。

イ　<u>土地のつくりと変化について追究する中で、土地のつくりやでき方について、**より妥当な考えをつくりだし、表現すること。**</u>

3　内容の取り扱い

(5) 内容の「B生命・地球」の（4）については、次のとおり取り扱うものとする。

【第6学年】

2　内容

B　生命・地球

(4) 土地のつくりと変化

　土地やその中に含まれる物を観察し、土地のつくりや土地のでき方を調べ、土地のつくりと変化についての考えをもつことができるようにする。

ア　土地は、礫、砂、泥、火山灰および岩石からできており、層をつくって広がっているものがあること。

イ　<u>地層は、流れる水の働きや火山の噴火によってでき、**化石**が含まれているものがあること。</u>【(4)ア（ア）へ移動】

ウ　土地は、火山の噴火や地震によって変化すること。

3　内容の取り扱い

(4) 内容の「B生命・地球」の（4）については、次のとおり取り扱うものとする。

ア　アの（イ）については、流れる水の働きで できた岩石として礫岩、砂岩、泥岩を扱うこと。 イ　アの（ウ）については、自然災害について も触れること。【新設】	ア　アについては、岩石として礫岩、砂岩及び 泥岩を扱うこと。 イ　イの「化石」については、地層が流れる水 の働きによって堆積したことを示す証拠とし て扱うこと。【削除】

4　指導計画の作成と内容の取扱いの改善

　指導計画については、「主体的・対話的で深い学び」「理科の見方・考え方」、学習活動の充実、「思考力、判断力、表現力等」への留意点及び、「特別支援教育」への言及が新設事項となっている。第2の内容の取扱については「言語活動の充実」「プログラミング」「災害理解」「他教科との関連」、観察・実験などについては「安全指導」が新たに盛り込まれた。特に「プログラミング」の学習については、小学校ではプログラミング言語の使い方を覚えるのではなく、プログラミング的思考力を養うことを目的としており、文部科学省から「小学校プログラミング教育の手引き（第二版）」等が示されているので是非とも参照してほしい。学習の実施方法はA〜Dに分類され、A分類（学習指導要領に例示されている単元等で実施するもの）として「算数」「理科」「総合的な学習の時間」の単元で取り扱うこととされており、理科では第6学年の「電気の利用」の単元で学習する。

改訂（平成29年告示）のポイント

第3　指導計画の作成と内容の取り扱い

1　指導計画の作成にあたっては、次の事項に配慮するものとする。

　（1）主体的・対話的で深い学び、理科の見方・考え方【統合、追加】

　（2）思考力、判断力、表現力等【新設】

　（3）障害のある児童などについて【新設】

　（4）（省略：現行の第3の1の（4）と同じ）

2　第2の内容の取り扱いについては、次の事項に配慮するものとする。

　（1）問題に対する予想や仮説、観察・実験などの方法、結果、考察等の言語活動の充実【新設】

　（2）観察、実験などの指導に当たってコンピュータや情報通信ネットワークなどの活用、プログラミングを体験しながら論理的思考力を身に付けるための学習活動【追加】

　（3）（省略：現行の第3の2の（2）と同じ）

　（4）天気、川、土地などの指導の際の災害に関する基礎的な理解【新設】

　（5）日常生活や他教科等との関連【追加】

　（6）（省略：現行の第3の1の（3）から移行）

3　観察、実験などの指導に当たっての事故防止、環境整備、使用薬品の措置【新設】

課題13：学年目標における資質・能力の3つの柱について、第3学年（50ページ）の例にならって、第4学年〜第6学年についても比較表を作成してみよう。

課題14：内容について、本文では「B地球」の項目の例が挙がっているが、他の項目についても学年を横断してどのように発展していくのかまとめてみよう。特に現行（平成20年公示）の学習指導要領で学習した学生は、比較対照表を作ってみよう。

参考文献

・文部科学省「小学校学習指導要領（平成29年告示）解説 理科編」東洋館出版社、2017年7月
・啓林館編集部「平成29年（2017年）公示学習指導要領 小学校理科 新旧対照資料」
　https://www.shinko-keirin.co.jp/keirinkan/tea/sho/study/pdf/rika.pdf （2017年11月2日取得）
・教育出版株式会社編集局「『小学校理科』学習指導要領新旧対照表」
　http://www.kyoiku-shuppan.co.jp/textbook/shou/rika/document/ducu3/cat4386/ncos-05rka029-00.html
　（2017年11月2日取得）
・山本真紀・生野金三「学習指導要領の研究－新旧学習指導要領理科の対比による小学校理科学習指導要領の改善についての検討－」総合福祉科学研究第8号、2017年
・小学校プログラミング教育の手引（第二版）
　http://www.mext.go.jp/component/a_menu/education/micro_detail/_icsFiles/afieldfile/2018/11/06/1403162_02_1.pdf （2019年2月18日取得）
・小学校プログラミング教育の手引の改訂（第二版）について［概要］
　http://www.mext.go.jp/component/a_menu/education/micro_detail/_icsFiles/afieldfile/2018/11/06/1403162_01_1.pdf （2019年2月18日取得）

5　生活科

1　生活科における改訂の視点

　2016（平成28）年12月21日の中央教育審議会『幼稚園、小学校、中学校、高等学校及び特別支援学校の学習指導要領等の改善及び必要な方策について（答申）』においては、生活科の具体的な改善事項として、以下の改善の視点が示されている。

・体験的な学習を通じて、どのような思考力、判断力、表現力などの育成を目指すのかが具体的になるよう、各内容項目を見直す。
・試行・予測・工夫することなどを通して新たな気付きを生み出すことや、伝え合い表現する学習活動を行うことで学びを振り返り、気付きの質を高めることを重視する。
・生活科を中心としたスタートカリキュラムの工夫により、幼児期の体験的・総合的な学びから徐々に意図的・系統的な学びへと円滑に移行していくことを促す。

2　教科目標について

　今次改訂においては、学校教育法第30条第2項の学力の3要素をもとに、各教科等において、育成を目指す資質・能力を「知識及び技能」「思考力、判断力、表現力等」「学びに向かう力、人間性等」の3つの柱に基づいて整理された。

　これまで生活科は、児童の生活圏を学習の対象や場とし、それらと直接関わる活動や体験を重視し、具体的な活動や体験の中で様々な気付きを得て、自立への基礎を養うことをねらいにしてきた。2008（平成20）年改訂の学習指導要領では、活動や体験を一層重視するとともに、気付きの質を高めること、幼児期の教育との連携を図ることなどについての充実を求めている。

平成29年生活科の目標	平成20年生活科の目標
具体的な活動や体験を通して、<u>身近な生活に関わる見方・考え方を生かし、自立し生活を豊かにしていくための資質・能力を次のとおり育成することを目指す。</u> (1) <u>活動や体験の過程において、</u>自分自身、身近な人々、社会及び自然の<u>特徴</u>やよさ、<u>それらの関わり等に気付くとともに、</u>生活上必要な習慣や技能を身に付ける<u>ようにする。</u> (2) <u>身近な人々、社会及び自然を自分との関わりで捉え、</u>自分自身や自分の生活について考え、<u>表現することができるようにする。</u> (3) <u>身近な人々、社会及び自然に自ら働きかけ、意欲や自信をもって学んだり生活を豊かにしたりしようとする態度を養う。</u>	具体的な活動や体験を通して、自分と身近な人々、社会及び自然とのかかわりに関心をもち、自分自身や自分の生活について考えさせるとともに、その過程において生活上必要な習慣や技能を身に付けさせ、自立への基礎を養う。

　今次の生活科の教科目標は、大別すると２つの要素で構成されている。１つは、生活科の前提となる特質、生活科固有の見方・考え方、生活科における究極的な児童の姿である。目標にある「具体的な活動や体験を通して」とは、生活科の特質である。具体的には、見る、聞く、触れる、作る、探す、育てる、遊ぶなど、学習対象に直接働きかける学習活動である。また、そうした活動の楽しさやそこで気付いたことなどを言葉、絵、動作、劇化などの多様な方法によって表現する学習活動である。

　次に、「身近な生活に関わる見方・考え方を生かす」は、新たに加えられた文言である。見方・考え方とは、各教科等における学びの過程で「どのような視点で物事を捉え、どのような考え方で思考していくのか」ということである。生活科における見方・考え方は、「身近な生活に関わる見方・考え方を生かす」ことである。それは「身近な人々、社会及び自然を自分との関わりで捉え、よりよい生活に向けて思いや願いを実現しようとすること」である。その過程において児童一人一人が、体全体で、様々な感覚を豊かに働かせて捉えた対象について、比較したり、分類したり、関連付けたりなどして解釈し把握するとともに、試行したり、予測したり、工夫したりなどして新たな表現や活動を創り出していくことによって、対象や自分自身の生活について考え、新たな気付きを生み出すことを期待している。なお、生活科では、他教科等のように「見方・考え方を働かせ」とせず「見方・考え方を生かし」としているのは、幼児期における未分化な学習との接続という観点からである。生活科においては、学習過程で児童自身が既有の見方・考え方を発揮するということである。

　そして、「自立し生活を豊かにしていく」ことは、生活科の創設から重要視されてきた生活科における究極的な児童の姿である学習上の自立、生活上の自立、精神的な自立という３つの自立への基礎を養うことである。今次改訂でも、この理念を受け継いでいる。その上で、「自

立し」とは、「幼児期の終わりまでに育ってほしい姿」を基礎にしながら、それを以下のように定義している。

> 学習上の自立とは、自分にとって興味・関心があり、価値があると感じられる学習活動を自ら進んで行うことができるということであり、自分の思いや考えなどを適切な方法で表現できるということである。
> 生活上の自立とは、生活上必要な習慣や技能を身に付けて、身近な人々、社会及び自然と適切に関わることができるようになり、自らよりよい生活を創り出していくことができるということである。
> 精神的な自立とは、上述したような自立へと向かいながら、自分のよさや可能性に気付き、意欲や自信をもつことによって、現在及び将来における自分自身の在り方を求めていくことができるということである。

　また「生活を豊かにしていく」とは、生活科の学びを実生活に生かし、よりよい生活を創造していくことである。自分自身や身近な人々、社会及び自然との関わりが広まったり、深まったりするなかで、自分自身が成長し、より生活が楽しくなったり充実したりすることである。このような児童の姿を目指して、資質・能力を育成することが求められるのである。
　もう1つは、(1)、(2)、(3)として示している学力の3要素に沿った資質・能力に関わる目標である。つまり生活科を通して育成することを目指す資質・能力である。(1)では生活科において育成を目指す「知識及び技能の基礎（生活の中で、豊かな体験を通じて、何を感じたり、何に気付いたり、何が分かったり、何ができるようになるのか）」を示している。(2)では「思考力、判断力、表現力等の基礎（生活の中で、気付いたこと、できるようになったことを使って、どう考えたり、試したり、工夫したり、表現したりするか）」を示している。(3)では「学びに向かう力、人間性等（どのような心情、意欲、態度などを育み、よりよい生活を営むか）」を示している。

3　学年の目標について

　これまでの学年の目標は、第1学年及び第2学年共通のものとして定められてきた。そして、目標は、以下の4つで構成されてきた。すなわち、(1) 主に自分と人や社会との関わりに関すること、(2) 主に自分と自然との関わりに関すること、(3) 自分自身に関すること、(4) 生活科特有の学びに関すること、である。今次改訂では、3つの柱と生活科の内容における第1層「児童の生活圏としての環境に関する内容として (1) 学校と生活 (2) 家庭と生活 (3) 地域と生活」、第2層「自らの生活を豊かにしていくために低学年の時期に体験させておきたい活動に関する内容として (4) 公共物や公共施設の利用 (5) 季節の変化と生活 (6) 自然や物を使った遊び (7) 動植物の飼育・栽培 (8) 生活や出来事の交流」、第3層「自分自身の生活や成長に関する内容として (9) 自分の成長」の3つの階層をもとに、3つの資質・能力で構造化され、表1のように目標が設定されている。

表1　生活科において育成すべき資質・能力の整理

3つの柱 / 階層	知識や技能の基礎	思考力、判断力、表現力等の基礎	学びに向かう力、人間性等
学校、家庭及び地域の生活に関わること	それらのよさやすばらしさ、自分との関わりに気付き	自分と身近な人々、社会及び自然との関わりについて考える	地域に愛着をもち自然を大切にしたり集団や社会の一員として安全で適切な行動をしたりするようにする
身近な人々社会及び自然と触れ合ったり関わったりすること	活動のよさや大切さに気付き	それらを工夫したり楽しんだりすることができ	自分たちの遊びや生活をよりよくするようにする
自分自身を見つめる	自分のよさや可能性に気付き	自分の生活や成長、身近な人々の支えについて考える	意欲と自信をもって生活するようにする

4　生活科の内容について

(1) 内容構成の具体的な視点

　これまで生活科では、表1のように内容構成の基本的な3つの視点を示しつつ、9つの内容項目を設定している。そして、内容構成の具体的な視点としてア〜サの11の視点を定め、育成を目指す児童の姿を示している。具体的な視点とは、各内容を構成する際に必要となる視点を意味している。つまり、生活科の内容は、具体的な視点を基に構成されることになる。具体的な視点が、どのように単元構成に取り入れられているかということに十分配慮して指導計画を考えなければなければならない。さらに、児童の姿の具現に向けて、内容構成の具体的な視点を育成していくための15の学習対象が設定されている。この学習対象を通して11の具体的な視点の示す児童の姿を育むように構成されなければならない。

具体的な内容構成の11の視点

ア　健康で安全な生活──健康や安全に気を付けて、友達と遊んだり、学校に通ったり、規則正しく生活したりすることができるようにする。

イ　身近な人々との接し方──家族や友達や先生をはじめ、地域の様々な人々と適切に接することができるようにする。

ウ　地域への愛着──地域の人々や場所に親しみや愛着をもつことができるようにする。

エ　公共の意識とマナー──みんなで使うものや場所、施設を大切に正しく利用できるようにする。

オ　生産と消費──身近にある物を利用して作ったり、繰り返し大切に使ったりすることができるようにする。

カ　情報と交流──様々な手段を適切に使って直接的間接的に情報を伝え合いながら、身近な人々と関わったり交流したりすることができるようにする。

キ　身近な自然との触れ合い——身近な自然を観察したり、生き物を飼ったり育てたりするなどして、自然との触れ合いを深め、生命を大切にすることができるようにする。

ク　時間と季節——一日の生活時間や季節の移り変わりを生かして、生活を工夫したり楽しくしたりすることができるようにする。

ケ　遊びの工夫——遊びに使う物を作ったり遊び方を工夫したりしながら、楽しく過ごすことができるようにする。

コ　成長への喜び——自分でできるようになったことや生活での自分の役割が増えたことなどを喜び、自分の成長を支えてくれた人々に感謝の気持ちをもつことができるようにする。

サ　基本的な生活習慣や生活技能——日常生活に必要な習慣や技能を身に付けることができるようにする。

(2)　内容を構成する具体的な学習対象

　生活科における具体的な活動や体験は、単なる手段や方法ではなく、目標であり、内容でもある。具体的には、内容構成の具体的な視点を視野に入れながら、児童に関わってほしい学習対象を以下のように整理している。

　このように、生活科の内容は、内容構成の具体的な視点と学習対象とを組み合わせ、学習活動を通して育成を目指す資質・能力の3つの柱として内容を構成することになる。

> 15の学習対象　①学校の施設 ②学校で働く人 ③友達 ④通学路 ⑤家族 ⑥家庭 ⑦地域で生活したり働いたりしている人 ⑧公共物 ⑨公共施設 ⑩地域の行事・出来事 ⑪身近な自然 ⑫身近にある物 ⑬動物 ⑭植物 ⑮自分のこと

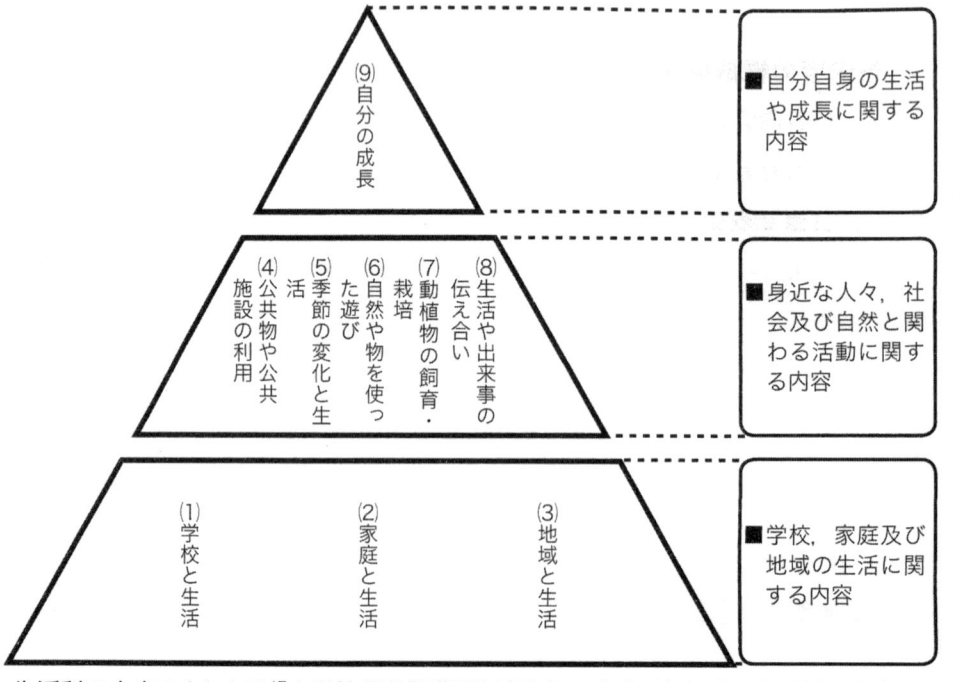

図1　生活科の内容のまとまり（『小学校学習指導要領（平成29年告示）解説　生活編』平成29年7月）

表2　生活科の全体の内容構成

階層	学習対象・学習活動等	思考力、判断力、表現力の基礎	知識及び技能の基礎	学びに向かう力、人間性等
第一層　学校、家庭及び地域の生活に関する内容	内容（1） 学校生活に関わる活動を行う	学校の施設の様子や学校生活を支えている人々や友達、通学路の様子やその安全を守っている人々などについて考える	学校での生活は様々な人や施設と関わっていることが分かる	楽しく安心して遊びや生活をしたり、安全な登下校をしたりしようとする
	内容（2） 家庭生活に関わる活動を行う	家庭における家族のことや自分でできることなどについて考える	家庭での生活は互いに支え合っていることが分かる	自分の役割を積極的に果たしたり、規則正しく健康に気を付けて生活したりしようとする
	内容（3） 地域に関わる活動を行う	地域の場所やそこで生活したり働いたりしている人々について考える	自分たちの生活は様々な人や場所と関わっていることが分かる	それらに親しみや愛着をもち、適切に接したり安全に生活したりしようとする
第二層　身近な人々、社会及び自然と関わる活動に関する内容	内容（4） 公共物や公共施設を利用する活動を行う	それらのよさを感じたり働きを捉えたりする	身の回りにはみんなで使うものがあることやそれらを支えている人々がいることなどが分かる	それらを大切にし、安全に気を付けて正しく利用しようとする
	内容（5） 身近な自然を観察したり、季節や地域の行事に関わったりするなどの活動を行う	それらの違いや特徴を見付ける	自然の様子や四季の変化、季節によって生活の様子が変わることに気付く	それらを取り入れ自分の生活を楽しくしようとする
	内容（6） 身近な自然を利用したり、身近にある物を使ったりするなどして遊ぶ活動を行う	遊びや遊びに使う物を工夫してつくる	その面白さや自然の不思議さに気付く	みんなと楽しみながら遊びを創り出そうとする。
	内容（7） 動物を飼ったり植物を育てたりする活動を行う	それらの育つ場所、変化や成長の様子に関心をもって働きかける	それらは生命をもっていることや成長していることに気付く	生き物への親しみをもち、大切にしようとする
	内容（8） 自分たちの生活や地域の出来事を身近な人々と伝え合う活動を行う	相手のことを想像したり伝えたいことや伝え方を選んだりする	身近な人々と関わることのよさや楽しさが分かる	進んで触れ合い交流しようとする
第三層　自分自身の生活や成長に関する内容	内容（9） 自分自身の生活や成長を振り返る活動を行う	自分のことや支えてくれた人々について考える	自分が大きくなったこと、自分でできるようになったこと、役割が増えたことなどが分かる	これまでの生活や成長を支えてくれた人々に感謝の気持ちをもち、これからの成長への願いをもって、意欲的に生活しようとする

生活科の各内容には、文中に「児童が直接関わる学習対象や実際に行われる学習活動等」「思考力、判断力、表現力等の基礎」「知識及び技能の基礎」「学びに向かう力、人間性等」の4つが構造的に組み込まれた。全ての内容は「〜を通して（具体的な活動や体験）、〜ができ（思考力、判断力、表現力等の基礎）、〜が分かり・に気付き（知識及び技能の基礎）、〜しようとする（学びに向かう力、人間性等）」のように構成されている。

課題15：生活科の内容（6）について、単元の学習活動を想定した場合の「具体的な内容構成の11の視点」と「学習対象」の組み合わせを考えてみよう。

課題16：内容（7）でアサガオを育てたときに、児童の「知識及び技能の基礎」（児童にどのようなことに気付いてほしいか、その具体を考えてみよう。

引用・参考文献
・中央教育審議会『幼稚園、小学校、中学校、高等学校及び特別支援学校の学習指導要領等の改善及び必要な方策等について（答申）』2016年12月21日
・文部科学省『小学校学習指導要領（平成29年告示）解説　生活編』東洋館出版社、2017年7月
・文部科学省『初等教育資料№.954』東洋館出版社、2017年

6　音楽科

1　音楽科における改訂の視点

今次の学習指導要領改訂については、2016（平成28）年12月の中央教育審議会『幼稚園、小学校、中学校、高等学校及び特別支援学校の学習指導要領等の改善及び必要な方策について（答申）』（以後、「答申」とする）に基づいて行われている。答申においては、小学校、中学校及び高等学校での音楽科の成果と課題として、以下の2点が示されている。

○　音楽科、芸術科（音楽）においては、音楽のよさや楽しさを感じるとともに、思いや意図を持って表現したり味わって聴いたりする力を育成すること、音楽と生活との関わりに関心を持って、生涯にわたり音楽文化に親しむ態度を育むこと等に重点を置いて、その充実を図ってきたところである。
○　一方で、感性を働かせ、他者と協働しながら音楽表現を生み出したり、音楽を聴いてそのよさや価値等を考えたりしていくこと、我が国や郷土の伝統音楽に親しみ、よさを一層味わえるようにしていくこと、生活や社会における音や音楽の働き、音楽文化についての関心や理解を深めていくことについては、更なる充実が求められるところである。

これまでの成果を踏まえながら、これらの課題に適切に対応できるようにするための音楽科、芸術科（音楽）の改訂の基本的な考え方は以下のとおりである。

・感性を働かせて、他者と協働しながら、音楽表現を生み出したり音楽を聴いてそのよさや美しさなどを見出したりすることができるよう、内容の改善を図る。
・音や音楽と自分との関わりを築いていけるよう、生活や社会の中の音や音楽の働き、音楽文化についての理解を深める学習の充実を図る。

また、今回の改訂では、「何ができるようになるのか」という育成すべき資質・能力の3つの柱（「知識及び技能」「思考力、判断力、表現力等」「学びに向かう力、人間性等」）での再整理と、「何のために学ぶのか」という各教科等を学ぶ意義を共有しながら、全ての教科等の目標及び内容を示している。さらに、「どのように学ぶのか」という「主体的・対話的で深い学び」による授業改善が求められている。これらの改善の様相についても以下に述べることとする。

2　目標の改善

　音楽科の教科目標では、小学校における音楽科が担う役割とその育成を目指す資質・能力を「生活や社会の中の音や音楽と豊かに関わる資質・能力」と規定している。そして、目標及び内容は、「知識及び技能」「思考力、判断力、表現力等」、「学びに向かう力、人間性等」の3つの資質・能力で整理されている。また、資質・能力の育成に当たっては、児童が「音楽的な見方・考え方」を働かせて、学習活動に取り組めるようにする必要があることを示している。「音楽的な見方・考え方」とは、音楽の特質に応じた物事をとらえる視点や考え方である。答申では、「音楽に対する感性を働かせ、音や音楽を、音楽を形づくっている要素とその働きの視点で捉え、自己のイメージや感情、生活や文化などを関連付けること」としている。このことによって、児童が教科としての音楽を学ぶ意味を明確にしたのである。

※下線は変更された表現

平成29年音楽科の目標	平成20年音楽科の目標
<u>表現及び鑑賞の活動を通して、音楽的な見方・考え方を働かせ、生活や社会の中の音や音楽と豊かに関わる資質・能力を次のとおり育成することを目指す。</u> (1) <u>曲想と音楽の構造などとの関わりについて理解するとともに、表したい音楽表現をするために必要な技能を身に付けるようにする。</u> (2) <u>音楽表現を工夫することや、音楽を味わって聴くことができるようにする。</u> (3) <u>音楽活動の楽しさを体験することを通して、音楽を愛好する心情と音楽に対する感性を育むとともに、音楽に親しむ態度を養い、豊かな情操を培う。</u>	表現及び鑑賞の活動を通して、音楽を愛好する心情と音楽に対する感性を育てるとともに、音楽活動の基礎的な能力を培い、豊かな情操を養う。

3　学年の目標の改善

　今次の改訂では、学年目標についても教科目標と同様に、子供に育成させたい資質・能力を「知識及び技能」「思考力、判断力、表現力等」「学びに向かう力、人間性等」の3つの柱で整理している。「知識及び技能」に関する目標では、「曲想と音楽の構造などとの関わり」について理解する

ことと、「音楽表現を楽しむために必要な歌唱、器楽、音楽づくり」の技能を身に付けることを2学年のまとまりで3つの学年段階で系統的に示している。

「思考力、判断力、表現力等」の育成に関する目標については、音楽表現を考えて表現に対する思いや意図をもつことや、曲や演奏のよさなどを見いだしながら音楽を味わって聴くことができるようにすることを2学年のまとまりで3つの学年段階で系統的に示している。

「学びに向かう力、人間性等」の涵養に関する目標については、主体的に音楽に関わり、協働して音楽活動をする楽しさを味わいながら、様々な音楽に親しむとともに、音楽経験を生かして生活を明るく潤いのあるものにしようとする態度を養うことを2学年のまとまりで3つの学年段階で系統的に示している。

表1　学年の目標

資質・能力 ＼ 学年	第1学年及び第2学年	第3学年及び第4学年	第5学年及び第6学年
知識及び技能	(1) 曲想と音楽の構造などとの関わりについて気付くとともに、音楽表現を楽しむために必要な歌唱、器楽、音楽づくりの技能を身に付けるようにする。	(1) 曲想と音楽の構造などとの関わりについて気付くとともに、表したい音楽表現をするために必要な歌唱、器楽、音楽づくりの技能を身に付けるようにする。	(1) 曲想と音楽の構造などとの関わりについて理解するとともに、表したい音楽表現をするために必要な歌唱、器楽、音楽づくりの技能を身に付けるようにする。
思考力、判断力、表現力等	(2) 音楽表現を考えて表現に対する思いをもつことや、曲や演奏の楽しさを見いだしながら音楽を味わって聴くことができるようにする。	(2) 音楽表現を考えて表現に対する思いや意図をもつことや、曲や演奏のよさなどを見いだしながら音楽を味わって聴くことができるようにする。	(2) 音楽表現を考えて表現に対する思いや意図をもつことや、曲や演奏のよさなどを見いだしながら音楽を味わって聴くことができるようにする。
学びに向かう力、人間性等	(3) 楽しく音楽に関わり、協働して音楽活動をする楽しさを感じながら、身の回りの様々な音楽に親しむとともに、音楽経験を生かして生活を明るく潤いのあるものにしようとする態度を養う。	(3) 進んで音楽に関わり、協働して音楽活動をする楽しさを感じながら、様々な音楽に親しむとともに、音楽経験を生かして生活を明るく潤いのあるものにしようとする態度を養う。	(3) 主体的に音楽に関わり、協働して音楽活動をする楽しさを味わいながら、様々な音楽に親しむとともに、音楽経験を生かして生活を明るく潤いのあるものにしようとする態度を養う。

4　内容の改善

音楽科における各学年の内容については、従来どおり2学年のまとまりで示されている。音楽科の内容は、「A表現」、「B鑑賞」及び〔共通事項〕で構成されている。音楽を経験する領域として、「A表現」と「B鑑賞」の二つが示されている。「A表現」は、歌唱、器楽、音楽づくりの三つの分野からなる。「B鑑賞」は、一つの領域である。また、〔共通事項〕は、「A表現」及び「B鑑賞」の学習において必要となるものである。

このような内容の構成は従来と変わらない。しかし、今次の改訂では、音楽科の内容を、「知識及び技能」「思考力、判断力、表現力等」「学びに向かう力、人間性等」の資質・能力の3つの柱で示している。この3つの柱について、「知識及び技能」は、「知識」と「技能」に分けて示されている。また、「学びに向かう力、人間性等」については、目標においてまとめて示されており、事項に示されていない。

　音楽科の学習においては、表現及び鑑賞の活動を通して、「思考力、判断力、表現力等」、「知識」、「技能」に関する内容を相互に関わらせて、一体的に育てていくことが大切である。したがって、「思考力、判断力、表現力等」、「知識」、「技能」をそれぞれ分けて育成したり、「知識及び技能」を習得させてから、「思考力、判断力、表現力等」を育成するといった、固定化された指導になったりしないように留意することが重要である。

表2　教科の目標と学年の目標及び内容の構成

教科の目標		学年の目標	内容の構成			
					項　目	事　項
表現及び鑑賞の活動を通して、音楽的な見方・考え方を働かせ、生活や社会の中の音や音楽と豊かに関わる資質・能力を次のとおり育成することを目指す。	(1)「知識及び技能」の習得に関する目標	(1)各学年の「知識及び技能」の習得に関する目標	領域	A表現	(1) 歌唱の活動を通して、次の事項を身に付けることができるよう指導する。	ア　歌唱分野における「思考力、判断力、表現力等」 イ　歌唱分野における「知識」 ウ　歌唱分野における「技能」
					(2) 器楽の活動を通して、次の事項を身に付けることができるよう指導する。	ア　器楽分野における「思考力、判断力、表現力等」 イ　器楽分野における「知識」 ウ　器楽分野における「技能」
	(2)「思考力、判断力、表現力等」の育成に関する目標	(2)各学年の「思考力、判断力、表現力等」の育成に関する目標			(3) 音楽づくりの活動を通して、次の事項を身に付けることができるよう指導する。	ア　音楽づくり分野における「思考力、判断力、表現力等」 イ　音楽づくり分野における「知識」 ウ　音楽づくり分野における「技能」
	(3)「学びに向かう力、人間性等」の涵養に関する目標	(3)各学年の「学びに向かう力、人間性等」の涵養に関する目標		B鑑賞	(1) 鑑賞の活動を通して、次の事項を身に付けることができるよう指導する。	ア　鑑賞領域における「思考力、判断力、表現力等」 イ　鑑賞領域における「知識」
				（共通事項）	(1)「A表現」及び「B鑑賞」の指導を通して、次の事項を身に付けることができるよう指導する。	ア　表現及び鑑賞の学習において共通に必要となる「思考力、判断力、表現力等」 イ　表現及び鑑賞の学習において共通に必要となる「知識」

5　指導計画の作成と内容の取扱いの改善

「第3　指導計画の作成と内容の取扱い」には、学習指導の改善と充実を図るための配慮事項が示されている。「1 指導計画作成上の配慮事項」には、今次改訂で重要視される「主体的・対話的で深い学び」については、以下のように示されている。

---

(1) 題材など内容や時間のまとまりを見通して、その中で育む資質・能力の育成に向けて、児童の主体的・対話的で深い学びの実現を図るようにすること。その際、音楽的な見方・考え方を働かせ、他者と協働しながら、音楽表現を生み出したり音楽を聴いてそのよさなどを見いだしたりするなど、思考、判断し、表現する一連の過程を大切にした学習の充実を図ること。

課題17：音楽科の教科の目標の変更点についてまとめてみよう。
課題18：領域「A表現」と「B鑑賞」のいずれかについて、指導案を作成してみよう。

引用・参考文献
・日本教材システム編集部『平成27年×平成29年　小学校学習指導要領　新旧比較対照表』教育出版社、2017年
・堀内久美雄編『音楽づくりの授業アイデア集』音楽之友社、2012年
・山下薫子編著『平成29年版　小学校　新学習指導要領　ポイント総整理　音楽』東洋館出版社、2017年
・高倉弘光著「こども・からだ・おんがく　高倉先生の授業研究ノート」音楽之友社、2017年
・水原克敏編著『新小学校学習指導要領改訂のポイント』日本標準、2017年
・文部科学省『初等教育資料№.954』東洋館出版社、2017年

⑦　図画工作科

1　教科の目標について
※下線は変更となった表現

改訂（平成29年告示）	現行（平成20年告示）
表現及び鑑賞の活動を通して、<u>造形的な見方・考え方を働かせ、生活や社会の中の形や色などと豊かに関わる資質・能力を次のとおり育成することを目指す。</u> (1) <u>対象や事象を捉える造形的な視点について自分の感覚や行為を通して理解するとともに、材料や用具を使い、表し方などを工夫して、創造的につくったり表したりすることができるようにする。</u> (2) <u>造形的なよさや美しさ、表したいこと、表し方などについて考え、創造的に発想や構想をしたり、作品などに対する自分の見方や感じ方を深めたりすることができるようにする。</u> (3) <u>つくりだす喜びを味わうとともに、感性を育み、楽しく豊かな生活を創造しようとする態度を養い、豊かな情操を培う。</u>	表現及び鑑賞の活動を通して、感性を働かせながら、つくりだす喜びを味わうようにするとともに、造形的な創造活動の基礎的な能力を培い、豊かな情操を養う。

今回の学習指導要領改訂にあたっては、中教審の芸術ワーキンググループでは主に次のような方向性が示された。

- ・感性や想像力を働かせて、表現したり鑑賞したりする資質・能力を相互に関連させながら育成できるよう、内容の改善を図る。
- ・生活を美しく豊かにする造形や美術の働き、美術文化についての理解を深める学習の充実を図る。

　前者は主に学習過程に関する考え方であり（「内容」の項で詳述する）、後者は教育目標に直接関わる考え方である。これらを基に図画工作科（小）、美術科（中）、芸術科（高）を通じた教育のイメージがまとめられた。図画工作科の目標においては後者の前半「生活を美しく豊かにする造形や美術の働き」という部分が重視され、主文に反映されているといえるだろう。それは「造形的な見方・考え方」という表現で示され、生活のすべてを造形的な見方・考え方で見つめなおしてみようという態度を育成するものである。

　図画工作科では従来、教科目標を簡潔な1つの文章で表していたが、それが今回は大きく変わり、主文とそれに続く3項目の目標が提示されることとなった。

　これは育成を目指す資質・能力の3本柱「知識及び技能」「思考力、判断力、表現力等」「学びに向かう力、人間性等」が図画工作科においてどのように育まれるべきかを具体的に示した結果である。この3項目がこの育成を目指す資質・能力の3本柱に相当している。

　(1)においては、「対象や事象を捉える造形的な視点について自分の感覚や行為を通して理解する」という部分が「知識」に相当し、「材料や用具を使い、表し方などを工夫して、創造的につくったり表したりすることができるようにする」というところが「技能」に当たる。

　(2)においては、「造形的なよさや美しさ、表したいこと、表し方などについて考え」「創造的に発想や構想をする」「作品などに対する自分の見方や感じ方を深めたりすることができるようにする」という3つの部分それぞれに「思考力、判断力、表現力等」の力が関わっているが、それらは主に教育内容によって区別されている（「内容」の項で詳述する）。

　(3)は、図画工作科がずっと大切にしてきた「つくりだす喜び」がまず示され、「感性」を育み「態度」を養い、「情操」を培うという、従来の図画工作科の目標にも示されたなじみ深い項目が続き、それらがまとまって「学びに向かう力・人間性等」に対応しているといえる。

2　学年目標について（「第1学年及び第2学年」を例に）

　従来の学年目標は、(1) が「関心・意欲・態度」の関するもので、(2) が「発想・構想の能力」および「創造的技能」を併せた内容で、(3) が「鑑賞の能力」に相当する項目であった。それに対して今回の改定で学年目標は、教科の目標に示す (1)、(2)、(3)、に対応する形で示されている。それぞれが「知識及び技能」「思考力、判断力、表現力等」「学びに向かう力、人間性等」に沿った目標となっている。

改訂（平成29年告示）	現行（平成20年告示）
1　目　標	1　目　標
(1) <u>対象や事象を捉える造形的な視点について自分の感覚や行為を通して気付くとともに、手や体全体の感覚などを働かせ材料や用具を使い、表し方などを工夫して、創造的に</u>つくったり表したりすることができるようにする。	(1) 進んで表したり見たりする態度を育てるとともに、つくりだす喜びを味わうようにする。
(2) <u>造形的な面白さや楽しさ、表したいこと、表し方などについて考え、楽しく発想や構想をしたり、身の回りの作品などから自分の見方や感じ方を広げたりすることができる</u>ようにする。	(2) 造形活動を楽しみ、豊かな発想をするなどして、体全体の感覚や技能などを働かせるようにする。
(3) <u>楽しく表現したり鑑賞したりする活動に取り組み、</u>つくりだす喜びを味わう<u>とともに、形や色などに関わり楽しい生活を創造しようとする態度を養う。</u>	(3) 身の回りの作品などから、面白さや楽しさを感じ取るようにする。

　表で見てみると、今回改訂の目標 (1) は「知識及び技能」に相当する目標であり、従来の目標 (2) の後半に相当し、なおかつ新しい概念である「造形的な見方・考え方」が新たに付け加えられたものである。

　新しい目標 (2) は、従来の目標 (2) の前半と、同じく従来の目標 (3) を融合させたような印象を受ける。確かに新しい資質・能力の中で、「思考力、判断力、表現力等」は図画工作科において従来あった評価の観点のうち「発想と構想の能力」「創造的な技能」「鑑賞の能力」の3点を内包している。

　そして目標 (3) は、従来の目標 (1) にそのまま相当しているが、以前は「関心・意欲・態度」に関する目標であったのに対し、新しい資質・能力では「学びに向かう力、人間性等」となっているため、人間としての生活全般に図画工作が関わるような表現が加えられている。

3　教科の内容について（「第1学年及び第2学年」を例に）

改訂（平成29年告示）	現行（平成20年告示）
2　内容	2　内容
A　表現	A　表現
(1) <u>表現の活動を通して、発想や構想に関する次の事項を身に付けることができるよう指導</u>する。	(1) 材料を基に造形遊びをする活動を通して、次の事項を指導する。

ア　造形遊びをする活動を通して、身近な
　自然物や人工の材料の形や色などを基に
　造形的な活動を思い付くことや、感覚や
　気持ちを生かしながら、どのように活動
　するかについて考えること。
イ　絵や立体、工作に表す活動を通して、
　感じたこと、想像したことから、表した
　いことを見付けることや、好きな形や色
　を選んだり、いろいろな形や色を考えた
　りしながら、どのように表すかについて
　考えること。
(2) 表現の活動を通して、技能に関する次の事
　項を身に付けることができるよう指導する。
ア　造形遊びをする活動を通して、身近で
　扱いやすい材料や用具に十分に慣れると
　ともに、並べたり、つないだり、積んだ
　りするなど手や体全体の感覚などを働か
　せ、活動を工夫してつくること。
イ　絵や立体、工作に表す活動を通して、
　身近で扱いやすい材料や用具に十分に慣
　れるとともに、手や体全体の感覚などを
　働かせ、表したいことを基に表し方を工
　夫して表すこと。
B　鑑賞
(1) 鑑賞の活動を通して、次の事項を身に付
　けることができるよう指導する。
ア　身の回りの作品などを鑑賞する活動を
　通して、自分たちの作品や身近な材料など
　の造形的な面白さや楽しさ、表したいこと、
　表し方などについて、感じ取ったり考えた
　りし、自分の見方や感じ方を広げること。
　（※イの項目は「第3内容の取扱いに移動)

〔共通事項〕
(1)「A表現」及び「B鑑賞」の指導を通して、
　次の事項を身に付けることができるよう
　指導する。
ア　自分の感覚や行為を通して、形や色な
　どに気付くこと。
イ　形や色などを基に、自分のイメージを
　もつこと。

ア　身近な自然物や人工の材料の形や色な
　どを基に思い付いてつくること。

イ　感覚や気持ちを生かしながら楽しくつ
　くること。
ウ　並べたり、つないだり、積んだりする
　など体全体を働かせてつくること。

(2) 感じたことや想像したことを絵や立体、工作
　に表す活動を通して、次の事項を指導する。
ア　感じたことや想像したことから、表し
　たいことを見付けて表すこと。

イ　好きな色を選んだり、いろいろな形を
　つくって楽しんだりしながら表すこと。
ウ　身近な材料や扱いやすい用具を手を働
　かせて使うとともに、表し方を考えて表
　すこと。
B　鑑賞
(1) 身の回りの作品などを鑑賞する活動を通
　して、次の事項を指導する。
ア　自分たちの作品や身近な材料などを楽
　しく見ること。

イ　感じたことを話したり、友人の話を聞
　いたりするなどして、形や色、表し方の
　面白さ、材料の感じなどに気付くこと。
〔共通事項〕
(1)「A表現」及び「B鑑賞」の指導を通して、
　次の事項を指導する。

ア　自分の感覚や活動を通して、形や色な
　どをとらえること。
イ　形や色などを基に、自分のイメージを
　もつこと。

図画工作科の内容について新旧の対照表を見ていくと、新しい資質・能力の3本柱に則って大幅な変更が加えられていることがわかる。

　まず「知識及び技能」の「知識」については、〔共通事項〕のアに示されている、「自分の感覚や行為を通して、形や色などに気付くこと」がこれに当たる。

　次に「知識及び技能」のうちの「技能」についてであるが、これは従来の「創造的な技能」に重なる部分が多い。具体的にはA表現（2）がこれに当たる。（2）の中にアとイがあり、アが造形遊びをする活動を通して育成する技能、イは絵や立体・工作に表す活動を通して育成する技能になる。

　そしてそれぞれの「技能」には大きく分けて2つの内容が入っている。アの造形遊びを例に挙げると、「身近で扱いやすい材料や用具に十分に慣れる」ことと、「並べたり、つないだり、積んだりするなど手や体全体の感覚などを働かせ、活動を工夫してつくること」である。従来は「材料や用具に慣れる」ことは「3内容の取扱い」で触れられていたが、今回の改定では必要な資質・能力だと位置付け、指導事項として示し、「材料体験」と「活動」を並行して行うよう明示されたのが今回の改定の大きな特徴である。

　「思考力、判断力、表現力等」には、「A表現」を通して育成する「思考力、判断力、表現力等」と、「B鑑賞」を通して育成する「思考力、判断力、表現力等」、さらに〔共通事項〕で育成する「思考力、判断力、表現力等」の3種類がある。

　A表現では（1）がそれに当たる。「技能」と同様に、アが造形遊びを通して育成する「思考力、判断力、表現力等」で、イが絵や立体・工作に表す活動を通して育成する「思考力、判断力、表現力等」である。そしてB鑑賞では（1）がそれに当たり、〔共通事項〕ではイにおいて「形や色などを基に、自分のイメージをもつこと」と示されている。

　「学びに向かう力、人間性等」についての具体的な指導事項は、ここには示されていないが、内容全体を通して常に念頭において育成すべき資質・能力であることは論を俟たない。

　また、従来の評価の観点と違い、特に「思考力、判断力、表現力等」という資質・能力を育てるために、表現と鑑賞の活動を相互に関連させる活動がより重要性を増してくると考えられる。冒頭の中教審における改定の方向性にある通り、「感性や想像力を働かせて、表現したり鑑賞したりする資質・能力を相互に関連させながら育成できるよう、内容の改善を図る」ことが実現されているのではないだろうか。

4　指導計画及び内容の取扱いについて

　この項では、今回の改訂で特に重要と思われる変更点をいくつか挙げておく。

【1 指導計画の作成に当たっての配慮事項】

・（1）において、「児童の主体的・対話的で深い学びの実現を図るようにすること」という、アクティブ・ラーニングに関する配慮を求められていること。

・さらに（1）において、「造形的な見方・考え方を働かせ、表現及び鑑賞に関する資質・能力を相互に関連させた学習の充実を図ること」と示し、「思考力、判断力、表現力等」の育成に配慮を求めていること。

・その、「思考力、判断力、表現力等」の育成のために、B鑑賞を通して配慮すべき事項として、

(6) で「自分たちの作品や美術作品などの特質を踏まえて指導すること」と示していること。

【2 内容の取扱いに当たっての配慮事項】

・「知識及び技能」のうち、「知識」に関するもので、(3)「〔共通事項〕のアの指導に当たっては、次の事項に配慮し、必要に応じて、その後の学年で繰り返し取り上げること」として1・2年生では「いろいろな形や色、触った感じなどを捉えること」、3・4年生では「形の感じ、色の感じ、それらの組合せによる感じ、色の明るさなどを捉えること」、5・6年生では、「動き、奥行き、バランス、色の鮮やかさなどを捉えること」とされ、「知識」の指導に対する具体例が明確に示されていること。

・「思考力、判断力、表現力等」の育成に当たって、(9) において、「各学年の「A表現」及び「B鑑賞」の指導に当たっては、思考力、判断力、表現力等を育成する観点から、〔共通事項〕に示す事項を視点として、感じたことや思ったこと、考えたことなどを、話したり聞いたり話し合ったりする、言葉で整理するなどの言語活動を充実すること」とし、図画工作科における言語活動の充実にも配慮がなされるよう求めていること。

以上が、2017（平成29）年度告示の「学習指導要領解説　図画工作」における主な変更点の概要である。

課題19：A表現は2種類の活動に分かれているが、それぞれの特徴と、両者の違いについて説明してみよう。
課題20：表現と鑑賞を相互に関連させた図画工作の授業の題材を考えてみよう。

---

⑧　家庭科

1　教科の目標の改善

以下の表は、家庭科の目標について2008（平成20）年告示版と2017（平成29）年版とを比較したものである。

なお、新学習指導要領で表現が変更された箇所にはアンダーラインが施してある。

まず一見して分かる形式的な変更点は、2008年版では教科目標が1つの文にまとめて示されていたのに対し、2017年版では、教科目標として育成すべき資質・能力をまとめて冒頭で掲げてあり、その下に目標を3つに細分化して示してあるという点である。

そして新旧両者の目標を比較して確認されるのは、今回告示の家庭科の教科目標は、前回の2008年のものを踏襲しているということである。そのことは、今回も前回と同様、最終的な教科目標として、「家族の一員として」「生活をよりよくしようとする」「実践的な態度を育てる」と掲げてあることから明確である。

さて、習得させるべき内容についてはどうか。前回では「日常生活に必要な基礎的・基本的な知識及び技能」とあったのに対し、新学習指導要領では、「知識及び技能」を「(1) 家族や家庭、衣食住、消費や環境などについて、日常生活に必要な基礎的な理解を図るとともに、それらに係る技能を身に付けるようにする。」と詳細に示されている点が異なっている。

また、どのような教育方法をとるかについては、「衣食住などに関する実践的・体験的な活

動を通して」とあるように、両者共に同じ表現となっており、変更は無い。すなわち、実践を重視する学び方の本質は変わらないのである。

　ただし、今回新たに「(2) 日常生活の中から問題を見いだして課題を設定し様々な解決方法を考え、実践を評価・改善し考えたことを表現するなど課題を解決する力を養う」と表現されている。これは、「問題解決力」を重視しており、「問題を解決する力」は「課題設定」「解決方法」「評価・改善」「表現」などを通して培われることを詳細に述べているのである。学習方法・学習活動について、従前よりも一層踏み込んだ表現をしており、今回改訂の目玉の一つである「アクティブ・ラーニング」の手法を採用することを強調していることが分かる。アクティブ・ラーニングの柱として挙げられている「主体的・対話的学び」「深い学び」とは教育方法のみを表したものではなく、育成すべき能力を含めたものと解釈できる。

　また、今回の指導要領には「(3) 家庭生活を大切にする心情を育み、家族や地域の人々との関わりを考え、家族の一員として、生活をよりよくしようと工夫する実践的な態度を養う」とある。このことから、「家庭生活を大切にする心情」は、従前と変わらず重視されていることが分かる。また新たに「家族や地域との関わり」について考えることが加わっている。そして、最終的な目標である「家族の一員として、生活をよりよくしようと工夫する実践的な態度」の育成に繋がっている。

　以上のことから、家庭科の教科としての立場や特徴について考える場合、それは前回の指導要領改訂時とほぼ同様であって、その意味で安定した教科であることが明確となる。

※下線は変更となった表現

改訂（平成29年告示）	家庭科の目標（平成20年告示）
生活の営みに係る見方・考え方を働かせ、衣食住などに関する実践的・体験的な活動を通して、生活をよりよくしようと工夫する資質・能力を次のとおり育成することを目指す。 (1) 家族や家庭、衣食住、消費や環境などについて、日常生活に必要な基礎的な理解を図るとともに、それらに係る技能を身に付けるようにする。 (2) 日常生活の中から問題を見いだして課題を設定し、様々な解決方法を考え、実践を評価・改善し、考えたことを表現するなど、課題を解決する力を養う。 (3) 家庭生活を大切にする心情を育み、家族や地域の人々との関わりを考え、家族の一員として、生活をよりよくしようと工夫する実践的な態度を養う。	衣食住などに関する実践的・体験的な活動を通して、日常生活に必要な基礎的・基本的な知識及び技能を身に付けるとともに、家庭生活を大切にする心情をはぐくみ、家族の一員として生活をよりよくしようとする実践的な態度を育てる。

　上述したように、今回の改訂では、授業の質的改善を図ることが求められている。「主体的・対話的学び」「深い学び」の実現に向かって、教師は何をなすべきかが問われている。それは単

に授業方法の問題ではないのである。指導要領に従って述べれば、家庭科で身に付けた家族や家庭、衣食住、消費や環境などに関する日常生活に必要な知識及び技能を活用したり、思考力、判断力、表現力等や学びに向かう力、人間性等を発揮させたりして問題解決を行う過程そのものが学習となる。すなわち、知識を相互に関連付けてより深く理解したり、情報を精査して考えを形成したり、問題を見いだして解決策を考えたり、思いや考えを基に創造したりすることに向かう過程を重視した学習の充実を図りたい。

　学習の対象となる日常生活や、生活者・消費者としてのあり方、家族の一員としての自分のありかたを捉え思考することにより、物事を捉える視点や考え方が鍛えられていく。そして、家庭科の究極的目標である「生活をよりよくしようと工夫する実践的な態度」が養われていくこととなる。

　各児童の置かれた家庭や地域の環境はそれぞれに大変異なっており、家庭科の教育にも大きく影響している。児童や児童の置かれた環境を適切に把握し、また、学習成果の表れ方や児童の状況を把握した上で、その改善を図っていくことを目指したい。カリキュラム・マネジメントを意識し、教育課程に基づき、組織的かつ計画的に教育活動の質の向上を図っていく力が教師に求められているのである。

> 課題21：平成29年改訂の『小学校学習指導要領』において「学びに向かう力」の育成を目指すべきことが示されている。家庭科における「学びに向かう力」とはどのようなものか説明しよう。

⑨ 体育科

1 教科の目標の改善

※下線は追加または変更された表現

改訂（平成29年告示）	現行（平成20年告示）
<u>体育や保健の見方・考え方を働かせ、課題を見付け、その解決に向けた学習過程を通して</u>、心と体を一体として捉え、生涯にわたって心身の健康<u>を保持増進し豊かなスポーツライフを実現するための資質・能力を次のとおり育成することを目指す。</u> (1) <u>その特性に応じた各種の運動の行い方及び身近な生活における健康・安全について理解するとともに、基本的な動きや技能を身に付けるようにする。</u> (2) <u>運動や健康についての自己の課題を見付け、その解決に向けて思考し判断するとともに、他者に伝える力を養う。</u> (3) 運動に親しむ<u>とともに</u>健康の保持増進と体力の向上<u>を目指し</u>、楽しく明るい生活を営む態度を<u>養う。</u>	心と体を一体としてとらえ、適切な運動の経験と健康・安全についての理解を通して、生涯にわたって運動に親しむ資質や能力の基礎を育てるとともに健康の保持増進と体力の向上を図り、楽しく明るい生活を営む態度を育てる。

体育科の究極的な目標である「生涯にわたって心身の健康を保持増進し豊かなスポーツライフを実現するための資質・能力を育成する」ために、小学校の体育科で育成されるべき資質・能力の道標が示されている。その資質・能力は、(1)「知識及び技能」、(2)「思考力、判断力、表現力等」、(3)「学びに向かう力、人間性等」の3つの柱でまとめられている。

　冒頭の「体育や保健の見方・考え方」は、「深い学び」の鍵であり、運動領域と保健領域を示している。「体育の見方・考え方」は、「運動やスポーツを、その価値や特性に着目して、楽しさや喜びとともに体力の向上に果たす役割の視点から捉え、自己の適性等に応じた『する・みる・支える・知る』の多様な関わり方と関連付けること」とされている。「保健の見方・考え方」は、「個人及び社会生活における課題や情報を、健康や安全に関する原則や概念に着目して捉え、疾病等のリスクの軽減や生活の質の向上、健康を支える環境作りと関連づけること」とされている。これらのような見方・考え方を働かせ、自らが課題を発見し、様々な解決手段の模索と他者との対話などにより、良い解決策を見出していく主体的・対話的で深い学びが期待されている。その中で、運動領域と保健領域が密接に関連していることを理解し、生涯に渡って運動やスポーツが日常生活の中の重要な一部となることを目指している。

　(1) は、運動や健康に関する「知識及び技能」に関する目標を示したものである。ここでは、特性の異なる6つの運動領域に応じた行い方を理解し、基本的な動きや技能を習得すること、保健領域における健康・安全についての基礎的・基本的な内容を理解し身近な生活を中心とした保健に関わる基本的な技能を習得することについて示されている。そして、これらを解決すべき課題と関連付けながら「知識及び技能」を身に付けることを願っている。

　(2) は、運動や健康に関する課題を見付け、その解決の方法や活動について思考し判断し、考えたことを他者に伝える「思考力、判断力、表現力等」に関する目標を示したものである。ここでは、様々な運動における課題を見つけたりするとともに、課題に応じた運動の行い方、練習の仕方を選択し応用すること、健康に関わる事象や健康情報などから自己の課題を発見し、その課題について習得した知識及び技能を活用しながら、より良い解決に向けて判断することを示している。そして、それらを言葉や動作などで他者に伝えることにより、「思考力、判断力、表現力等」を培うことを願っている。

　(3) は、主体的に学習に取り組む態度や客観的に捉える力、協働する力、協力、優しさや思いやりなどの「学びに向かう力、人間性等」に関する目標を示したものである。ここでは、運動が持つ特性や魅力に応じて、その楽しさや喜びを味わいながら、公正、協力、責任、仲間を認める、安全などの態度を育むこととともに、自己の健康に関心を持ち、健康への取り組みを認め、健康の保持増進や回復等のために、主体的、協働的に活動する等の態度を育成すること、各種の活動の結果により「生きる力」に重要な要素である体力の向上を目指すことが示されている。これらにより、現在及び将来の生活を健康で活力に満ちた楽しく明るいものにすることで、「学びに向かう力、人間性等」を身に付けることを願っている。

2　学年の目標の改善

　学年の目標は、教科の目標に示す (1)(2)(3) に対応するかたちで、現行通り2学年のまとまりとして示されている。以下に「第3学年及び第4学年」の目標を見てみる。

※下線は追加または変更された表現

改訂（平成29年告示）	現行（平成20年告示）
〔第3学年及び第4学年〕	〔第3学年及び第4学年〕
1 目標	1 目標
(1) 各種の運動の楽しさや喜びに触れ、その行い方及び健康で安全な生活や体の発育・発達について理解するとともに、基本的な動きや技能を身に付けるようにする。	(1) 活動を工夫して各種の運動を楽しくできるようにするとともに、その基本的な動きや技能を身に付け、体力を養う。
(2) 自己の運動や身近な生活における健康の課題を見付け、その解決のための方法や活動を工夫するとともに、考えたことを他者に伝える力を養う。	(3) 健康な生活及び体の発育・発達について理解できるようにし、身近な生活において健康で安全な生活を営む資質や能力を育てる。
(3) 各種の運動に進んで取り組み、きまりを守り誰とでも仲よく運動をしたり、友達の考えを認めたり、場や用具の安全に留意したりし、最後まで努力して運動をする態度を養う。また、健康の大切さに気付き、自己の健康の保持増進に進んで取り組む態度を養う。	(2) 協力、公正などの態度を育てるとともに、健康・安全に留意し、最後まで努力して運動をする態度を育てる。 （＊便宜上、筆者が順番を加工）

　学年の目標は、現行の (1) 思考・判断、運動の特性、技能及び体力に関する目標、(2) 協力、公正の態度、健康・安全に関連した態度や積極的に運動に取り組むなどの態度、(3) 第3学年から第6学年の保健領域に関連した目標から、(1) 運動や健康に関する「知識及び技能」、(2) 運動や健康に関する課題を見付け、その解決方法や活動について思考し判断し、考えたことを他者に伝える「思考力、判断力、表現力等」、(3) 積極的に運動に取り組む態度、協力や公正の態度、健康や安全に関する態度などの「学びに向かう力、人間性等」となった。これにより学年の目標は、現行の学年の目標に追加、変更を加えながら、(1)、(2)、(3) に再構成された。なお、第1学年及び第2学年では「運動」から「運動遊び」へと変更された。

　(1) には、「知識」として各種の運動の「行い方」を知る（理解する）ことが、全ての学年で追加され、6年間で身に付ける目標となった。各種の運動領域の行い方を知ることは、基本的な動き、技能の習得や他者との関わり合いなどをしやすくするものであることから、新たに示された。体力に関しては、中央教育審議会の答申において「全ての児童が、楽しく、安心して運動に取り組むことができるようにし、その結果として体力の向上につながる指導等の在り方について改善を図る」とされたことから、現行の学年の目標の「体力を養う」や「体力を高める」は削除された。

　(2) には、運動や健康について「考えたことを他者に伝える力を養う」が全ての学年で追加された。これは、自己の考えを伝える事で、考えを深めることが出来るようにすることを意図しており、6年間で身に付ける目標となった。また、第3学年から第6学年では、課題発見および課題解決とその為の工夫に関する内容が記載された。現行の学習指導要領の課題として、習得した知識や技能を活用しての課題解決、学習したことを相手に分かりやすく伝える事等に

おいて課題があることが指摘されており、それに対応するものとなった。

　(3) には、主体的に運動に取り組む態度、協力や公正の態度、健康・安全等に関連する態度などについて、具体的な内容が示された。また、ルールやマナーを守ることの大切さやスポーツの意義や価値等に触れることで、オリンピック・パラリンピックに関する指導の充実に繋げることも意図されている。第1学年及び第2学年のみに記載されていた他者との関係性について、全ての学年の目標に追加され、発育発達を踏まえた内容が示された。また、第3学年から第6学年では、保健領域について「自己の健康の保持増進(や回復)」について取り組む態度が追加された。

3　内容の改善

　各学年の内容は、教科の目標、学年の目標に示す(1)、(2)、(3) に対応するかたちで、現行通り2学年のまとまりとして示されている。以下に「第3学年及び第4学年」の目標を見てみる。

※下線は追加または変更された表現

改訂 (平成29年告示)	備　考
A 体つくり運動 　体つくり運動について、次の事項を身に付けることができるよう指導する。 (1) 次の運動の楽しさや喜びに触れ、その行い方を知るとともに、体を動かす心地よさを味わったり、基本的な動きを身に付けたりすること。 　ア　体ほぐしの運動では、手軽な運動を行い、心と体の変化に気付いたり、みんなで関わり合ったりすること。 　イ　多様な動きをつくる運動では、体のバランスをとる動き、体を移動する動き、用具を操作する動き、力試しの動きをし、それらを組み合わせること。 (2) 自己の課題を見付け、その解決のための活動を工夫するとともに、考えたことを友達に伝えること。 (3) 運動に進んで取り組み、きまりを守り誰とでも仲よく運動をしたり、友達の考えを認めたり、場や用具の安全に気を付けたりすること。	《新設》 「できるようにする」から「身に付ける」に変更。 「○○〜動き」と変更。 「力試しの動き」が追加。
B 器械運動 　器械運動について、次の事項を身に付けることができるよう指導する。 (1) 次の運動の楽しさや喜びに触れ、その行い方を知るとともに、その技を身に付けること。 　ア　マット運動では、回転系や巧技系の基本的な技をすること。 　イ　鉄棒運動では、支持系の基本的な技をすること。 　ウ　跳び箱運動では、切り返し系や回転系の基本的な技をすること。 (2) 自己の能力に適した課題を見付け、技ができるようになるための活動を工夫するとともに、考えたことを友達に伝えること。 (3) 運動に進んで取り組み、きまりを守り誰とでも仲よく運動をしたり、友達の考えを認めたり、場や器械・器具の安全に気を付けたりすること。	《新設》 「できるようする」から「身に付ける」に変更。 「技」から「系」に変更。 「課題をもち」から「課題を見付け」に変更。

C 走・跳の運動 　走・跳の運動について、次の事項を身に付けることができるよう指導する。 (1) 次の運動の楽しさや喜びに触れ、その行い方を知るとともに、その動きを身に付けること。 　ア　かけっこ・リレーでは、調子よく走ったりバトンの受渡しをしたりすること。 　イ　小型ハードル走では、小型ハードルを調子よく走り越えること。 　ウ　幅跳びでは、短い助走から踏み切って跳ぶこと 　エ　高跳びでは、短い助走から踏み切って跳ぶこと。 (2) 自己の能力に適した課題を見付け、動きを身に付けるための活動や競争の仕方を工夫するとともに、考えたことを友達に伝えること。 (3) 運動に進んで取り組み、きまりを守り誰とでも仲よく運動をしたり、勝敗を受け入れたり、友達の考えを認めたり、場や用具の安全に気を付けたりすること。	《新設》 「できるようする」から「身に付ける」に変更。 バトンの受け渡しが追加。 「課題をもち」から「課題を見付け」に変更。
D 水泳運動　（「浮く・泳ぐ運動」から「水泳運動」に変更） 　水泳運動について、次の事項を身に付けることができるよう指導する。 (1) 次の運動の楽しさや喜びに触れ、その行い方を知るとともに、その動きを身に付けること。 　ア　浮いて進む運動では、け伸びや初歩的な泳ぎをすること。 　イ　もぐる・浮く運動では、息を止めたり吐いたりしながら、いろいろなもぐり方や浮き方をすること。 (2) 自己の能力に適した課題を見付け、水の中での動きを身に付けるための活動を工夫するとともに、考えたことを友達に伝えること。 (3) 運動に進んで取り組み、きまりを守り誰とでも仲よく運動をしたり、友達の考えを認めたり、水泳運動の心得を守って安全に気を付けたりすること。	《新設》 「できるようする」から「身に付ける」に変更。 「浮く運動」から「浮いて進む運動」、「泳ぐ運動」から「もぐる・浮く運動」に変更。 「課題をもち」から「課題を見つけ」に変更。
E ゲーム 　ゲームについて、次の事項を身に付けることができるよう指導する。 (1) 次の運動の楽しさや喜びに触れ、その行い方を知るとともに、易しいゲームをすること。 　ア　ゴール型ゲームでは、基本的なボール操作とボールを持たないときの動きによって、易しいゲームをすること。 　イ　ネット型ゲームでは、基本的なボール操作とボールを操作できる位置に体を移動する動きによって、易しいゲームをすること。 　ウ　ベースボール型ゲームでは、蹴る、打つ、捕る、投げるなどのボール操作と得点をとったり防いだりする動きによって、易しいゲームをすること。 (2) 規則を工夫したり、ゲームの型に応じた簡単な作戦を選んだりするとともに、考えたことを友達に伝えること。	《新設》 「ラリーを続けたり、ボールをつないだり」から具体的な動きに変更。 「得点を取ったり防いだりする動き」が追加。 「作戦を立てたり」から「作戦を選んだり」に変更。

(3) 運動に進んで取り組み、規則を守り<u>誰とでも</u>仲よく運動をしたり、勝敗を受け入れたり、<u>友達の考えを認めたり</u>、場や用具の安全に気を付けたりすること。	
F 表現運動 　表現運動について、<u>次の事項を身に付けることができるよう指導する。</u> (1) 次の運動の楽しさや喜びに触れ、<u>その行い方を知るとともに</u>、表したい感じを表現したり<u>リズムに乗ったりして</u>踊ること。 　ア　表現では、身近な生活などの題材からその主な特徴を捉え、<u>表したい感じをひと流れの動きで</u>踊ること。 　イ　リズムダンスでは、軽快なリズムに乗って全身で踊ること。 (2) 自己の能力に適した課題を見付け、<u>題材やリズムの特徴を捉えた踊り方や交流の仕方を工夫する</u>とともに、考えたことを友達に伝えること。 　（「練習や発表」から「題材やリズムの特徴を捉えた踊り方や交流」に変更） (3) 運動に進んで取り組み、<u>誰とでも</u>仲よく踊ったり、<u>友達の動きや考えを認めたり</u>、場の安全に気を付けたりすること。	《新設》 「リズムの特徴をとらえ」から「リズムに乗ったりして」に変更。 「対比する動きを組み合わせたり繰り返したり」から「表したい感じをひと流れの動きで」に変更。
G 保健 <u>(1) 健康な生活について、課題を見付け、その解決を目指した活動を通して、次の事項を身に付けることができるよう指導する。</u> 　ア　<u>健康な生活について理解すること。</u> 　<u>(ア)</u> 心や体の調子がよいなどの健康の状態は、主体の要因や周囲の環境の要因が関わっていること。 　<u>(イ)</u> 毎日を健康に過ごすには、<u>運動、食事、休養及び睡眠の調和のとれた生活を続けること</u>、また、体の清潔を保つことなどが必要であること。 　<u>(ウ)</u> 毎日を健康に過ごすには、明るさの調節、換気などの生活環境を整えることなどが必要であること。 　イ　<u>健康な生活について課題を見付け、その解決に向けて考え、それを表現すること。</u>	《新設》 《新設》
<u>(2) 体の発育・発達について、課題を見付け、その解決を目指した活動を通して、次の事項を身に付けることができるよう指導する。</u> 　<u>ア</u>　体の発育・発達について理解すること。 　<u>(ア)</u> 体は、年齢に伴って変化すること。また、体の発育・発達には、個人差があること。 　<u>(イ)</u> 体は、思春期になると次第に大人の体に近づき、体つきが変わったり、初経、精通などが起こったりすること。また、異性への関心が芽生えること。 　<u>(ウ)</u> 体をよりよく発育・発達させるには、<u>適切な運動、食事、休養及び睡眠</u>が必要であること。 　イ　<u>体がよりよく発育・発達するために、課題を見付け、その解決に向けて考え、それを表現すること。</u>	《新設》 《新設》

（1）体育科の内容について

体育科の内容は、運動領域と保健領域で構成されている。

各学年の内容は、運動領域では、現行の (1) 技能（運動）、(2) 態度、(3) 思考・判断から、資質・能力の 3 つの柱を踏まえ (1)「知識及び技能」、(2)「思考力、判断力、表現力等」、(3)「学びに向かう力、人間性等」に構成し直された。保健領域では、(1)、(2) に大きな学習内容を示し（第 5 学年及び第 6 学年は (3) まで）、ア「知識及び技能」、イ「思考力、判断力、表現力等」、さらに（ア）（イ）……と、詳細な学習内容が記述された。

運動領域は、現行と同様に「A体つくり運動系」、「B器械運動系」、「C陸上運動系」、「D水泳運動系」、「Eボール運動系」、「F表現運動系」の六つの領域で構成された。内容は、発達の段階のまとまりを考慮するとともに、基本的な動き・技能を身に付け、運動を豊かに実践していくための基礎を培う観点から、明確化・体系化が図られた。改定に伴い以下の学年の領域名が変更になった。

《第 1 学年及び第 2 学年》 「A体つくり運動」から「A体つくりの運動遊び」に変更。

《第 3 学年及び第 4 学年》 「D浮く・泳ぐ運動」から「D水泳運動」に変更。

《第 5 学年及び第 6 学年》 「D水泳」から「水泳運動」に変更。

保健領域については、身近な生活における健康・安全に関する基礎的な内容を重視し、健康な生活を送る資質・能力の基礎を培う観点から、「健康な生活」「体の発育・発達」「心の健康」「けがの防止」「病気の予防」の 5 つの内容とされた。

（2）「知識及び技能」について

第 3 学年から第 6 学年の運動領域では、「喜び」に関して追加や変更がされた。これは、体育科の目標とともに「体育の見方・考え方」を踏まえており、児童が運動に応じた楽しさや喜びに触れ、安心して積極的に取り組むことで体力向上に繋がるようにすることを目指している。「知識」に関しては、動きや技能などの習得に有効であることから、運動領域の全学年の全ての活動で「行い方」を知る（理解する）が追加され、運動領域全体を通して学習する内容となった。「技能」に関しては、運動領域では、第 3 学年から第 6 学年までの陸上系でバトンの受け渡し、第 5 学年及び第 6 学年の水泳運動で安全確保につながる運動が新しく追加された。保健領域では、心の発達及び不安や悩みへの対処方法やけがなどの簡単な手当の仕方に関する「技能」が加えられた。

（3）「思考力、判断力、表現力等」について

全学年の全ての運動領域では「考えたことを友達に伝える」、第 3 学年から第 6 学年の保健領域では「それらについて表現する」という内容が追加された。また、自らの課題の発見及びその解決や選択とそのための工夫などについて示されており、6 年間の各領域での学習を通して、「思考力、判断力、表現力等」を身に付けることとなった。

（4）「学びに向かう力、人間性等」について

全ての運動領域で積極的に運動に取り組む態度、公正、協力、責任、参画、共生及び健康・安全等の具体的な指導内容を、種目の特性や児童の発育・発達に合わせて身に付くよう示された。「学びに向かう力、人間性等」については、目標に全体としてまとめて示し、指導事項のまとまりごとに内容を示さないことを基本としている。しかし、体育科の運動領域では、現行

の指導要領より「態度」を指導内容として示していことから、(3) として、「学びに向かう力、人間性等」に対応した内容を示すこととした。第3学年から第6学年では、自己の考えを深めるため、また他者との関係性の構築を目指し、「友達の考えを認め」が加えられた。保健領域については、現行と同様に目標にまとめて示している。

(5) 内容の取扱い等について

全ての学年の陸上運動系の領域では、児童の実態に応じて投の運動（遊び）を加えて指導することができることとなった。運動能力の中でも、投動作に関しては能力の改善が見られていないことに対応している。運動と健康の関連については、全ての学年において、各領域の各内容で運動と健康が密接に関連していることを指導するように追加され、運動領域と保健領域の一層の連携を図るようにされた。また、運動をする子としない子の二極化を改善するために、運動が苦手な子に対する配慮について明記された。2020年に開催される東京オリンピック・パラリンピック関する指導としては、「オリンピック・パラリンピックに関する指導として、フェアなプレイを大切にするなど、児童の発達の段階に応じて、各種の運動を通してスポーツの意義や価値等に触れることができるようにすること」が追加された。

課題22：保健領域での「技能」についてまとめてみよう。
課題23：体力は「生きる力」として重要な要素とされているが、体力の向上を図るためにどのようにするとされているかまとめてみよう。

参考資料・文献
・『小学校学習指導要領』文部科学省、2017（平成29）年3月
・『小学校学習指導要領解説　体育編』文部科学省、2017年7月
・「幼稚園、小学校、中学校、高等学校及び特別支援学校の学習指導要領等の改善及び必要な方策等について（答申）」中央教育審議会、2016（平成28）年12月21日

10　外国語及び外国語活動

今回の改訂において、小学校中学年から年間35時間の外国語活動を導入し、「聞くこと」、「話すこと」を中心として、外国語に慣れ親しみ、外国語を用いたコミュニケーションへの関心・意欲を高めることを目指すこととなった。また、高学年からは、文字を「読むこと」、「書くこと」を加え、年間70時間（週2時間程度）の教科学習として総合的・系統的に学習を展開することとなった。

学習指導を展開するにあたっての目標や内容のポイントは以下のとおりである。

1　外国語活動及び外国語科の目標について

2011（平成23）年度から実施されてきた改訂前の外国語活動では、コミュニケーション能力の素地を養うことを目標として、「言語や文化への体験的な理解」「外国語の音声や基本的な表現への慣れ親しみ」「積極的にコミュニケーションを図ろうとする態度」の3つの観点が示されていた。今回の改訂で、生きる力を具体化したものとして、どの教科においても「知識及び

技能」「思考力、判断力、表現力等」「学びに向かう力、人間性等」の資質・能力の3つの柱で整理されることとなり、外国語活動及び外国語科の目標も、この資質・能力の3つの柱で整理されている。

　さらに、外国語の学習の特性を踏まえ、外国語活動及び外国語科においては、「英語の目標」が定められることとなった。それは、実際のコミュニケーションの中で「知識・技能」を活用しながら「思考・判断・表現」するというように、資質・能力は、相互に関係し合いながら一体的に育成されることが必要であるためである。そこで、国際的な基準などを参考に、英語の目標は、小学校中学年で「聞くこと」「話すこと（やり取り）」「話すこと（発表）」の3つの領域で、小学校高学年で「読むこと」「書くこと」を加えた5つの領域で設定されることとなった。

　以下が外国語活動及び外国語科で示されている目標である。

【外国語活動の目標】
　外国語によるコミュニケーションにおける見方・考え方を働かせ、外国語による聞くこと、話すことの言語活動を通して、コミュニケーションを図る素地となる資質・能力を次のとおり育成することを目指す。

【外国語科の目標】
　外国語によるコミュニケーションにおける見方・考え方を働かせ、外国語による聞くこと、読むこと、話すこと、書くことの言語活動を通して、コミュニケーションを図る基礎となる資質・能力を次のとおり育成することを目指す。

　上記、「外国語によるコミュニケーションにおける見方・考え方」とは、外国語によるコミュニケーションの中で、どのような視点で物事を捉え、どのような考え方で思考していくのかという、物事を捉える視点や考え方である。学習指導要領解説では、次のように定義されている。

【外国語によるコミュニケーションにおける見方・考え方】
　外国語で表現し伝え合うため、外国語やその背景にある文化を、社会や世界、他者との関わりに着目して捉え、コミュニケーションを行う目的や場面、状況等に応じて情報を整理しながら考えなどを形成し、再構築すること。

　つまり、「外国語によるコミュニケーションにおける見方・考え方」とは、「世界の言語や文化の多様性を理解し、コミュニケーションを図る相手に配慮しようとすること」や「目的、場面、状況等に適したコミュニケーションの内容や方法を見い出そうとすること」であると考えられる。

　このような「見方・考え方」は、これまでも小学校の外国語の授業では大切にされてきたものである。例えば、「国や文化は違っても、同じ地球に住む仲間だ」「日本と同様に外国の文化も素晴らしい」と外国の文化を尊重しようとしたり、「相手に、何を伝えればよいのだろうか」「相手に分かりやすいように工夫しよう」とコミュニケーションの相手を思いやって工夫したりすることは、授業の根幹としてこれまで多くの授業で大切にされてきた。

つまり、ただ単にゲーム活動を楽しんだり、英語の語彙や表現を身に付けたりするのではなく、コミュニケーションを図る目的や相手を明確にして、自ら主体的に学ぶことができることが大切である。

今回の改訂において、上記のような「外国語によるコミュニケーションにおける見方・考え方」を働かせて子どもに育む資質・能力の具体的な目標が設定されている。

(1)「知識及び技能」に関わる目標について

「知識及び技能」に関わる目標について、第3・4学年の目標では、「体験的に理解を深める」と示されていることがポイントである。また、第5・6学年の目標では、音声に加え、「文字、語彙、表現、文構造、言語の働き」の知識や「聞くこと」「話すこと」「読むこと」「書くこと」の基礎的な技能を養うことが示されている。

外国語活動（第3・4学年）	外国語科（第5・6学年）
(1) 知識及び技能	
外国語を通して、言語や文化について体験的に理解を深め、日本語と外国語との音声の違い等に気付くとともに外国語の音声や基本的な表現に慣れ親しむようにする。	外国語の音声や文字、語彙、表現、文構造、言語の働きなどについて、日本語と外国語との違いに気付き、これらの知識を理解するとともに、読むこと、書くことに慣れ親しみ、聞くこと、読むこと、話すこと、書くことによる実際のコミュニケーションにおいて活用できる基礎的な技能を身に付けるようにする。

(2)「思考力、判断力、表現力等」に関わる目標について

「思考力、判断力、表現力等」に関わる目標について、第5・6学年の目標では、外国語によるコミュニケーションにおける見方・考え方に関連する「目的や場面、状況などに応じて」が明記されている。また、第3・4学年での「伝え合う力の素地」が第5・6学年では「読むこと」「書くこと」を含んだ「伝え合う力の基礎」として示されている。

(2) 思考力、判断力、表現力等	
身近で簡単な事柄について、外国語で聞いたり話したりして自分の考えや気持ちなどを伝え合う力の素地を養う。	コミュニケーションを行う目的や場面、状況などに応じて、身近で簡単な事柄について、聞いたり話したりするとともに、音声で十分に慣れ親しんだ外国語の語彙や基本的な表現を推測しながら読んだり、語順を意識しながら書いたりして、自分の考えや気持ちなどを伝え合うことができる基礎的な力を養う。

(3)「学びに向かう力、人間性等」に関わる目標について

「学びに向かう力、人間性等」に関わる目標について、第3・4学年では「相手に配慮しながら」と示されているが、第5・6学年においては「他者に配慮しながら」と示されている。これは、

「読むこと」「書くこと」の活動も踏まえて、コミュニケーションの対象が必ずしも目の前にいる相手だけとは限らないためである。

(3)　学びに向かう力、人間性等	
外国語を通して、言語やその背景にある文化に対する理解を深め、相手に配慮しながら、主体的に外国語を用いてコミュニケーションを図ろうとする態度を養う。	外国語の背景にある文化に対する理解を深め他者に配慮しながら、主体的に外国語を用いてコミュニケーションを図ろうとする態度を養う。

　以上が、外国語活動及び外国語科における目標であるが、前述したとおり、外国語の学習の特性から資質・能力を一体的に育成することが必要であり、今回の改訂において英語の目標が示されている。次項のとおりである。

2　英語の目標について

　前述のとおり、資質・能力はコミュニケーションを図ることを通して、一体的に育まれるものである。このような外国語学習の特性を踏まえ、今回の改訂により英語の目標が「聞くこと」「話すこと（やりとり）」「話すこと（発表）」（第5・6学年は「書くこと」「読むこと」を含む）の領域で設定された。以下のとおりである。

(1)「聞くこと」の目標について

　「聞くこと」の目標は、第3・4学年及び第5・6学年のどちらも「ゆっくりはっきりと話されれば」と示されている。ここで、「ゆっくりはっきり」とは、明瞭な音声で聞き取りやすく話されることであり、国際的な基準等を参考に、今回の学習指導要領で初めて示されたものである。

　第3・4学年では、ウに文字に関する目標が示されており、第5・6学年では、アの「簡単な語句や基本的な表現」、イの「具体的な情報」、ウの「短い話の概要」へと、語句のレベルから次第に短い話のレベルへと発展性が見られることがポイントである。

外国語活動（第3・4学年）	外国語科（第5・6学年）
(1)　聞くこと	
ア　ゆっくりはっきりと話された際に自分のことや身の回りの物を表す簡単な語句を聞き取るようにする。 イ　ゆっくりはっきりと話された際に身近で簡単な事柄に関する基本的な表現の意味が分かるようにする。 ウ　文字の読み方が発音されるのを聞いた際に、どの文字であるかが分かるようにする。	ア　ゆっくりはっきりと話されれば、自分のことや身近で簡単な事柄について簡単な語句や基本的な表現を聞き取ることができるようにする。 イ　ゆっくりはっきりと話されれば、日常生活に関する身近で簡単な事柄について、具体的な情報を聞き取ることができるようにする。 ウ　ゆっくりはっきりと話されれば、日常生活に関する身近で簡単な事柄について、短い話の概要を捉えることができるようにする。

(2) 「読むこと」の目標について

「読むこと」の目標は、第5・6学年でのみ示されており、文字の「名称」と「音」に分けて示されていることがポイントである。

アは、例えばA/eiのように文字を見てその「名称」を発音できることを指している。また、イは、児童の学習の段階に応じて、/a/（例：apple）と文字の「音」を指導することを示している。ただし、「音」の指導については、「中学校で発音と綴りとを関連付けて指導することに留意し、小学校では音声と文字とを関連付ける指導に留める」とされていることから、絵カードとともに文字を示すことで自然に文字を導入したり、音声でよく慣れ親しんだ英語について、会話の場面に合わせて文字を提示したりするなどの配慮が必要である。

(2) 読むこと	
	ア　活字体で書かれた文字を識別し、その読み方を発音することができるようにする。 イ　音声で十分に慣れ親しんだ簡単な語句や基本的な表現の意味が分かるようにする。

(3) 「話すこと（やり取り）」の目標について

今回の改訂により、「話すこと」は「やり取り」と「発表」に分けて提示されている。これは、国際的な基準等を参考にして設定されたものである。なお、「やり取り」とは、例えば、好きな食べ物を話題として相手と伝え合うなどすることを指し、「発表」とは、例えば Show & Tell のように、相手に何かを紹介したり報告したりすることを指すものと考えられる。

「話すこと（やり取り）」の目標について、具体的には、第3・4学年の目標では、動作を交えたりサポートを受けたりするなど、言葉によらない手段も活用しながら伝え合うことを目標としていることに対して、第5・6学年の目標では、身に付けてきた簡単な語句や基本的な表現を用いたり、その場で質問をしたり質問に答えたりするなど、言葉を用いて伝え合うことができるようにすることを目標としている。

(3) 話すこと（やり取り）	
ア　基本的な表現を用いて挨拶、感謝、簡単な指示をしたり、それらに応じたりするようにする。 イ　自分のことや身の回りの物について、動作を交えながら、自分の考えや気持ちなどを簡単な語句や基本的な表現を用いて伝え合うようにする。 ウ　サポートを受けて、自分や相手のこと及び身の回りの物に関する事柄について、簡単な語句や基本的な表現を用いて質問をしたり質問に答えたりするようにする。	ア　基本的な表現を用いて指示、依頼をしたりそれらに応じたりすることができるようにする。 イ　日常生活に関する身近で簡単な事柄について、自分の考えや気持ちなどを簡単な語句や基本的な表現を用いて伝え合うことができるようにする。 ウ　自分や相手のこと及び身の回りの物に関する事柄について、簡単な語句や基本的な表現を用いてその場で質問をしたり質問に答えたりして、伝え合うことができるようにする。

(4)「話すこと（発表）」の目標について

「話すこと（発表）」に関する目標について、第3・4学年では「実物などを見せて」とあるように、言語による手段だけでなく、視覚的な情報を支えとしながら話すようにすることを目標としている。第5・6学年については、「簡単な語句や基本的な表現を用いて話すこと」とあるように、言語による手段を目標としている。

(4) 話すこと（発表）	
ア　身の回りの物について、人前で実物などを見せながら、簡単な語句や基本的な表現を用いて話すようにする。	ア　日常生活に関する身近で簡単な事柄について、簡単な語句や基本的な表現を用いて話すことができるようにする。
イ　自分のことについて、人前で実物などを見せながら、簡単な語句や基本的な表現を用いて話すようにする。	イ　自分のことについて、伝えようとする内容を整理した上で、簡単な語句や基本的な表現を用いて話すことができるようにする。
ウ　日常生活に関する身近で簡単な事柄について、人前で実物などを見せながら、自分の考えや気持ちなどを、簡単な語句や基本的な表現を用いて話すようにする。	ウ　身近で簡単な事柄について、伝えようとする内容を整理した上で、自分の考えや気持ちなどを、簡単な語句や基本的な表現を用いて話すことができるようにする。

(5)「書くこと」の目標について

「書くこと」に関する目標については、技能の定着に重点を置くのではなく、あくまでも「書くこと」への関心・意欲を高めることに重点を置き、「書き写す」「例文を参考に、書く」とされていることに留意する必要がある。その際、日本語と英語の語順の違いに気付かせたり、音声で十分に慣れ親しませたりすることも必要である。

(5) 書くこと	
	ア　大文字、小文字を活字体で書くことができるようにする。また、語順を意識しながら音声で十分に慣れ親しんだ簡単な語句や基本的な表現を書き写すことができるようにする。
	イ　自分のことや身近で簡単な事柄について、例文を参考に、音声で十分に慣れ親しんだ簡単な語句や基本的な表現を用いて書くことができるようにする。

3　内容の改善点

2008年に改訂された学習指導要領では、内容として以下のように「積極的にコミュニケーションを図ること」「外国語に慣れ親しみ、言葉の面白さや豊かさに気付くこと」の大きく二つの内容が示されている。

> 1　外国語を用いて積極的にコミュニケーションを図ることができるよう、次の事項について指導する。
>
> （1）外国語を用いてコミュニケーションを図る楽しさを体験すること。
>
> （2）積極的に外国語を聞いたり、話したりすること。
>
> （3）言語を用いてコミュニケーションを図ることの大切さを知ること。
>
> 2　日本と外国の言語や文化について、体験的に理解を深めることができるよう、次の事項について指導する。
>
> （1）外国語の音声やリズムになどに慣れ親しむとともに、日本語との違いを知り、言葉の面白さや豊かさに気付くこと。
>
> （2）日本と外国との生活、習慣、行事などの違いを知り、多様なものの見方や考え方があることに気付くこと。
>
> （3）異なる文化をもつ人々との交流等を経験し、文化等に対する理解を深めること。

　2017（平成29）年3月に公示された学習指導要領では、「知識及び技能」「思考力、判断力、表現力等」の観点で整理されており、具体的な内容が示されている。
内容について、主なものを示したものが以下である。

（1）「知識及び技能」の内容について

　「知識及び技能」の内容について、第3・4学年では、前学習指導要領と同様に「コミュニケーションに関する内容」と「言語や文化に関する内容」の2つに分けて示されている。特に、「文化に関する内容」では、「体験的な活動を通して学ぶことができるようにする」とされている。第5・6学年の内容については、言語材料が示され、言語活動と効果的に関連付けて指導することとしている。第3・4年生の内容と比べ、言語に関する内容に焦点化して示されていることがポイントである。これは、第3・4学年での体験的な活動を通して、文化に関する内容が身に付いていることが前提とされているためである。

外国語活動（第3・4学年）の内容	外国語科（第5・6学年）の内容
知識及び技能	
（1）　英語の特徴等に関する事項 　実際に英語を用いた言語活動を通して、次の事項を体験的に身に付けることができるよう指導する。 　ア　言語を用いて主体的にコミュニケーションを図ることの楽しさや大切さを知ること。 　イ　日本と外国の言語や文化について理解すること。	（1）　英語の特徴やきまりに関する事項 　実際に英語を用いた言語活動を通して、次に示す言語材料のうち、1に示す5つの領域別の目標を達成するのにふさわしいものについて理解するとともに、言語材料と言語活動とを効果的に関連づけ、実際のコミュニケーションにおいて活用できる技能を身に付けることができるよう指導する。 　ア　音声 　イ　文字及び符号 　ウ　語、連語及び慣用表現 　エ　文及び文構造

(2)「思考力、判断力、表現力等」の内容について

「思考力、判断力、表現力等」の内容について、(2)(3)の2つの内容から構成されている。特に、(2)に見られるように、コミュニケーションの目的等に応じて、「自分の考えを形成し、伝え合う」ことがポイントである。そのために、学習指導要領解説編において、外国語教育における学習過程として、①設定されたコミュニケーションの目的や場面、状況等を理解する②目的に応じて情報や意見などを発信するまでの方向性を決定し、コミュニケーションの見通しを立てる ③目的達成のための具体的なコミュニケーションを行う ④言語・内容面で自らの学習のまとめと振り返りが示されており、児童の学びを深めるプロセスとして、単元や一単位時間の学習で具現化することが求められている。

思考力、判断力、表現力等	
(2) 情報を整理しながら考えなどを形成し、英語で表現したり、伝え合ったりすることに関する事項 　具体的な課題等を設定し、コミュニケーションを行う目的や場面状況などに応じて、情報や考えなどを表現することを通して、次の事項を身に付けることができるよう指導する。 　ア 自分のことや身近で簡単な事柄について、簡単な語句や基本的な表現を使って、相手に配慮しながら、伝え合うこと。 　イ 身近で簡単な事柄について、自分の考えや気持ちなどが伝わるよう、工夫して質問をしたり質問に答えたりすること。 (3) 言語活動及び言語の働きに関する事項 　① 言語活動に関する事項 (2) に示す事項については、(1) に示す事項を活用して、例えば次のような言語活動を通して指導する。 　ア 聞くこと 　イ 話すこと（やり取り） 　ウ 話すこと（発表） 　② 言語の働きに関する事項 　言語活動を行うに当たり、主として次に示すような言語の使用場面や言語の働きを取り上げるようにする。 　ア 言語の使用場面の例 　イ 言語の働きの例	(2) 情報を整理しながら考えなどを形成し、英語で表現したり、伝え合ったりすることに関する事項 　具体的な課題等を設定し、コミュニケーションを行う目的や場面、状況などに応じて、情報を整理しながら考えなどを形成し、これらを表現することを通して、次の事項を身に付けることができるよう指導する。 　ア 身近で簡単な事柄について、伝えようとする内容を整理した上で、簡単な語句や基本的な表現を用いて、自分の考えや気持ちなどを伝え合うこと。 　イ 身近で簡単な事柄について、音声で十分に慣れ親しんだ簡単な語句や基本的な表現を推測しながら読んだり、語順を意識しながら書いたりすること。 (3) 言語活動及び言語の働きに関する事項 　① 言語活動に関する事項 (2) に示す事項については、(1) に示す事項を活用して、例えば次のような言語活動を通して指導する。 　ア 聞くこと 　イ 読むこと 　ウ 話すこと（やり取り） 　エ 話すこと（発表） 　オ 書くこと 　② 言語の働きに関する事項 　言語活動を行うに当たり、主として次に示すような言語の使用場面や言語の働きを取り上げる。 ア 言語の使用場面の例 イ 言語の働きの例

課題24：資質・能力の３つの柱「知識及び技能」「思考力、判断力、表現力等」「学びに向かう力、
　　　　人間性等」は、外国語科及び外国語活動では、どのようなことを指すか。具体例を挙げ
　　　　ながら述べよう。
課題25：平成29年改訂により外国語科では「読むこと」「書くこと」の領域が設定されたが、そ
　　　　れぞれどのような力を育むことを目指しているか述べよう。

11 特別の教科　道徳

1 道徳の教科化

　2015（平成27）年の小学校学習指導要領の一部改正により、従来の「道徳の時間」が「特別の教科である道徳（以下「道徳科」とする）」になり、2017（平成29）年3月31日付けで小・中学校の学習指導要領が全面的に改正され、小学校では2018（平成30）年度から、中学校では2019（平成31）年度から、全面的に実施される。

　道徳の教科化により、検定教科書を使用する義務が発生する。既に教科書検定が行われたが、その過程で道徳教材の中のパン屋を和菓子の店に修正したことが話題になった。2017年4月4日付の毎日新聞によれば、東京書籍の小学校1年生用の教材「にちようびの　さんぽみち」の中で、主人公の「けんた」がいつもと違う道を歩き、パン屋さんに気が付く。これに対して、「学習指導要領に示す内容（伝統と文化の尊重、国や郷土を愛する態度を学ぶ）に照らし扱いが不適切」と検定意見がついたので、東京書籍はパン屋さんを和菓子の店に修正した。

2 道徳科の目標

　道徳科の内容は、道徳科の目標を達成するために選択されている。2017年の小学校学習指導要領「第3章 特別の教科 道徳　第1 目標」は、次のように述べている。

　　　「第1章総則の第1の2の（2）に示す道徳教育の目標に基づき、よりよく生きるための
　　基盤となる道徳性を養うため、道徳的諸価値についての理解を基に、自己を見つめ、物事
　　を多面的・多角的に考え、自己の生き方についての考えを深める学習を通して、道徳的な
　　判断力、心情、実践意欲と態度を育てる。」

　2017年と2008（平成20）年の道徳教育の目標を比べると、2点で大きく異なっている。第1に、道徳の諸様相と呼ばれる、「道徳的な判断力、心情、実践意欲と態度」の順番が並び替えられた。

　「小学校学習指導要領解説　特別の教科　道徳」（2017年7月）によれば、「道徳的な判断力」は「それぞれの場面において善悪を判断する能力」であり、「人間として生きるために道徳的価値が大切なことを理解し、様々な状況下において人間としてどのように対処することが望まれるかを判断する力」である。道徳的「心情」は「道徳的価値の大切さを感じ取り、善を行うことを喜び、悪を憎む感情のこと」であり、「人間としてのよりよい生き方や善を志向する感情」である。「道徳的実践意欲と態度」は、「道徳的心情や道徳的判断力によって価値があるとされた行動をとろうとする傾向性」を意味する。「道徳的実践意欲」は、「道徳的判断力や道徳的心情を基盤とし道徳的価値を実現しようとする意志の働き」であり、「道徳的態度」は、「そ

れらに裏付けられた具体的な道徳的行為への身構え」である。

　「道徳的な判断力」が「心情」の前に位置付けられたので、「善悪を判断する能力」の方が「善を行うことを喜び、悪を憎む感情」よりも重視されている。この理由は、従来の道徳の時間は、読み物教材の主人公の心情を理解することに偏っていたからである。

　第2に、「多面的・多角的に考え」ることが注目される。これは、立場を変えて考えたり、別の観点から考えたりすることを意味している。「小学校学習指導要領解説　特別の教科　道徳」によれば、「多面的・多角的」とは、「物事を一面的に捉えるのではなく、児童自らが道徳的価値の理解を基に考え、様々な視点から物事を理解し、主体的に学習に取り組むこと」を指している。

3　道徳科の内容

　「小学校指導要領解説　特別の教科　道徳」によれば、道徳科の内容項目は、「児童が人間として他者とよりよく生きていくうえで学ぶことが必要と考えられる道徳的価値を含む内容を、短い文章で平易に表現したもの」である。内容項目は、「児童自らが道徳性を養うための手掛かりとなるもの」である。

2017（平成29）年の小学校学習指導要領「第3章 特別の教科 道徳　第2　内容」	2008（平成20）年の小学校学習指導要領「第3章　道徳　第2　内容」
学校の教育活動全体を通じて行う道徳教育の要である道徳科においては、以下に示す項目について扱う。 A 主として自分自身に関すること [善悪の判断、自律、自由と責任] 〔第1学年及び第2学年〕 よいことと悪いこととの区別をし、よいと思うことを進んで行うこと。 〔第3学年及び第4学年〕 正しいと判断したことは、自信をもって行うこと。 〔第5学年及び第6学年〕 自由を大切にし、自律的に判断し、責任のある行動をすること。 [正直、誠実] 〔第1学年及び第2学年〕 うそをついたりごまかしをしたりしないで、素直に伸び伸びと生活すること。 〔第3学年及び第4学年〕 過ちは素直に改め、正直に明るい心で生活すること。 〔第5学年及び第6学年〕 誠実に、明るい心で生活すること。（以下略）	道徳の時間を要として学校の教育活動全体を通じて行う道徳教育の内容は、次のとおりとする。 〔第1学年及び第2学年〕 1. 主として自分自身に関すること。 　（1）健康や安全に気を付け、物や金銭を大切にし、身の回りを整え、わがままをしないで、規則正しい生活をする。 　（2）自分がやらなければならない勉強や仕事は、しっかりと行う。 　（3）よいことと悪いことの区別をし、よいと思うことを進んで行う。 　（4）うそをついたりごまかしをしたりしないで、素直に伸び伸びと生活する。 2. 主として他の人とのかかわりに関すること。 　（1）気持ちのよいあいさつ、言葉遣い、動作などに心掛けて、明るく接する。 　（2）幼い人や高齢者など身近にいる人に温かい心で接し、親切にする。 　（3）友達と仲よくし、助け合う。 　（4）日ごろ世話になっている人々に感謝する。 （以下略） 〔第3・4学年〕〔第5・6学年〕略

2017年版では、「第1学年及び第2学年」を19項目、「第3学年と第4学年」を20項目、「第5学年及び第6学年」を22項目（中学校は22項目）にまとめている。2008年版の道徳教育の内容を比べると、次の2点で異なっている。

　第1に、小学校の道徳科の内容項目は、4つの視点でまとめられているが、視点と学年の構成が異なっており、3番目と4番目の視点の順序が変更されている。Bについては、「他の人」から「人」に変更された。2017年版では、次のようにまとめられている。

　A　主として自分自身に関すること。
　B　主として人との関わりに関すること。
　C　主として集団や社会との関わりに関すること。
　D　主として生命や自然、崇高なものとの関わりに関すること。

　第2に、2008年版では、文だけで内容項目が説明されていたが、2017年版では、内容項目の全体を理解しやすいように、「内容を端的に表す言葉を付記したものを見出しにして」いる。

　第3に、いじめを防止するため、また内容の体系性や系統性を重視するため、新たに内容項目を付け加えた。高学年よりも低学年の方が多くなっている（括弧内は4つの視点）。

　　第1学年及び第2学年
　　　個性の伸長（A）
　　　　自分の特徴に気付くこと。
　　　公正、公平、社会正義（C）
　　　　自分の好き嫌いにとらわれないで接すること。
　　　国際理解、国際親善（C）
　　　　他国の人々や文化に親しむこと。
　　第3学年及び第4学年
　　　相互理解、寛容（B）
　　　　自分の考えや意見を相手に伝えるとともに、相手のことを理解し、自分と異なる意見も大切にすること。
　　　公正、公平、社会正義（C）
　　　　誰に対しても分け隔てをせず、公正、公平な態度で接すること。
　　第5学年及び第6学年
　　　よりよく生きる喜び（D）
　　　　よりよく生きようとする人間の強さや気高さを理解し、人間として生きる喜びを感じること。

　このよう付け加えられた内容項目は、「国際理解、国際親善」を除いて、いじめに対応している。「国際理解、国際親善」については、グローバル化を考慮して、外国語活動を第3学年と第4学年に前倒しすること、第5学年と第6学年では、外国語活動を教科にすることと関連している。

4　指導計画作成と評価

　小学校では、中学校と同様に、道徳教育の推進を主に担当する「道徳教育推進教師」を中心に、全教師が協力して道徳教育を推進する。

　指導計画については、第1に、従来の道徳教材の登場人物の心情を読み取る道徳から、「考

え、議論する道徳」への転換が目指され、3つの指導方法が示されている。道徳教育に係る評価等の在り方に関する専門家会議は、「『特別の教科　道徳』の指導方法・評価について（報告）」（2016年7月22日）の中で、①読み物教材の登場人物への自我関与が中心の学習、②問題解決的な学習、③道徳的行為に関する体験的な学習、を提示している。自我関与とは、登場人物の判断や心情を自分との関わりにおいて考え、道徳的諸価値の理解を深めることである。問題解決的な学習では、児童・生徒が出会う道徳的諸価値に関わる問題や課題を主体的に解決するために必要な資質・能力を養うことが目指されている。体験的な学習については、役割演技などの体験的な学習を通して、問題場面を実際に体験し、自分ならどういう行動をとるかを考え、道徳的価値を実現するための資質・能力を養うことが目指されている。

　第2に、小学校学習指導要領　「第3章特別の教科　道徳　第3 指導計画の作成と内容の取扱い　3 (1)」は、教材についての留意事項を示している。道徳教材について「多様な教材の活用に努めること」とし、題材は「生命の尊厳、自然、伝統と文化、先人の伝記、スポーツ、情報化への対応等の現代的な課題など」を取り上げることとしている。

　第3に、教材についての留意事項として、道徳教材の適切性に関する観点を示している。①児童の発達の段階に即し、ねらいを達成するのにふさわしいものであること、②人間尊重の精神にかない、児童が深く考え、人間としてよりよく生きる喜びや勇気を与えられるものであること、③特定の見方や考え方に偏った取扱いがなされていないものであること。

　次に、評価については、「数値などによる評価は行わない」とされている。ここから記述式の評価方法が採用されると理解できる。内容項目ごとではなく、「大くくりなまとまりを踏まえた評価」が求められている。観点別評価ではなく、他の児童・生徒と比較しない個人内評価を中心とし、観察、ノートなどを活用した従来の方法に加えて、ポートフォリオ評価、パフォーマンス評価、エピソード評価などの新しい評価方法の活用が求められている。

　従来は、指導要録の「行動の記録」や「総合所見及び指導上参考となる諸事項」に道徳の時間の評価を記載してきた。2015（平成27）年の小学校学習指導要領の一部改正に伴い、指導要録の参考様式に「特別の教科　道徳」の欄が設けられ、「学習状況及び道徳性に係る成長の様子」を記載することとされた。

課題26：内容項目のひとつを選んで、適切な題材を探してみよう。

課題27：内容項目のひとつを選んで、道徳科の学習指導案を作成してみよう。

注1　毎日新聞、「道徳教科書検定「パン屋」怒り収まらず」2017年4月4日付、
　　　https://mainichi.jp/articles/20170405/k00/00m/040/078000c、2017年12月18日閲覧。

参考資料
・永田繁雄（編著）『小学校新学習指導要領の展開　特別の教科　道徳編』明治図書、2016年
・伊藤利明『現代の道徳教育』中部日本教育文化会、2016年
・柳沼良太・山田誠『小学校　問題解決的な学習で創る道徳授業』明治図書、2017年
・諸富祥彦（編著）『考え、議論する道徳科授業の新しいアプローチ10』明治図書、2017年
・「考え、議論　する道徳」を実現する会『考え、議論する道徳を実現する！』図書文化、2017年

⑫ 総合的な学習の時間

　今次学習指導要領改訂における総合的な学習の時間の改善については、以下の3点である。すなわち、第1に、目標や内容の設定についての考え方を明示する。第2に、探究の過程の一層の重視をする。第3に、探究の過程で、各教科等を超えた学習の基盤となる資質・能力を育成することを明確化することである。

1　総合的な学習の時間の目標の改善

1　目標　各学校においては、第1の目標を踏まえ、各学校の総合的な学習の時間の目標を定める。

※下線は変更された表現

改訂（平成29年告示）	現行（平成20年告示）
第1 目標 　探究的な見方・考え方を働かせ、横断的・総合的な学習を行うことを通して、よりよく課題を解決し、自己の生き方を考えていくための資質・能力を次のとおり育成することを目指す。 (1) 探究的な学習の過程において、課題の解決に必要な知識及び技能を身に付け、課題に関わる概念を形成し、探究的な学習のよさを理解するようにする。 (2) 実社会や実生活の中から問いを見いだし、自分で課題を立て、情報を集め、整理・分析して、まとめ・表現することができるようにする。 (3) 探究的な学習に主体的・協働的に取り組むとともに、互いのよさを生かしながら、積極的に社会に参画しようとする態度を養う。	第1 目標 　横断的・総合的な学習や探究的な学習を通して、自ら課題を見付け、自ら学び、自ら考え、主体的に判断し、よりよく問題を解決する資質や能力を育成するとともに、学び方やものの考え方を身に付け、問題の解決や探究活動に主体的、創造的、協同的に取り組む態度を育て、自己の生き方を考えることができるようにする。

　2017（平成29）年告示の学習指導要領は、大別すると2つの要素からなる。第1の要素には、「探究的な見方・考え方を働かせ、横断的・総合的な学習を行う」という総合的な学習の時間の特質と「自己の生き方」を考えることである。第2の要素には、目標として総合的な学習の時間が目指す (1) ～ (3) の資質・能力が示されている。(1) は「知識及び技能」、(2) は「思考力、判断力、表現力等」、(3) は「学びに向かう力、人間性等」に関する目標の3文で示されている。総合的な学習の時間における「知識及び技能」は、まず、探究課題における固有な知識及び技能である。例えば、探究のテーマを「福祉」とし、探究課題を「身近に障がいをもつ人とその暮らしを支援する仕組みと人々」としていれば、障がいをもつ人々の暮らし、それを支える仕組みや人々の工夫、相互に関わり合っていることなどの知識が必要となる。そのなかで目標に

示されている概念を形成することが重要である。概念とは、知識と知識が関連付けられて構造化されたものである。探究的な学習を通して、知識の意味や価値を実感させながら構造化させていくことが必要となるといえよう。

　次に、「思考力、判断力、表現力等」については、まず、探究のプロセスを習得することが必要視される。具体的には、課題の設定の方法、情報の収集の方法、情報の整理・分析の仕方、まとめ・表現の仕方などの問題解決の過程において、問題解決能力や情報活用能力、思考スキルに関わる知識及び技能を身に付け、児童が活用できるようになることである。例えば、情報を集め、整理・分析する場面では、集めた情報を比較・分類・関連・総合・統合などの思考スキルを児童個々人が必要に応じて活用できるようになることが肝要である。

　そして、「学びに向かう力、人間性等」については、探究的な学習に主体的に取り組むためには、以下のことが必要となる。1つ目は、学習への見通しをもつことである。学習対象と出会いを通して、児童は探究課題について学習課題をもち、見通しをもって、学習計画を立てることになる。このときに、児童自らが探究課題への問題意識やその目的、解決方法などについて見通しをもつことが重要である。さらには、それらを学級あるいは学年で共有することが求められる。2つ目は、振り返りを行うことである。一単位時間の授業の終末に児童個々人あるいはグループで探究学習の進捗状況の振り返りを行い、よりよい課題解決に向けた見通しと計画を立てるようにする。

　このように、第1の要素からは、総合的な学習の時間の特質としての探究過程の一層の重視を図ることが求められている。そして、第2の要素からは、総合的な学習の時間で育成すべき、資質・能力が示されている。この自己の生き方を考えるための3つの資質・能力は、教科における概念的な知識と関連付けながら育成することが必要視されるのである。したがって、各教科と総合的な学習の時間とのカリキュラム・マネジメントが重要となるのである。

2　各学校の教育目標と指導計画の作成
(1)　第1の目標について

　目標の改善については、学習指導要領「第1章　総則　第2　教育課程の編成　1　各学校の教育目標と教育課程の編成」において、「教育課程の編成に当たっては、学校教育全体や各教科等における指導を通して育成を目指す資質・能力を踏まえつつ、各学校の教育目標を明確にするとともに、教育課程の編成についての基本的な方針が家庭や地域とも共有されるように努めるものとする。その際、第5章 総合的な学習の時間の第2の1に基づき定められる目標との関連を図るものとする」と示されている。さらに、第5章　総合的な学習の時間「第2　教育課程の編成　3　各学校において定める目標及び内容の取扱い」において、「各学校において定める目標及び内容の設定に当たっては、次の事項に配慮するものとする。(1) 各学校において定める目標については、各学校における教育目標を踏まえ、総合的な学習の時間を通して育成を目指す資質・能力を示すこと」と示されている。

　したがって、総合的な学習の時間の目標は、第1の目標と各学校における教育目標を踏まえて、各学校が総合的な学習の時間で育成することを目指す資質・能力を定めることが求められているのである。

(2) 各学校において定める目標及び内容の取扱い

各学校において定める内容については、第2の2において示されている。

> 2 内容
> 各学校においては、第1の目標を踏まえ、各学校の総合的な学習の時間の内容を定める。

今次学習指導要領改訂においては、内容を設定する場合に、従来「学習対象」して示されたものを「探究課題」として説明している。そして、その設定に際しては、表1のように「目標を実現するにふさわしい探究課題」と「探究課題の解決を通して育成を目指す具体的な資質・能力」を定めるように指摘している。

第2の3（4）目標を実現するにふさわしい探究課題として、第2の3（5）には、現代的な諸課題に対応する横断的・総合的な課題、国際理解、情報、環境、福祉・健康など。地域や学校の特色に応じた課題。地域の人々の暮らし、伝統と文化など地域の特色に応じた課題。児童の興味・関心に基づく課題が例示されている。

そして、探究課題の解決を通して育成を目指す資質・能力として、第2の3（6）探究課題の解決を通して育成を目指す具体的な資質・能力については、次の事項に配慮することとして、ア 知識及び技能については、他教科等及び総合的な学習の時間で習得する知識及び技能が相互に関連付けられ、社会の中で生きて働くものとして形成されるようにすること。イ 思考力、判断力、表現力等については、課題の設定、情報の収集、整理・分析、まとめ・表現などの探究的な学習の過程において発揮され、未知の状況において活用できるものとして身に付けられるようにすること。ウ 学びに向かう力、人間性等については、自分自身に関すること及び他者や社会との関わりに関することの両方の視点を踏まえることと示されている。

ここに示されたアとウについては、前学習指導要領の第3の1（4）の「育てようとする資質や能力及び態度について、例えば、学習方法に関すること、自分自身に関すること、他者や社会とのかかわりに関することなどの視点を踏まえること」の「学習方法に関すること」を「思考力、判断力、表現力等」が、「自分自身に関すること、他者や社会とのかかわりに関すること」を「学びに向かう力、人間性等」が踏襲しているといえよう。

> 3 各学校において定める目標及び内容の取扱い
> 各学校において定める目標及び内容の設定に当たっては、次の事項に配慮するものとする。
> （1）各学校において定める目標については、各学校における教育目標を踏まえ、総合的な学習の時間を通して育成を目指す資質・能力を示すこと。
> （2）各学校において定める目標及び内容については、他教科等の目標及び内容との違いに留意しつつ、他教科等で育成を目指す資質・能力との関連を重視すること。
> （3）各学校において定める目標及び内容については、日常生活や社会との関わりを重視すること。
> （4）各学校において定める内容については、目標を実現するにふさわしい探究課題、探究課題の解決を通して育成を目指す具体的な資質・能力を示すこと。
> （5）目標を実現するにふさわしい探究課題については、学校の実態に応じて、例えば、国際理解、情報、環境、福祉・健康などの現代的な諸課題に対応する横断的・総合的な課題、地域の人々

の暮らし、伝統と文化など地域や学校の特色に応じた課題、児童の興味・関心に基づく課題などを踏まえて設定すること。

(6) 探究課題の解決を通して育成を目指す具体的な資質・能力については、次の事項に配慮すること。

　ア 知識及び技能については、他教科等及び総合的な学習の時間で習得する知識及び技能が相互に関連付けられ、社会の中で生きて働くものとして形成されるようにすること。

　イ 思考力、判断力、表現力等については、課題の設定、情報の収集、整理・分析、まとめ・表現などの探究的な学習の過程において発揮され、未知の状況において活用できるものとして身に付けられるようにすること。（以下略）

(7) 目標を実現するにふさわしい探究課題及び探究課題の解決を通して育成を目指す具体的な資質・能力については、教科等を越えた全ての学習の基盤となる資質・能力が育まれ、活用されるものとなるよう配慮すること。

　例えば、表1のように現代的な課題として「環境」を取り上げる場合、「身近な自然環境とそこに起きている環境問題」のような探究課題が考えられる。この学習では、児童が、地域に流れる川に生息する生き物と出会い、生き物について調べたり、育てたりしながら関わりを深め、生き物が育つ環境によって生息する生物が違うことや周りの自然環境と関わって生きていることに気付いていくような探究的な学習活動のイメージをもつことができる。

　このように、総合的な学習の時間の内容は、「目標を実現するにふさわしい探究課題」と「探究課題の解決を通して育成を目指す具体的な資質・能力」によって構成される。これらは、探究課題が「何について学ぶか」示しており、「何ができるようになるのか」を具体的な資質・能力として示したものという関係にある。これを児童や地域の実態と学校の教育目標に基づいて設定し、教師の適切な指導の下で探究的に学ぶなかで資質・能力の育成を目指すものである。

表1 「探究課題」と「探究課題の解決を通して育成を目指す具体的な資質・能力」の例

目標実現するのにふさわしい探究課題	探究課題を解決することを通して育成する資質・能力		
	知識及び技能	思考力、判断力、表現力等	学びに向かう力、人間性等
（例）身近な自然環境とそこに起きている環境問題	・生物によって育つ環境が異なること（多様性） ・生物は周辺の環境と関わって生きていること（相互性） ・自然環境は様々な要因で変化する可能性がある（有限性）	・確かな見通し、仮説（課題の設定） ・多様な方法から選択（情報の収集） ・確かな根拠付け（情報の整理・分析） ・より効果的な表現（まとめ・表現）	・自分を客観的に捉えて自分らしさを発揮（自己理解・他者理解） ・異なる考えを認める（主体性・多様性） ・今後の社会生活への期待と意欲（将来展開・社会参画）

(3) 指導計画作成上の配慮事項

　総合的な学習の時間の指導計画作成については、7点の配慮事項が示されている。(1)〜(4)については、①「知識及び技能」、②「思考力、判断力、表現力等」、③「学びに向かう力、人間性等」が偏りなく、バランスよく育成されることが求められている。また、単元など内容や時間のまとまりに応じて、主体的・対話的で深い学びの実現に向けた授業改善を行うことが求められている。そして、探究の過程（①課題の設定→②情報の収集→③整理・分析→④まとめ・表現）を充実させ、主体的・対話的で深い学びの実現を図りながら、資質・能力の育成を目指すことが肝要である。その学習過程において、児童や学校、地域の実態等に応じて、児童が探究的な見方・考え方を働かせた横断的・総合的な学習や児童の興味・関心に基づく学習を工夫し、教育活動を充実させることが求められている。

　総合的な学習の時間の目標は、第1の目標を踏まえ、育成したい児童像を設定し、その育成を目指す資質・能力を各学校で定める。一方、総合的な学習の時間の目標を実現するためには、各教科、道徳科、外国語活動及び特別活動を含めた全教育活動と総合的な学習の時間との位置付けを明確にし、適切に関連付けながら実施されるようにするカリキュラム・マネジメントを実施することが求められる。このカリキュラム・マネジメントについては、①内容等を教科等横断的な視点で組み立てていくこと。②教育課程の実施状況を評価してその改善を図っていくこと。③教育課程の実施に必要な人的又は物的な体制を確保するとともにその改善を図っていくことの3つの側面がある。

　各教科、道徳科、外国語活動及び特別活動と総合的な学習の時間は、各々固有の目標と内容をもっている。各々の目標を的確に実現することで、学校の教育課程は適切に機能することになるといえる。

　(5) の総合的な学習の時間の名称については「総合的な学習の時間」と示されているが、各学校における教育課程及び時間割上の具体的な名称については、各学校で適切に定めるものとされている。

　(6) の特別な支援の必要な児童の指導については、障害者の権利に関する条約に掲げられたインクルーシブ教育システムの構築を目指し、児童の自立と社会参加を一層推進していくためには、通常の学級、通級による指導、特別支援学級、特別支援学校において、児童の十分な学びを確保し、一人一人の児童の障害の状態や発達の段階に個に応じた指導や支援を一層充実させていくことが求められる。

　(7) 総合的な学習の時間と道徳科との関連的な指導については、第1章総則の第1の2の (2) においては、「学校における道徳教育は、特別の教科である道徳を要として学校の教育活動全体を通じて行うものであり、道徳科はもとより、各教科、外国語活動、総合的な学習の時間及び特別活動のそれぞれの特質に応じて、児童の発達の段階を考慮して、適切な指導を行うこと」と規定されている。

　1　指導計画の作成にあたっては、次の事項に配慮するものとする。

　(1) 年間や、単元など内容や時間のまとまりを見通して、その中で育む資質・能力の育成に向けて、児童の主体的・対話的で深い学びの実現を図るようにすること。その際、児童や学校、地域の実態等に応じて、児童が探究的な見方・考え方を働かせ、教科等の枠を超えた横断的・総合的

な学習や児童の興味・関心等に基づく学習を行うなど創意工夫を生かした教育活動の充実を図ること。

(2) 全体計画及び年間指導計画の作成に当たっては、学校における全教育活動との関連の下に、目標及び内容、学習活動、指導方法や指導体制、学習の評価の計画などを示すこと。

(3) 他教科等及び総合的な学習の時間で身に付けた資質・能力を相互に関連付け、学習や生活において生かし、それらが総合的に働くようにすること。その際、言語能力、情報活用能力など全ての学習の基盤となる資質・能力を重視すること。

(4) 他教科等の目標及び内容との違いに留意しつつ、第1の目標並びに第2の各学校において定める目標及び内容を踏まえた適切な学習活動を行うこと。

(5) 各学校における総合的な学習の時間の名称については、各学校において適切に定めること。

(6) 障害のある児童などについては、学習活動を行う場合に生じる困難さに応じた指導内容や指導方法の工夫を計画的、組織的に行うこと。

(7) 第1章総則の第1の2の（2）に示す道徳教育の目標に基づき、道徳科などとの関連を考慮しながら、第3章特別の教科道徳の第2に示す内容について、総合的な学習の時間の特質に応じて適切な指導をすること。

課題28：表1（95ページ）を参考にして、探究課題を設定し、探究課題の解決を通して育成を目指す具体的な資質・能力を作成してみよう。

課題29：目標及び内容を設定し、探究的な学習を展開する単元指導計画（ねらい、学習課題、学習活動、評価）を作成してみよう。

引用・参考文献
・中央教育審議会『幼稚園、小学校、中学校、高等学校及び特別支援学校の学習指導要領等の改善及び必要な方策等について（答申）』2016年12月21日
・文部科学省『初等教育資料№955』東洋館出版社、2017年
・奈須正裕『「資質・能力」と学びのメカニズム』東洋館出版社、2017年

⅓ 特別活動

1 特別活動の目標の改善

※下線は変更された表現

改訂（平成29年告示）	現行（平成20年告示）
集団や社会の形成者としての見方・考え方を働かせ、様々な集団活動に自主的、実践的に取り組み、互いのよさや可能性を発揮しながら集団や自己の生活上の課題を解決することを通して、次のとおり資質・能力を育成することを目指す。	望ましい集団活動を通して、心身の調和のとれた発達と個性の伸長を図り、集団の一員としてよりよい生活や人間関係を築こうとする自主的、実践的な態度を育てるとともに、自己の生き方についての考えを深め、自己を生かす能力を養う。

<table>
<tr><td>

（1）多様な他者と協働する様々な集団活動の意義や活動を行う上で必要となることについて理解し、行動の仕方を身に付けるようにする。

（2）集団や自己の生活、人間関係の課題を見いだし、解決するために話し合い、合意形成を図ったり、意思決定したりすることができるようにする。

（3）自主的、実践的な集団活動を通して身に付けたことを生かして、集団や社会における生活及び人間関係をよりよく形成するとともに、自己の生き方についての考えを深め、自己実現を図ろうとする態度を養う。

</td><td></td></tr>
</table>

　特別活動の目標を平成20年改訂の学習指導要領と対比してみると、以下のような特色が認められる。

　見方・考え方を働かせて資質・能力を育成することを重要視し、3者の内容を掲げている。特に、ここでは特別活動の果たす役割等を勘案して、「人間関係形成」、「社会参画」、「自己実現」の3者の視点で整理している。「人間関係形成」は、集団の中で、人間関係を自主的、実践的により良いものへと形成するという点である。人間関係に必要な資質・能力をめぐって、それは集団の中において、課題の発見から実践、振り返り等の特別活動の学習過程全体を通して、個人と個人、あるいは個人と集団という関係性の中で育まれるとしている。次の「社会参画」は、よりよい学級・学校生活づくりなど、集団や社会に参画し様々な問題を主体的に解決しようとする視点である。社会参加のための必要な資質・能力をめぐっては、集団の中において、自発的、自治的な活動を通して、個人が集団へ関与する中で育まれるとしている。最後の「自己実現」は、一般的に様々な意味で用いられているが、特別活動においては、集団の中で、現在及び将来の自己の生活の課題を発見しよりよく改善しようとする視点である。自己実現のための必要な資質・能力をめぐって、自己の理解を深め、自己のよさや可能性を生かす力、自己の在り方や生き方を考え設計する力など、集団の中において個々人が共通して当面する現在及び将来に関わる課題を考察する中で育まれるとしている。

　これらの3者は、育成することを目指す資質・能力に関わるものであると同時に、それらを育成する学習の過程においても重要な意味をもつものである。以下に資質・能力の3者について述べる。

　（1）は、主として「知識及び技能」に関する目標を示したものである。ここでは、集団生活を通して、話合いの進め方やよりよい合意形成や意思決定の方法、チームワークの重要性、集団活動における役割分担の方法などについて理解できるようにすることを願っている。その際、方法論的な知識や技能だけでなく、よりよい人間関係とはどのようなものなのか、また合意形成や意思決定とはどういうものなのかという本質的な理解も重要視している。

（2）は、主として「思考力、判断力、表現力等」に関する目標を示したものである。ここでは、児童が各教科等で学んだ知識などを課題解決に関連付けながら主体的に考えたり判断したりすることを通して、個人と集団との関わりの中で合意形成や意思決定が行われ、こうした経験や学習の積み重ねにより、課題解決の過程において必要となる「思考力、判断力、表現力等」が育成されるのである。

　（3）は、主に「学びに向かう力、人間性等」に関する目標を示したものである。ここでは、多様な集団の中で、よりよい人間形成を形成しようとしたり、集団をよりよいものにしようとしたりして自己実現を図ろうとすることは、正に自分自身の在り方や生き方と深く関わるものである。

2　各活動・学校行事の目標の改善

※下線は変更された表現

改訂（平成29年告示）	現行（平成20年告示）
〔学級活動〕 1 目標 　学級や学校での生活をよりよくするための課題を見いだし、解決するために話し合い、合意形成し、役割を分担して協力して実践したり、学級での話合いを生かして自己の課題の解決及び将来の生き方を描くために意思決定して実践したりすることに、自主的、実践的に取り組むことを通して、第1の目標に掲げる資質・能力を育成することを目指す。	〔学級活動〕 1 目標 　学級活動を通して、望ましい人間関係を形成し、集団の一員として学級や学校におけるよりよい生活づくりに参画し、諸問題を解決しようとする自主的、実践的な態度や健全な生活態度を育てる。

〔学級活動〕

　従来は、「諸問題を解決しようとする」ということを重要視していたが、今回改訂された学習指導要領においては、「課題を見いだし、解決するために話し合い、合意形成し、役割を分担して協力して実践したり、学級での話合いを生かして自己の課題の解決」とあり、「①問題の発見・確認」「②解決方法の話合い」「③解決方法の決定」「④決めたことの実践」「⑤振り返り」といった課題解決の基本的な過程を重要視している。ここでの課題とは、「学級や学校での生活をよりよくするための課題」である。見いだした課題について、一人一人の思いや願いを意見として出会い、互いの意見や多様な考えがあることを大切にしながら、学級としての考えや取り組むことに合意形成して決定することを願っている。今回の学習指導要領の改訂では、「自己の課題の解決」も重要視しているが、それは、児童一人一人が自己の学習や生活の目標を決めて、その実現に向けて取り組めるものでなければならないとしている。この「自己課題の解決」は、以下の掲げる題材の特色を示したものである。それは、学級活動「（2）日常の生活や学級への適応と自己の成長及び健康安全」「（3）一人一人のキャリア形成と自己実現」等で取り上げる題材の特色である。

改訂（平成29年告示）	現行（平成20年告示）
〔児童会活動〕 1 目標 　異年齢の児童同士で協力し、学校生活の充実と向上を図るための諸問題の解決に向けて、計画を立て役割を分担し、協力して運営することに自主的、実践的に取り組むことを通して、第1の目標に掲げる資質・能力を育成することを目指す。	〔児童会活動〕 1 目標 　児童会活動を通して、望ましい人間関係を形成し、集団の一員としてよりよい学校生活づくりに参画し、協力して諸問題を解決しようとする自主的、実践的な態度を育てる。

〔児童会活動〕

　従来は、「諸問題を解決しよう」ということを重要視していたが、今回改訂の学習指導要領においては、「諸問題の解決に向けて、計画を立て役割を分担し、協力して運営することに自主的、実践的に取り組むこと」ということを重要視している。ここでは、集団生活や人間関係などの諸問題から課題を見いだし、その解決に向けての話合い、解決方法の決定、その解決に向けて自発的、自治的に取り組むことを願っている。ここでいう「運営」とは、異年齢より構成されている自治的組織において、学校の高学年の児童が自覚をもち、具体的な計画立案を行ったり、その実践をリードしたりすることである。児童会において、全学校的な視野で活動を行うには、集団活動の経験を積み、自発的、自治的な活動を展開するための資質・能力を育んできた高学年が中心になって、リーダーシップを発揮することが必要となるとしている。

改訂（平成29年告示）	現行（平成20年告示）
〔クラブ活動〕 1 目標 　異年齢の児童同士で協力し、共通の興味・関心を追求する集団活動の計画を立てて運営することに自主的、実践的に取り組むことを通して、個性の伸長を図りながら、第1の目標に掲げる資質・能力を育成することを目指す。	〔クラブ活動〕 1 目標 　クラブ活動を通して、望ましい人間関係を形成し、個性の伸長を図り、集団の一員として協力してよりよいクラブづくりに参画しようとする自主的、実践的な態度を育てる。

〔クラブ活動〕

　従来は、「望ましい人間関係を形成し、個性の伸長を図り」ということを重要視していたが、今回改訂された学習指導要領においては、「共通の興味・関心を追求する集団活動の計画を立てて運営することに自主的、実践的に取り組むこと」ということを重要視している。ここでは、学級や学年の枠を超えて、同好の児童が自治的に組織したクラブ活動において、よりよく交流したり、自己の役割を果たしたりするなどして協働して目標を達成しようとすることを願っている。そして、教師が作成した指導計画に従ってクラブに所属している児童が自分たちの興味・

関心を追求するための内容や方法について話合い、年間や学期、月ごとに具体的な活動計画を立てたり、役割を分担しクラブの一員としての役割を果たして協力して実践したり、実践したことを振り返ってクラブのさらなる充実を目指したりするなどのクラブの運営に、自主的、実践的に取り組むことも願っている。

改訂（平成29年告示）	現行（平成20年告示）
〔学校行事〕 1 目標 　<u>全校又は学年の児童で協力し、よりよい学校生活を築くための体験的な活動を通して</u>、集団への所属感や連帯感を深め、公共の精神を養いながら、<u>第1の目標に掲げる資質・能力を育成することを目指す</u>。	〔学校行事〕 1 目標 　学校行事を通して、望ましい人間関係を形成し、集団への所属感や連帯感を深め、公共の精神を養い、協力してよりよい学校生活を築こうとする自主的、実践的な態度を育てる。

〔学校行事〕

　従来は、「望ましい人間関係を形成し、集団への所属感や連帯感を深め」ということを重要視していたが、今回改訂された学習指導要領においては、「全校又は学年の児童で協力し、よりよい学校生活を築くための体験的な活動を通して、集団への所属感や連帯感を深め」ということを重要視している。「全校又は学年の児童で協力し」とは、学校行事が、学級の集団だけではなく、全校や学年などの大きな集団で、児童が協力して行う活動であることを示している。言うまでもなく、「全校又は学年」とは、異なる複数の学年によるものや、異なる複数の学年を組み合わせた異学年児童による集団行うなど、様々な形が含まれるとしている。「よりよい学校生活を築くための体験的な活動」とは、日常の学校生活に秩序と変化を与え、学校生活をさらに充実、発展させることを願って、地域や自然との関わりや、多様な文化や人との触れ合いなどの体験的な活動を示している。従来も重要視されていた「集団への所属感や連帯感を深め」とは、学校行事において、よりよく交流したり、自己の役割を果たしたりすることなどをして協働して共通の目標を達成することを通して、全校または学年という大きな集団の一員であることに対する自覚を高め、集団における人と人との触れ合いやつながりを深めていくことを示している。最後の「公共の精神を養い」は、教育基本法第2条（教育の目標）第3号の「公共の精神に基づき」を受けて、学習指導要領第1章総則第1の2の（2）において「公共の精神を尊び」と表されたことと併せて、学校行事の目標に位置付けられたものである。ここでは他者との関わりによってつくられる社会を尊重し、主体的にその形成に参画する態度を養うことを願っている。

3　内容の改善

改訂（平成29年告示）	現行（平成20年告示）
〔学級活動〕 （3）　一人一人のキャリア形成と自己実現	〔学級活動〕 （新設）

ア　現在や将来に希望や目標をもって生きる意欲や態度の形成 　学級や学校での生活づくりに主体的に関わり、自己を生かそうとするとともに、希望や目標をもち、その実現に向けて日常の生活をよりよくしようとすること。 イ　社会参画意識の醸成や働くことの意義の理解 　清掃などの当番活動や係活動等の自己の役割を自覚して協働することの意義を理解し、社会の一員として役割を果たすために必要となることについて主体的に考えて行動すること。 ウ　主体的な学習態度の形成と学校図書館等の活用 　学ぶことの意義や現在及び将来の学習と自己実現とのつながりを考えたり、自主的に学習する場としての学校図書館等を活用したりしながら、学習の見通しを立て、振り返ること。	

〔学級活動〕

　「学級活動」に「(3) 一人一人のキャリア形成と自己実現」という内容が新たに設定された。ここでいう「一人一人のキャリア形成」とは、社会の中で一人一人が様々な役割を果たす過程において自らの役割の価値や自分との関係を見いだしていくことを繰り返し、自分自身の人生をつくっていく力を育んでいくことである[(1)]。

　　ア　現在や将来に希望や目標を持って生きる意欲や態度の形成

　　　この活動は、自己のよさや可能性を理解し、自分自身の目指す姿をイメージしながら、将来に向けて希望や目標をもって力強く生きていこうとする意欲や態度を身に付けることが必要になる[(2)]。

　　イ　社会参画意識の醸成や働くことの意義の理解

　　　今回改訂の学習指導要領においては、目標に「集団や社会の形成者としての見方・考え方を働かせ」という文言が付加されている。このことにより、現在取り組んでいる係活動や当番活動、児童会活動等において、働くことの意義や、責任や役割を果たすことのよさを理解し、学校を卒業した後も様々な集団のよりよい生活づくりに進んで参画することができるようになることが望まれことになった[(3)]。

　　ウ　主体的な学習態度の形成と学校図書館等の活用

　　　ここでは、平成20年改訂の学習指導要領の学級活動 (2) の「ア希望や目標をもって生きる態度の形成」や「オ学校図書館の利用」の内容として取り扱っていた学習に関する内容が移動している。

4　内容の取扱いの改善

　　内容の取扱いの部分に目を転じて見ると、「学級活動」「児童会活動」「学校行事」等のそれ

それの部分に新設された内容がある。

　「学級活動」においては、各学年段階の配慮事項が示されている。これは、児童の発達段階に即して指導する際、特に配慮すべき内容である。

　「児童会活動」においては、「児童会の計画や運営は、主として高学年の児童が行うこと。その際、学校の全児童が主体的に活動に参加できるものとなるよう配慮すること。」という内容が付加されている。ここでは、高学年の児童が児童会の計画や運営を行うことを通して、リーダーとしての経験を積んだり、高学年としての自覚や自分への自信を高めたりすることができるようにすることを願っている。

　「学校行事」においては、内容の取扱いのポイントとして「内容を重点化する」「行事との関連や統合を図る」「体験活動を充実する」「事後の活動を充実する」等の内容を重要視している。

注1　杉田洋編『小学校　新学習指導要領の展開　特別活動』p 38、明治図書、2017年
　　2　同上書　p.40
　　3　同上書　p.40

第Ⅲ章　初等教育の指導法

1　幼稚園教育の指導法・指導案の形式

　指導案には、様々な形式が存在するが、以下においては一般的なものを掲げる。指導案は、まず「最近〈現在〉の幼児の実態」について述べ、それを踏まえて「ねらい又は目標」（本日の）を設定する。次いでその「ねらい又は目標」達成するための「流れ」（本日の）、つまり「援助の過程」を検討する。その「流れ」（「援助の過程」）は、「時間」、「幼児の活動」、「教師の援助・留意点」、「環境構成」等の観点に従って具体的に述べる。

・一般的な形式

【その1】

○歳児○○ぐみ　保育指導案

平成○年○月○日（○曜日）
男児　○名　女児　○名　計　○名
指導者　○○　○○　㊞

① 　最近の幼児の実態

　　前日までの遊びや生活の様子がどのように展開されていたかを書く。加えて、前日までの実態を受け、課題と思われる点や働きかけたい方向について書く。クラス全体の様子だけでなく、個々の幼児の様子についても書いておくと、援助の方向性が具体的になりやすい。

② 　本日のねらい・内容

　　ここでは、「1. 最近の幼児の実態」をふまえることが大切である。遊びの取り組みや人間関係、生活面等に関するねらい（発展させたい方向）を2項目位書く。実習園の教育課程や幼稚園教育要領の文言等も参考にしながら作成するとよい。

　　（記入例）

　　○ごっこ遊びや運動遊び等を通して、いろいろな友達との関わりを楽む。

　　○友達のしている遊びに興味をもち、進んで参加しようとする。

　　○生活の流れを理解し、自分から行動しようとする。

　　　・お店屋さんごっこ、どろけい等で友達と一緒に遊ぶ。

　　　・所持品の整理、お弁当の支度等を自分で行う。

③　本日の流れ

時間	予想される幼児の活動	環境の構成（教師の援助を含む）
8：50 〉 9：00	○登園する ＊幼児の活動のおおまかな流れを書く。（活動の主体は幼児であり、主語は"幼児"） ＊書き終えたら、「幼児の活動」を登園から降園まで一度通して読み、幼児の動きが網羅されているかを確かめるとよい。	＊ここには、教師が「何をするか」だけでなく「なぜそうするのか（理由）」についても述べる。 ＊ねらいを受け、どのような物的環境、保育者の援助が必要かを考えて箇条書きで書く。その際、（左の）「幼児の活動」に対応させる。 ＊特に援助が必要な子に関しては、その援助の仕方も書く。

〈備考〉

　ここには、「3．本日の流れ」に載せきれなかった事項で、実際に保育を進めるために必要と思われることを書く。

・環境図、物的な環境構成（新たに用意する物　等）
・援助する上で留意すべき点
・この日に特に配慮が必要な幼児
・雨天の場合の変更点等

【その2】

○歳児○○ぐみ　指導案

平成○年○月○日（○曜日）
男児　○名　女児　○名　計　○名
指導者　○○　○○　㊞

1　最近〈現在〉の幼児の実態

　ここでは、幼児の生活の様子、つまり幼児が幼児を取り巻く環境に如何に関わって楽しんでいるか等の様相について述べる。例えば、「秋の自然について、園内の草むらでコオロギを捕まえたり、園舎裏で木の実を拾ったりすることを楽しんでいる。園庭でトンボを捕まえたりすることを楽しんだりするなど、毎日の生活の中で、周囲の自然の変化に気付いて遊んでいる。」等のように述べる。

2　ねらい

　ここでは、幼児の実態を踏まえて、5領域の内容を念頭に置いて幼児の中に育てたいと

思うことを書く。ねらいは、中心となる活動との関わりでまずは掲げる。そして、他の部分を網羅するねらいも掲げる。文末は、「……する。」「……出来る。」「……味わう。」「……慣れる。」「……表現する。」等とする。

　例「幼児の実態、指導計画等を踏まえて活動の内容を決める。「中心となる活動の内容：かるたを作る。」の場合の「ねらい」を具体的に考えてみる。「活動内容」に鑑みるとき、以下のような「ねらい」が考えられる。

● カードに文字を書いて、かるたを作る楽しさを味わう。

● 文字カードを使って、尋ねたり、答えたりして一緒に遊びを楽しむ。

★「活動内容」を見てみると、それは「幼稚園教育要領」「保育所保育指針」の領域「言葉」の「内容」に関わりがあると考え、そこに目を転じてみると（10）の「日常生活の中で、文字などで伝える楽しさを味わう。」という項目に気付く。この項目の解説の部分と「内容の取扱い」の部分より上記のような「ねらい」が考えられる。このように、活動内容が明確な場合は、その中で何を幼児が経験するかということが中核となるねらいになる。

3　本日の流れ

時間	（予想される）幼児の活動	教師の援助・留意点	環境の構成
活動の節目に入れる。「導入」「展開」「まとめ」等の3者の時間配分を記す。	● ここでは、用意された環境に幼児がどのように関わって活動するかを予想して書く。 ●「幼児」の立場で述べる。文末は、「……する。」「……を聞く。」「……楽しむ。」「……描く。」「……遊ぶ。」「……作る。」等とし、名詞止めにならないようにする。文末には、句点を打つ。	● ここでは、活動の流れに従って「ねらい」が達成されるために教師がどうすればよいか、その援助の仕方（方法）や留意点を書く。幼児の生み出した活動が望ましい方向に向かって展開していくように適切な教師の援助について触れる。勿論、作成した教材の取り扱い方についても触れる。さらに、幼児を誘う際には、その方法と理由も記す。 ● 文末は、「……読み聞かせをする。」「……配置す	● ここでは、「ねらい」を達成するために用意されるべき環境について触れる。特に幼児の興味や関心、遊びの動線を手掛かりに前日の幼児の行動や様子等を参考に具体的に記す。その際、環境の物的要素だけでなく、それに教師の関わりについても記す。環境図を描いても良い。 ・読み聞かせの場面 ピアノ ○ ○ ○ ○ ○ ○ ○ ○ ○ ○ ・ピアノの前に集まる。

		る。」「……促す。」「……紹介する。「……伝える。」「……説明しておく。」「……手助けする。」等とする。	・総ての幼児が絵本を見ることができるように座る配置を考える。 ・運動サーキット マット　平均台 フープ スタート

指導案（　　　　　　　　　　　　　　　　　）

実習日　○○年　○月　○日（　　曜日）

実習生：＿＿＿＿＿＿＿＿＿＿＿＿＿＿＿

天　候	歳児　　組	男児　　名　合計　　名		園長印	指導者印
		女児　　名　欠席　　名			
幼児の姿		内容（中心となる）			
		ねらい			
時間	環境の構成	予想される幼児の活動		教師の援助・留意点	
導入 展開 終末					
反省・評価					

※時間の部分を「導入」「展開」「終末」としてあるが、これを「8:30」「8:45」「9:00」のように
　具体的な節目の時間としてもよい。

2 指導案の事例

(1) 時計づくり

部分指導案

指導者　○○　○○

月　　日	天候	5歳児設定　　組	男児　　名 女児　　名 合計　　名

幼児姿	ねらい
最近の幼児の様子を見ると、数字に興味や関心をもち、数字を書いたり、身の周りの数字を探したり、おもちゃの時計で時間の当てっこをしたりして遊んでいる。	・時計と人間の生活に興味や関心をもち、自分たちの生活の中で時計の役割に気付き、時計をよく見て、工夫して作る。
	内容：おもちゃの腕時計を作る。

時間	環境構成・幼児の活動		教師の援助・留意点
導入	○○○　　○○○ ・予め腕時計を付けておく	・一つの机を囲んで椅子に座り、静かに待つ。 ・腕時計作りの話を聞く。	・トイレットペーパーの芯、時計の文字盤、折り紙、糊等を机上に置き活、動への意欲を高めさせる。「時の記念日」であること説明し、時計に興味や関心をもたせる。
展開	（時計の図） 12 9　　3 6 準備しておくもの ・トイレットペーパーの芯、紙皿、折り紙、紙、シール、ペン、両面テープ、糊。	○腕時計を作る。 ・トイレットペーパーの芯を腕にはめてみる。 ・トイレットペーパーの芯に折り紙を貼る。 ・手を洗う。 ・文字盤に数字を書く（12、3、6、9）。 ・線（長針と短針）を引く。 ・文字盤に絵を描く。 ・両面テープを貼る。 ・腕にはめてみる。	・トイレットペーパーの芯を配布し、それ腕にはめてみるように援助し、時計作りへの意欲を高めさせる。 ・折り紙の貼り方について、具体的に説明し、糊の付け方に留意させる。 ・貼り終わった手を洗うように支援する。 ・文字盤を板書し、数字の書き方や書く場所について説明する。 ・机間指導しながら、数字の書き方、線の引き方を援助する。 ・個々人で好きな絵を描くように説明し、個々に援助する。 ・両面テープを配布し、文字盤にベルト（トイレットペーパーの芯）付けさせる。
終末	準備しておくもの ・ピアノ、マイク。	・腕時計を見せ合う。 ・ポーズをとる。	・工夫したところ等を発表させる。「時計の歌」を一斉に歌うように援助する。

（2） 文字に興味を持たせる「絵本の読み－聴き」

部分指導案

指導者　○○　○○

月　　日	天候	5歳児設定　組	男児　　名 女児　　名 合計　　名

幼児のようす

　幼稚園の年長として生活に落ち着きが出てきている。年中時には安野光雅『あいうえおの本』も読んでおり、すでに文字や記号について興味を強く示している。また、絵書き遊びのときに自分の名前を文字で書いて遊ぼうとする子どももいる。

ねらい

・ひらがなについての興味や関心を持ち、自分たちの生活の中で文字や記号についての役割に気付き、文字が絵本で果たしている役割を意識する。

内容

・絵本の読み－聴きをし、文字にちなんだ絵を描く。

時間	環境構成・幼児の活動		教師の援助・留意点
導入	◎先生 ○○○○○ ○○○○ ○○○ 教室の前。よく見えるように、前の児童との間に顔がいくようにカーペットに座る。後方は机と椅子とが平常通り配列されている。	・教師の前に3列に座る。教師の顔と絵本がよく見える場所に座る。 ・「手はおひざ」の歌を歌い、絵本を聴く準備をする。 ・知っているひらがなを大きな声で言う。	・互い違いに保育者の顔が見えるように座らせる。 ・絵本の選定。安野光雅『もじあそび』 ・今日の絵本の題名・作者を読み上げ、意識させる（一人で本棚から探し出せるように）。 ・「手はおひざ」の歌で、幼児の気持ちを絵本に集中させる。 ・ひらがなについての問いかけをして興味を持たせる。
展開	準備しておくもの ・絵本	絵本を聴く ・絵本の題名と作者名とを注意する。 ・知っているひらがなに注意して見る。 ・知らないひらがなについて、興味を持つ。 ・先生の読みに従い、大きな声で発音する。 ・ひらがなについての知識を伝え合う。	・具体的なストーリーがある絵本とは異なり、読み手が聴き手と協同してひらがなについて遊んでいくように促す。 ・幼児が絵本に書かれたひらがなと保育者の読む発音とが対応するように促す。 ・文字が苦手な幼児にきめ細かく配慮して興味を持たせる。 ・本を見ながら保育者といっしょに発声させるようにする。 ・それぞれのひらがなについての問いかけし、答を促す。

| 終末 | 準備しておくもの
・画用紙とクレヨン。紙は上半分を文字書き込むようにする。
・各自、教室の自分の机、いすの場所に座る。

◎先生 | ・各自が「書きたいひらがな」を選んで書く。
・書いた文字の入った事物を考えて絵を描く。
・描いた絵に色を塗る。
・完成した絵について、みんなで見せあい、書いた子どもの思い、見た子どもの感想を伝え合う。 | ・子どもが好きなひらがなを聞いて上半分に教員が書かせる。
・好きなひらがなの音が入った事物を考えさせて、絵に描かせる。教員はきめ細かく子どもを観察して、各自に適切な文字が入っているか確認する。
・完成した絵についてみんなで見せあい、書いた子どもの感想を伝え合わせる。 |

(3) 作って飛ばそうロケット

部 分 指 導 案

保育の 実施日	月　　日（　）	天候		対象児	5歳児 男児　名　女児　名　合計　　名
クラスの 状　態	・幼児は、いろいろな形や色、動くおもちゃの仕組みなどに興味をもち、遊びを楽しんでいる。				
ねらい	・身の回りにあるストローを使って、自分だけのロケットを作る楽しさを味わう。 ・作ったロケットを使って友達と遊び、その楽しさを感じる。 ・ハサミやセロテープなどの道具を使いこなせるようになる。				
活動内容	・細いストローに、幼児が画用紙で作ったロケットをセロテープで貼り付け、太いストローに細いロケットを差し込み、口で吹いて飛ばして遊ぶ。				
材料・ 道具	画用紙、ハサミ、のり、セロテープ、ストロー（太いもの、細いもの各1本）				

時間	環境の構成	予想される幼児の活動	教師の援助と配慮
導入	△先生	○いすを持ってきて、いすにすわる。幼児同士が声を掛け合いながらすわる。 ○ロケットの形や色、大きさなどを考え、答える。 ○ストローロケットを作って遊ぶことに興味・関心をもつ。 ○ロケットの作り方を聞く。 ○ハサミの使い方の約束をみんなで確かめる。 ○ストローを取りに行くとともに、三角と四角に切った画用紙のなかなら、好きな色の画用紙を選んで、机	・なかなか座れない幼児や準備に手間取っている幼児には、必要に応じて、声かけをしたり、手伝ったりする。 ・ロケットの形や色、大きさなどをイメージにできるように問いかける。 ・ロケットの見本を見せ、実際に飛ばしてみることで、作ることや遊ぶことに興味をもたせる。 ・作り方を示すとともに、材料や道具の使い方について説明する。
展開	・ストロー（太いものと細いもの）各1本を机に置く。 ・三角と四角に切った様々な色の画用紙を準備する。		・ロケット作りやストローに

終末	・のり、ハサミ、色鉛筆、セロテープを人数分準備する。 ◆作り方 1．三角と四角の色画用紙をのりで張り付け、ロケットを作る。 2．ロケットに色鉛筆を使って好きな絵を描く。 3．ロケットをセロテープで、ストローに張る。 	に置く。 〇三角と四角を貼り合わせて、ロケットの形を作り、色鉛筆で絵を描く。 〇ストローをセロテープでロケットに付ける。 〇ストローを少しだけ切り、太いストローに差し込む。 〇作ったロケットを早く飛ばして遊びたい。 〇作ったロケットを全員で飛ばして遊ぶ。 〇約束を決めて自由に遊ぶ。 〇片付けをする。	張り付ける作業の様子を観察しながら、必要に応じて、認めたり、励ましたりしながら、意欲をもって作ることができるように支援する。セロテープを上手に貼れない幼児には見守りながら、必要に応じて援助する。 ・全員が同じような進度で作業ができるように配慮する。 ・できたロケットを使って遊ぶことを伝え、意欲を高める。みんなで一斉に飛ばして遊ぶようにする。 ・幼児が自由に遊びたいと発言したときは、約束を決めて自由に遊ぶようにする。

（4）サイコロを使って遊ぼう

部分保育指導案

月　　日	天候	5歳児設定　　組	男児　名 女児　名 合計　　名

幼児姿 　最近の幼児の様子を見ると、言葉に興味や関心をもち、なぞなぞ遊びをしたり、しりとり遊びをしたり、言葉集めをしたりして言葉の音の響、使い方等を楽しんでいる。	ねらい ・言葉遊びに興味や関心をもち、人物、場所、動作を描いたサイコロを作り、それを使って言葉遊びを行う。 内容：サイコロを作り、それを使って言葉遊びを楽しむ。

時間	環境構成・幼児の活動		保育者の援助・留意点
導入	【幼児に見えるように】 　うさぎ　　　山 　　お母さん	1　言葉遊びをする。 　挿絵（うさぎ、お母さん、山）	・絵を描いたカードを提示し、その名称を発表させ、言葉遊びへの興味や関心をもたせる。
展開	タオル 糊 展開図 タオル	2　サイコロの作り方についての話を聞き、作成に必要な材料を受け取る。 ・サイコロの展開図を受け取る。 ・糊を受け取る。 3　サイコロを作る。 ・展開図の波線の部分を	・サイコロの展開図をそれぞれ3枚ずつ（人と動作と場所等を描いたもの）配布し、それぞれ確認させる。糊を所定の場所に置くように援助し、濡れたタオルの用途について確認させる。 ・波線の部分を確認させ、その部分を折ることができるように援助する。 ・のりしろの部分を確認させ、その部分を折り、サイコロができるか確認させる。

		折る。サイコロになるか確認する。 ・のりしろの部分を確認し、その部分を折る。 ・のりしろに糊をつけ、サイコロを作る。	・のりしろに糊をつける際、作業がスムーズにできるように援助する。 ・サイコロを振ってみて、壊れないか確認させる。
		4 サイコロを使って遊ぶ。 ・人の絵のサイコロを振る。 ・上に出た絵を確認する。	・サイコロを振る順番を見本を提示しながら確認させる。上に出た絵に着目させる。「人の絵」→「場所の絵」→「動作の絵」をつないで、短い話や文を作らせる。
終末		5 後片付けをする。 ・糊 ・タオル	・糊、手拭きタオル等を元の場所に戻すように援助する。

(5) フィンガーペイント（ゆびでかこう）

部分指導案

天 候	歳児 組	男児 名 合計 名	園長印	指導者印
		女児 名 合計 名		

幼児の姿	内容：フィンガーペイント
5歳児は体全体を使った活動が大好きで、なおかつ身の回りのものに興味と好奇心をもって接している。	手のひらを使って絵の具を塗り広げて遊ぶ。
	ねらい ・絵の具を手で触り、その感触を楽しみながら、自由に紙に塗り広げたり、色を混ぜ合わせたりしてできる造形を体験する。

時間	環境の構成	予想される幼児の活動	保育者の援助・留意点
導入		○床に敷かれた大きな画用紙の周りに座る。 ○先生から最初の絵の具をもらう。	○画用紙の周りに座るよう声をかける。 ○幼児たちの前の画用紙に少しずつ絵の具を置いてゆく。
展開	床に大きな画用紙を敷いて、その周りにしゃがみ込んで活動する。	○指先でつつくようにさわりはじめ、徐々に片手、両掌で触る。触った感じ（柔らかい、冷たい等）を先生に伝える。	○絵の具を手で触ることを伝え、触ったときの感触はどんな感じか、問いかける。

		○絵の具を画用紙に塗り広げる。 ○2色目の絵の具をもらい、最初の絵の具が塗られた画用紙にさらに塗り足して、混色を楽しむ。 ○指で引っ掻いたり、手のひらで消したり描いたりを繰り返したり、友達と共同制作をしたりして楽しむ。	○体全体を使って活動するよう支援する。 ○色が混ざり別の色に変わることに注目させて、絵の具遊びの楽しさを伝える。 ○幼児が様々な活動や遊び方を発見するような声かけや支援を心がける。
終末	 準備物：絵の具（フィンガーペイント用指絵の具）、画用紙	○手を洗って片づける。	○手洗いの点検。

3 小学校教育の指導法

(1) 学習指導案の形式と要素

　学習指導案の一般的様式を見てみると、それは「単元について（題材について）」、「単元の目標（題材の目標)」「全体の指導計画」「本時の展開」等の項のもとに記す場合と「本時の展開」のみを記す場合との2者に大別される。前者の様式は「細案」と称し、一方後者の様式は「略案」と称している。以下にその様相を簡約しておく。

【学習指導案（細案）の様式】
第○学年○組　○○科学習指導案

指導者　　氏　名
○年○月○日　○曜日　第○時

【単元】
　単元名〈題材名〉を記すのが一般的である。単元名〈題材名〉は、一まとまりをもった教育内容の単位の名称を記す。教科書の章または節程度の題目を記す。
【単元について】
単元観〈題材観〉、児童・生徒観、指導観等の3者の視点よりそれぞれ記述する。
・単元観〈題材観〉……本単元〈本題材〉・本教材の位置付けや価値付けを説明する。加えて、学習内容のポイントのおさえ方、学習者と教材等との関わりも説明する。
・児童・生徒観……指導する学級の児童・生徒等の学習能力等の実態を明らかにする。換言すれば、この単元（題材）・教材を学習する上で学習者である児童・生徒の関心、技能、知識等、どのような準備状況にあるかという実態を明らかにする。
・指導観……単元観〈題材観〉・児童、生徒観に基づいて、単元〈題材〉のねらいを達成するために指導上特にどのような過程、方法、教具、形態等を組織し、工夫して乳幼児・児童

・生徒の主体的活動を生起させようとしているかを明らかにする。

【目標（単元目標・到達目標）】

単元全体の指導計画を通して、学習者に形成させようとする目標を、可能な限り具体的に、箇条書きする。その際の観点は、「知識及び技能」「思考力、判断力、表現力等」「学びに向かう力、人間性等」等の３者である。観点毎の文末は、概ね以下のような表現にする。

・「知識及び技能」……………………「～できる　～している。」

・「思考力、判断力、表現力等」………「～できる　～している。」

・「学びに向かう力、人間性等」………「～できる　～している。」

【指導計画（単元の指導計画・計画）（全〇時間）】

単元全体の指導内容をまとまりに応じて小項目毎に区分し、それぞれの指導内容〈学習内容〉と配当時間を記す。本時の位置付けを明示する。

第1次　〇〇〇〇〇 ………………… 〇時間
第2次　〇〇〇〇〇 ………………… 〇時間
　(1)　〇〇〇〇〇 ………………… 〇時間
　(2)　〇〇〇〇〇 ………………… 〇時間（本時）
第3次　〇〇〇〇〇 ………………… 〇時間

【本時（本時の展開）（本時の指導内容を記載する。）】

・目標──本時1時間の目標を単元の目標との関連を考えて簡潔に記す。前述した四者の観点を踏まえて、学習者に習得させる内容を具体的に記す。

・準備──本時の目標を達成するために必要な教材、教具、資料等を列挙する。

・実際（展開）──表の形式で、本時の学習がより明確に分かるように述べる。

過程	時間	学 習 活 動	教 師 の 支 援
導入		1　前時の学習を確認する。 2　本時の目当（課題）を確認する。	・前時の学習を想起させ、それを基に本時の目当て（課題）を確認させる。
展開		3　目当て（課題）について考える。	・目当て（課題）を解決するための、まずワークシートに個々人に作業させる。それを基に、発表し合って、目当て（課題）を解決させる。
終末		4　本時の学習を整理する。 5　次時の学習を確認する。	・板書事項を基に、本時の学習をまとめさせる。 ・本時と関連付けながら次時へ導く。

・過程は、教科（教材）によって多少異なるが、概ね次の３段階で述べる。

　導入＝予備・導入の段階
　展開＝新しい学習の段階、練習・応用の段階
　整理＝まとめの段階

・学習活動——目標に迫るための順序を過程に沿って、学習者の活動を述べる。その際、学習の方法や形態もあわせて述べる。

・教師の支援——学習活動について指導上、特に注意する点や思考活動を誘発するための留意点を述べる。また、準備する教材、教具等の利用についての留意点も述べる。

（2）教材の研究

①教材の概念

　教材という用語は、明治期に至って欧米の教育制度を移植してから、学校教師に使用されるようになったもので、字義通りに考えると「教える材料」である。

　古田拡は、教材の意義をめぐって、次のように指摘する。

　　これは Subject matter の訳語なのである。ところで Subject matter そのものには教材という意味はない。Matter にはもちろん、材料の意味はある。が、Subject は、主題とか話題の意味である。つまり、主題となる材料なのである。それはなぜ、教材と訳したのであろうか。児童の学習材料なのだから、学習材とかいってもいいのではないか。このごろのように、児童中心というようになると、学習材といった方がよいようである。[1]

　児童を教育するには、まず教える材料が必要であり、それを教師の側からいえば「教材」とう名称になろう。一方、それを学習者の側からいえば学習の材料ということになるので、「学材」という名称になろう。当時「学材」という用語を使用せず「教材」という用語をしようしたのは、被教育者である児童の興味や能力などへの配慮よりも、一方通行で注入的に教え込むといった教育思想[2]、つまり教師中心、講義中心の思想が背景に存在していたからである。

　教材を「児童の学習材料」としたが、それは教育の目的に応じて学習させる必要とみとめられた教育内容ということ[3]になろう。その教育内容には、教育的価値が内包されている。

　次に、教材の概念について見てみる。教材のあり様を探ったり、教材の研究を行ったりするに当たって、まず念頭に置かなくてはならないことは、その教材が学習の対象者である児童生徒にとっていかなる役割や機能が存在するかを見極めておくことである。

　その教材であるが、それはある内容を教えるための材料であるので、学習者にとってはある世界を認識する媒介物であるといってよい。つまり、教材は目的的な教育の営みにおいて、ある学習活動を成立せしめる媒材であるため、教育内容乃至は学習領域を指していると考えてよい。さらに言えば、教材は指導者と学習者、教師と児童生徒との教育交渉を媒介する具体的な陶冶材である。教材は陶冶材であるとしたが、それは言ってみれば教育的意義や学習的意義を内包していなければならない。そして、指導者にとっては教え甲斐があり、学習者にとっては学び甲斐のある教材こそが真の教材となり得る。このような教材は学習者に有効な学習経験を行わせ、必要な能力や価値を体得させることができる。

②教材研究と教材解釈

　教材研究は、教育的観点から意図的に教材化を図ったり選ばれた教材について陶冶価値をみきわめたり[4]することである。前者は、教科等の理念に基づき、多くの資料の中から最適と思われる教材を選び出し、場合によっては加工し、そしてそれを配列する作業のことである。

これは、教材の開発と言えよう。一方、後者は教材化された教材の価値を分析的に理解し、教材の価値を発見し、そしてその内容をいかに学習させていったら指導の目標を達成することが可能かを検討する作業のことである。これは、教材解釈と言えよう。

このように教材研究といっても、教科等の理念に基づいて教材化することから始まって、その授業の準備全体であるといってよい。このように教材研究をとらえると、それは教材研究を最広義に解することになる。一方、教材化（明示的な教材）の研究は最も狭義の教材研究ということになろう。

先に、教材解釈について触れたが、以下にその様相について考察する。それは、「ある教材」と「なる教材」についてである。前者の「ある教材」とは、教科書に採択されたもの、所与の教材として定まった知識、技能、態度等を伝達するということを前提とした教材観のことである。つまり、教材は客観的な存在、あるいは完成品として、固定的・静的な性格を持つものであり、授業とは、そういう所与の教材を巧みに解説し、子どもに伝達すればよいのだという[5]教材観である。これに対しては、多少の批判が存在する。それは、教科書に採択されたものを無反省に「教材」とするのではなく、授業の質や成否を決定的に左右するのは教材の質であり、授業の失敗の原因もその大部分は基本的には教材の欠陥によって説明できると指摘されて[6]いることである。これは、児童観に立った教材観とは言えないように思う。一方、後者の「なる教材」とは、教える教師の主体性によって、学習者を想定し、教材の価値を分析的に理解し、教材の価値を発見するということを前提とした教材観のことである。つまり、「なる教材」の特質は、教科書に採択された教材を一応の前提としながらも、教師自らが構成するところにある。[7]

「なる教材」についてもう少し具体的に考えてみる。前述のように「なる教材」は、所与の教材を正確に理解し、教材の陶冶価値なり意味なりを発見することであるとした。そして、その過程を通して教師は学習者に学び取らせたい問題をしっかり把握することである。教師による問題発見、それは教材研究（教材解釈）の仕事である。例えば、教材「ごんぎつね」において、問題の発見を考えてみる。教材「ごんぎつね」の6の場面の後半部に、兵十によって撃たれたごんは、兵十の喫驚と衝撃の言葉（「ごん、おまいだったのか、いつも、くりをくれたのは。」）に対して、渾身の力を振り絞って優しく、しかも素直に答えて（「ごんは、ぐったりと目をつぶったまま、うなずきました。」）いる。この場面に直面したとき、ごんは死んでいくのにどうしてこのような行動を取ったのだろうか、ごんの兵十に対する思い、そして兵十とごんの関わりはどのようになっているのだろうか等の問題意識が生じてくる。その解は必ず具体的な形となって表れているはずだ。このような教師の強い問題意識に支えられた活動（教材解釈）が、さらに問い直され実際の学習場面において、学習者の問題意識となるであろう。

③教材研究

教材研究とは、一般的に教科書に採択され教材（学習事項があらかじめ計画的、教育的に内包されているもの）について、それを指導するに当たって必要な知識や指導の方途を得ようと研究することである。それをめぐって、中野和光は以下のように指摘する。

ア　その教科の基礎にある、専門的な学問の立場から行われる。その教材の内容の検討、あるいは、その教材の内容に関わる調査である。

イ　その単元は、歴史的には、どのような教材が用いられたか、あるいは、その教材は、ど

のように解釈され、指導されてきたかを調べることである。

　ウ　自分自身は、この教材をどのように解釈するか、その解釈は、それまでの解釈の中でどのような位置にあるか、独自性はどこにあるか、その教材に対する子供の実態は、どのようなものか、子供たちはどのように解釈するであろうか、それに対して、どのような切り込み方があるだろうか、この場合もっと適切な授業方法はどれだろうか、といった解釈を行うことである。(8)

　ここでは、学習指導で取り扱う教材が、これまでいかに解釈され、そしていかに取り扱われてきたかについても研究する必要があるとし、そしてそれを踏まえて指導する学習者の姿を想定し、学習者にいかに対応するかも含めて研究する必要があるとしている。とにかく、教師の幅広い、しかも深い教材研究の重要性について触れている。このような教材研究には、教師の教材観、児童生徒観、指導観、教育観等が反映されている。ここでは、教材そのものの研究より指導法の研究も含んでいる。

　これは、教材研究の一般的な事項である。これらのことを念頭に置いて、ある教科等の教材研究を行っていく際には、その教科等の本質に即して教材研究を行うことである。例えば、算数・数学科の教材研究をめぐって、飯田慎司は、教材研究は、指導目標の研究・指導内容の研究・指導方法の研究などに大きく分けられる。(9)と指摘する。教師個々人の自ら算数・数学教育観を構築する観点より指導目標の研究を掲げている。そして、指導内容の研究としては、その背景的研究と実際的等の観点より、その必要性を掲げている。さらに、授業の形態、発問・助言の検討、板書の検討、学習者の実態・レディネス等の把握、教具・教育機器の検討等の観点より指導方法の研究を掲げている。ここでも指導法の研究も含んでいる。

　次に、国語科における教材研究について見てみる。国語科における教材研究は、教科書に採択され教材について陶冶価値の所在を見極めることである。つまり、教材化された教材の価値を分析的に理解し、教材の価値を発見し、そしてその内容をいかに学習させていったら指導の目標を達成することが可能かを検討する作業である。国語科における教材研究をめぐって、高森邦明は項目的に次のように示している。

　①本質的研究　②学習者研究　③指導条件の研究　④指導内容の研究　⑤発問準備の研究
　⑥追求過程の研究　⑦指導組織の研究　⑧指導計画の研究(10)

　そして、④の指導内容の研究をもって狭義の教材研究とみることができるとしている。

　高森邦明は、狭義の教材研究は指導法にまで及ぶことはなかったとし、指導内容の研究は文章を分析して、語句、文、分段の意味を解釈し、主題や思想を明らかにし、表現法のうまさ、心情や情趣を味わう等と教材の内容価値的事項と言語技能的事項等を探ることにあるとする。(11)ここでは、学習指導の教材として選んだ文章の主題、意図、思想、表現構造等の教材の内容に限定された作品論的研究のことを言っている。

　高森邦明の掲げている項目に目を転じてみると、①以外は学習指導の教材として選んだ文章の作品論的研究（文章研究）と指導の研究との2者の領域に入る。①は、教師が収集した資料の教材化、つまり素材の教材化ということである。言うまでもないことであるが、これは国語科学習指導の目的、つまり国語を適切に表現し正確に理解する能力の育成を志向してのことである。

　先に掲げた8項目の中の、④は前者の作品的研究（文章研究）に相当し、②③⑤⑦⑧は後者

の指導の研究に相当する。後者の5項目の③指導条件の研究とは、学習効果をあげるために、教室の広さ、構造、学習者の人数等の物理条件、自然環境、社会環境、加えて利用可能な図書、教育機器、黒板、掛け図、カード等の資料等を研究することである。そして、⑥追求過程の研究とは、学習の目当てを追求するに当たって、あらかじめ学習者の活動を想定し、追及する過程（学びの流れ）を研究することである。さらに、⑦指導組織の研究とは、一斉授業の中でいかなる個別学習や集団学習等を導入して学習過程を組織し、発展学習としていかなる学習を組織するかを研究す）ることである。最後の、⑧指導計画の研究とは、一単元の指導の計画を第一次、第二次、第三次と研究をすることである。このように高森邦明の教材研究は、広義の教材研究と見ることができる。

　これに対して、蓑手重則は、「教材の研究は、あくまで学習指導の教材として選んだ文章の研究である。」[12]であるとし、

　　教材の研究として、(1) 文章（作品）の形態　(2) 筆者（作者）の意図　(3) 文章（作品）の主題　(4) 文章（作品）の構成　(5) 文章（作品）の叙述　(6) 文章（作品）言語要素　(7) 参考。[13]

等の項目を掲げている。蓑手重則は、作品論的研究（文章研究）を教材の研究としてとらえ、指導の研究とは明確に区別している。そして、後の指導の研究を考慮しながら、教材の研究、つまり作品論的研究（文章研究）を進めていかなければならないとしている。蓑手重則のいう指導の研究とは、

(1) 学習反応　(2) 学習過程　(3) 学習目標　(4) 学習活動　(5) 学習内容　(6) 学習評価　(7) 留意点14)

等の項目を掲げている。蓑手重則の指摘する教材の研究と指導の研究とを教材研究ととらえてよいだろう。

注1　古田拡『国語教材研究』p.19、法政大学出版局

　　2　飛田多喜雄他編『新国語科教育講座　5　教材研究編』p.19参照、明治図書

　　3　東洋他編『授業改革事典　1　授業の実践』p.310、第一法規

　　4　国語教育研究所編『国語科教材研究の観点』p.99、明治図書

　　5　大浦猛『教職教養　教育学Ⅲ　教育の方法・技術』p.84、山文社

　　6　注3) 同書　p.312

　　7　注5) 同書　p.84

　　8　『教材研究・教材開発ハンドブック』p.1-2、福岡教育大学教育実践研究指導センター

　　9　『教材スキルハンドブックⅡ　増補版　』p.46、福岡教育大学教育工学センター

　　10　飛田多喜男他編『新国語教育講座　⑤教材研究編　』p.51、明治図書

　　11　(注10) 同上書　p.54

　　12　蓑手重則『国語と教育』p.66、新光書店

　　13　(注12) 同書　p p.66-67

　　14　(注12) 同書　p.80

4 指導案の事例

① 国語科

第4学年○組 国語科学習指導案

指導者　○○　○○

1　単元　場面をくらべて読もう（教材「一つの花」○○出版4年下）
2　本時
　(1) 目標　一輪のコスモスの花をゆみ子に手渡し、戦争に行く父親の万感の思いを叙述に即
　　　　　して読み取ることができる。(到達目標)
　(2) 準備　作業プリント、短冊、挿絵、模造紙
　(3) 実際

過程	時間	主な学習活動	教師の支援
導入	5 (分)	1　学習の目当てを確認する。 　コスモスの花に込められたお父さんの思いを考えよう。	・前時の学習内容（戦争に行く日の情景）ノートを基に本時の学習の目当てを確認させる。
展開	35	2　本時に学習する場面を読み、読み取ったことをまとめる。 　(1) お母さんやお父さんの言動 3　読み取ったことを基に話し合う。 　(1) お母さんがゆみ子あやしている間 　　（お父さん）→ぷいといなくなる 　(2) お父さんが持ってきたコスモスの様子 　　・プラットホームのはしっぽ 　(3) 一輪のコスモスをゆみ子にわたすお父さんの思い 　　・コスモスをお父さんだと思ってね。 　(4) 何も言わずに汽車に乗っていくお父さんの思い 　　・お父さんの喜び。	・比喩的表現（「わすれられたように」）や文末表現）等に着目させたり、会話等の部分に着目させたりしながりプリントにまとめさせる。 ・「ぷいといなくなっていました。」(強調)と「見つけたのです。」とを関連付けて考えさせる。 ・「あわてて」という言葉に着目させ、いよいよ最後の別れになることに気付かせる。 ・お父さんが持ってきた一輪のコスモスの花の存在について考えさせる。 ・ダッシュの部分に着目させ、吹き出し法によってお父さんのゆみ子対する思いを想像させる。
終末	5	5　学習のまとめをする。 6　次時の学習について知る。	・本時の学習場面を音読させる。 ・本時と関係付けながら次時へ導く。

第4学年○組　国語科学習指導案

指導者　○○　○○

1　単元　人物の気持ちの動きを（教材「ごんぎつね」○○出版社4年下）

2　単元について

　教材「ごんぎつね」は、孤独の寂しさを紛らわすために、いつもいたずらばかりしていた小狐のごんが、自分と同じ境遇になった兵十に心を通わせようと償いにひたむきになるものの、兵十との心の交流はそう簡単にはいかず擦れ違うばかりで、結局死をもってしか通じ合えなかったという、心の交流の悲しさが描写された文学的文章である。

　児童は、この教材を読むことによって、善意を持ちながらも死をもってしか通じ合えなかった心の交流の悲しさに感動すると共に、心の交流はそう簡単ではない故、それを何よりも大切にしなければならないということに思いをめぐらし、そして心を豊かにすることができる。また、文章の効果的な表現の仕方や言葉の働きの大切さ等に気付き、そして登場人物の気持ちの動きを想像豊かに読み取る力を養うことができる。こうした読みの力は、様々な読み物を進んで読もうという意欲を育てていくものと考える。

3　目標
　(1) 倒置法、比喩表現、視覚的・聴覚的描写、複合動詞等の効果的表現の仕方等に気付き、その意味を理解し、それを使用する。（知識及び技能）
　(2) ごんのいたずらや後悔と償い、そしてごんの兵十に対する心の葛藤を読み取り、心の交流の難しさや大切さについて考えを深める。（思考力、判断力、表現力等）
　(3)「ごんぎつね」の学習に興味や関心を持ち、その内容と関わりのある本を読み、読書の範囲を広げる。（学びに向かう力、人間性等）

4　指導計画（全13時間）

第一次	初発の感想、学習計画（通読）	2時間
第二次	六つの場面を精読（いたずらするごん、後悔するごん、償いするごん、反応をうかがうごん、失望するごん、ごんの死と心の交流	7時間
第三次	読後の感想（味読）読書紹介	2時間

5　本時（8／11）
　(1) 目標
　　くりを持ってきたごんを撃つに至る兵十の怒りや憎しみを叙述に即して読み取る。
　(2) 準備　作業のプリント、短冊、模造紙（「吹き出し」）
　(3) 実際

過程	時間	主な学習活動	教師の支援
導入	6分	1 本時の学習場面を確認する。 （1） 兵十がごんを撃つ場面	・前時の学習を想起させ、それを基に学習場面を確認させる。
展開	33分	2 学習の目当てを確認する。 　兵十は、なぜごんをうったのだろうか。 3 本時に学習する場面を読み、読み取ったことをまとめる。 （1） 音読し、兵十とごんの気持ちの分かる部分に線を引く。 （2） プリントにまとめる。 4 読み取ったことを発表し合う。 （1） 兵十の家へ出掛けたごんの気持ち 　・その明くる日も（つぐないを続ける） （2） 兵十の行動とそのときの気持ち ＜兵十の行動＞ 　・ふと顔を上げました。→「ようし。」→火薬をつめました。→ドンとうちました。 ＜兵十の気持ち＞ 　・「ぬすみやがったあのごんぎつねめ」→「いかり」「にくしみ」	・学習の目当てを短冊で提示し、それを基に本時の学習の目当てを確認させる。 ・兵十やごんの言動に気を付けながら、読みを進めていくこを確認させる。 ・兵十とごんの言動（「うら口から、こっそり」「ふと顔を上げました。」「ようし。」「火薬をつめました。」「ドンとうちました。」等）に線を引かせる。 ・「うら口から、こっそり」という言葉に着目させ、ごんの独りぼっちの兵十に対する共感があることに気付かせる。 ・「ぬすみや…ごんぎつねめ」等の言葉より兵十のごんに対する「怒り」や「憎しみ」の気持ちに気付かせる。 ・ごんの善意も兵十にとってはいたずらであることに気付かせる。
終末	6分	5 学習のまとめをする。 6 次時の学習について知る。	・兵十とごんの気持ちを考えながら音読させる。 ・本時と関連付けながら次時へ導く。

<h1>第6学年○組　国語科学習指導案</h1>

指導者　　○○　　○○

1　単元　自分の感じたことを、朗読で表現しよう（教材『やまなし』）

2　単元について

(1) 単元（教材）の位置とねらい

　この期の児童は、これまで単元「1　登場人物の心情をとらえ、感想をまとめよう」（教材『カレーライス』）の学習で、学習指導要領国語科第5・第6学年の〔思考力、判断力、表現力等〕事項の「読むこと」における (1) イ「登場人物の相互関係や心情などについて、描写を基に捉えること」及び (1) エ「人物像や物語などの全体像を具体的に想像したり、表現の効果を考えたりすること」を適切に身につけてきており、文学的教材に対する感性が強く発達してきている。

　本単元では、以上の文学教材で身につけた読解能力をさらに高めると共に、学習指導要領国語科第5・第6学年の〔知識及び技能〕事項 (1) ケの「文章を音読したり朗読したりすること」を意識した授業を試み、国語における言葉の特徴や使い方についても深く学ぶことを目指す。

　さらに、この教材では授業の最後に絵本『せいめいのれきし（改訂版）』（バージニア・リー・バートン、福音館書店）を併せて読むことによって、『やまなし』に込められた悠久の生命の連鎖を、地球の生物史という観点から想像させる試みをする。これは、学習指導要領国語科第5・第6学年の〔思考力、判断力、表現力等〕事項の「読むこと」における (2) ア「説明や解説などの文章を比較するなどして読み、分かったことや考えたことを、話し合ったり文章にまとめたりする活動」の実践である。

(2) 指導の基本的な立場

　具体的には、教材『やまなし』におけるオノマトペ等の言葉の魅力と、そのような美しい国語の音に対応する親子の蟹の対話の深さと物語世界の「幻灯」を見ているような幻想性を「朗読」によって理解する。一方、幻想的で美しい国語表現とは対照的な自然界で生きる厳しい現実を叙述する物語内容の世界を、物語の展開に即して読み深めることによって理解する。つまり、一つの物語（小説）においても言葉（物語言説＝ディスクール）の水準と出来事（物語内容＝イストワール）の水準とでは異なる物語世界が生じてくるということであり、文学とはそのようなコト－バとコトとのデリケートな関係の中に現れてくるものだということに気づく過程だということである。もちろん、小学6年生での理解能力、発達段階に応じての授業展開となるが、美しい表現（＝言葉）世界と厳しい内容（＝事件）世界との対比をぜひ理解できるように務めたい。また、それらとは異なる次元で流れてくる悠久な水の流れと、それを悠久な流れと同じように流れてくるやまなしの実の存在、実は毎年実をつけ落下する存在でありながらまた芽吹いて成長していく生命の源ともなる、長い生命を繋ぐいとなみ、悠久な生命のいとなみを象徴していることへの注意を促して、『やまなし』の持つ深い文学的・思想的世界に気づく。

3　目標

(1) 語り手の語る美しい言葉、昔話の語り始めや語り収めに比すべき詞章の持つ魅力や、特に「～ます」「～ました」と続く脚韻のごとき文末のリズムや、「クラムボンは～」という頭

韻のごときリズミカルな文の冒頭のリズム、オノマトペの魅力等を、朗読を通して理解する。

(2) 物語の世界での魚とかわせみとの弱肉強食の世界、兄弟かにの「こわい」という感性、それらが5月＝初夏と12月＝冬との一見対照的に見える出来事が「1年」という短い生命サイクルの中で起きているということを理解する（児童に「1年」というサイクルを「短い」と捉える感性が育っているとは言い難いけれども、当該作品からはより長いサイクルでの時間の捉え方が窺えることについての理解を深める）。

(3) やまなしの実が何を表象しているか。やまなしの動きが水の動きのままであることに着目し、水の表象としてのやまなしの実を捉え、水の流れのように悠久な生命の長いサイクルの存在に気づき、かにの世界（われわれ人間の世界）とは異なる時間の長さ、世界の大きさについて考え、この物語（小説）が短い時間のサイクルと長い時間のサイクルの2つを対比していることを理解すると共に、生命の歴史の継続ということについて想像を及ぼす。

4 指導計画（全11時間）

第1次 2時間	本次の目標・全文を読み感想を出し合いながら、学習計画を立てる。 ・第1時 初発の感想、学習（通読）語り始めと語り収めの詞章。 ・第2時 学習の目安・計画、課題の共通化（意見、話し合い）。
第2次 5時間	「五月」「十二月」の情景を朗読、対比読み、書く活動などをしながら読み取ると共に、それぞれの月の対照的な性格を読み解くことができる。 ・第1時 「五月」の谷川。クラムボンのイメージ。かわせみの出現前の情景を味読する。（朗読・言葉の響きを味わう） ・第2時 「五月」かわせみの出現によるかにの兄弟の心情の変化と、谷川の変わらないようすを読み取る。（話し合い、「五月」の感想を書く） ・第3時 「十二月」の谷川。「五月」との違いを読み取る。かにの兄弟のあわ比べについて、感想を話し合う。 ・第4時 「十二月」やまなしの落下と追いかけるかにの親子のようすについて感想を話し合う。 ・第5時 「五月」「十二月」の比較。違いと共通すること（違い＝生命力溢れるが命を奪い奪われる夏⇔生命力は密やかだが実りの果実が得られる冬。一年のサイクルの比較。共通＝谷川の水の流れ）。比較の表を作成する。
第3次 2時間	「やまなし」という題名について考える。 ・第1時 なぜ「やまなし」が題名なのかを考える。他の題名（「かにの親子」「かにの兄弟」「かわせみ」等の可能性を考え、「やまなし」と比較する。意見を発表し、話し合う。 ・第2時 「やまなし」のようすをもう一度精読する。谷川の水の流れに従うままであり、谷川の水の流れの表象となっていることに気付く。「水の流れ」が時間の「流れ」と重なることに気付く。時間の流れを目に見える形として表象していることに気付く。

第4次 2時間	絵本バージニア・リー・バートン『せいめいのれきし（改訂版）』を読み、読了後、感想を意見交換する。その後、『やまなし』について各自の考えを持ち、情感を込めて朗読する。
	・第1時　絵本バージニア・リー・バートン『せいめいのれきし（改訂版）』読み − 聴き。『やまなし』と比較を念頭に各自で意見を出して話し合う。
	・第2時　今までの授業の踏まえ、情感を込めて『やまなし』の朗読。一斉読、群読の試み。（参考資料『方丈記』冒頭の訳文プリントを渡す）

5　本時（9／11）

(1) 目標　『やまなし』に現れる「やまなし」のようすをもう一度精読する。やまなしは谷川の水の流れに従うままであり、谷川の水の流れの表象となっていることに気付く。「水の流れ」が時間の「流れ」と重なることに気付く。時間の流れを目に見える形として表象していることに気付く。

(2) 準備　作業のプリント、短冊

(3) 実際

過程	時間	主な学習活動	教師の支援
導入	5（分）	1　前時の学習場面を確認する。 2　学習の目当てを確認する。 やまなしは「十二月」の段落にしか出てこないのに、作品の全体をあらわす題名がなぜ『やまなし』なのだろう？	・ノートによって前時の内容を想起させ、それを基に本時の学習内容を確認させる。 ・目当てを板書し、それを視写させることにおいて、学習への意識を高揚させる。
展開	35	3　本時に学習する場面（「十二月」を読み、読み取ったことをまとめる。 (1) 黙読する。 (2) サイドラインを引く。 (3) プリントにまとめる。 4　読み取ったことを発表し合う。 　「やまなし」と水（あわ）とが似ている描写や形の例 　①「流れていく」という言葉 　②「上ってい」くという言葉 　③（あわの形）	・黙読し（「トブン」「落ちてずうっとしずんで、また上へ」「きらっと…光り」「いいにおい」「ぼかぼか流れていく」「やまなしの円いかげ」等）にサイドラインを引かせ、整理させる。 ・「五月」の段落で似た表現はないか、振り返らせる。円いものは「あわ」だと気付かせ、「あわが流れていいます」に気付かせる。あわが「ななめに上の方へ上っていきました」などにサイドチインを引かせる。 ・発表を基に板書し、各自が考えた「やまなし」が「五月」にも形を換え

			て出ていないかという考えを整理する。その際、適切に板書等により、学習の流れが分かるようにする。それを基に「やまなし」という題名の意味・役割について、グループで検討させる。検討の際、やまなしと水との違いについても対比させる。
終末	5	5 学習のまとめをする。	・グループごと発表させる。 ・「やまなし」という題名の持つ意味について、どう考えているかプリントにまとめさせる。
		6 次時の学習について知る。	・本時と関連付けながら次時へ導く。

② 社会科

第4学年○組　社会科学習指導案

指導者：○○○○

1　単元名　わたしたちの県

2　単元について

　学校のまわりの地理的環境を概観するいわゆる「校区たんけん」に始まる社会科地域学習は、第4学年にかけて徐々にその範囲を広げ、また内容も「開発単元」にみられるように数百年の過去にさかのぼるなど、奥行きの広いものになっていく。ただ、これまでの学習は市区町村ないしその近傍に限られており、児童たちが、ほぼ日常に行動できる範囲に限定されていた。

　単元「わたしたちの県」では、冒頭に日本全国の都道府県の学習が位置付けられ（あとの指導計画の第1次）、そのあとに児童たちが住む県（都・道・府。以下「県」と略記）のあらましを学ぶ小単元（第2次）が続き、最後には、ごく断片的ではあるものの海外の事情にまで話が展開する（第3次）。つまりこの時点で、児童たちは、まったく非日常の空間世界へといざなわれるのである。

　このことは、地理的な内容に興味のある児童にとっては待ち遠しい展開ではあるが、半面、地理的な内容への関心の薄い児童にとっては、学習に対する抵抗感が一挙に増し、いわゆる「つまずき」のきっかけとなってしまうことが少なくない。つまりこの単元の学習の成否がその後の社会科学習をある程度規定してしまうのである。

　以上のような単元観にたち以下の指導計画では、冒頭のオリエンテーションならびに第1次において、教科書の記述にも沿いながらクイズ形式を積極的に取り入れるなどして、学習への抵抗感なく児童たちの視野が自然に拡大していくよう配慮している。

3　目標

(1) 自分たちの県の様子に関心をもち、県内の地形や主な産業、交通網の様子、主な都市の名称・位置などを理解し、県の概観を考えようとする。

(2) 自然環境や伝統文化などで特色ある県内の地域をとりあげ、そこに生きる人々の生活に関心をもち、県の特色やよさを理解しようとする。

(3) 県内の人々のくらしや産業と国内の他地域や外国とのかかわりを理解する。

4　指導計画（全32時間）

導入	オリエンテーション	1時間
第1次	日本地図を広げて	10時間
第2次	県内の特色ある地域と人々のくらし	17時間
第3次	世界につながるわたしたちの県	4時間

5 本時 (1/32)

(1) 目標　旅行経験や日本の地理に関する既有の知識を出し合い、都道府県の学習への意欲を喚起する。

(2) 準備　教科用図書、行政区分付きの掲示用日本地図、都道府県名称カード、写真。

(3) 授業の流れ

過程	時間	主な学習活動	教師の支援
導　入	10分	指示① 　どこか遠くへ旅行したことのある人は、その行先などを報告してください。 　　＊田舎のおじいさんの家に行ったよ 　　＊夏休みに海水浴に行ったよ	・地名だけではなく、その旅行で印象に残っていること（食べ物、気候など）も併せて問いかけたい。
展　開	20分	発問① 　いま出てきた場所は何県にあるでしょうか （関連指示）いま出てきた県以外に知っている県があれば報告してください。 　　47都道府県の名称と位置を確かめよう 発問② 　この写真はどこの県のようすを写したものでしょうか。 　　＊富士山が写っているから静岡県かな 　　＊スカイツリーだ。東京の写真だよ	・なぜその県名を知っているのかも問いたい。 ・出てきた県の名称カードを白地図に貼っていく。 ・特徴的な風景の写真を見せる。答えの根拠も発表させる。
まとめ・発展	15分	指示② 　教科書のイラストも参考にして、調べてみたい県を選んで発表してください。 　　＊沖縄県の農産物に興味があります 　　＊わたしたちの県はほかの県と比べてどんな「じまん」があるのかな （次時の予告） 　それぞれの県について詳しく調べていきましょう。	・特定の県に話題が集中しないように留意する。 ・地図帳もできるだけ活用するように心がける。

第2学年○組　算数科学習指導案

場　　所　　2年○組教室
児童数　　　　　　○○名
授業者　　○○　○○

1　単元名　三角形と四角形

2　単元の目標

○　ものの形の観察や構成などの活動を通して、三角形や四角形を知り、直角、長方形、正方形、直角三角形について理解する。　　　　　　　　　　【知識及び技能】

○　図形を構成する要素に着目をし、図形の弁別や特徴を説明することができる。

【思考力、判断力、表現力等】

○　平面図形の特徴を捉えた見方・考え方を用いて、身の回りに隠れた形を弁別したり、発展的な問いをもとうとしたりしている。　　　　　【学びに向かう力、人間性等】

3　単元について

（1）単元観

本単元は、学習指導要領第2学年の内容　B　図形　に関する指導事項であり、次のようになっている。

B　図形
　（1）図形に関わる数学的活動を通して、次の事項を身に付けることができるように指導する。
　　　ア　次のような知識及び技能を身に付けること。
　（ア）三角形、四角形について知ること。
　（イ）正方形、長方形、直角三角形について知ること。
　（ウ）正方形や長方形の面で構成される箱の形をしたものについて理解し、それらを構成したり分解したりすること。
　　　イ　次のような思考力、判断力、表現力等を身に付けること。
　（ア）図形を構成する要素に着目し、構成の仕方を考えるとともに、身の回りのものの形を図形として捉えること。

　児童はこれまで、第1学年「いろいろなかたち」や「かたちづくり」の学習を通して、具体物から形のみに着目して、三角形を「さんかく」、四角形を「しかく」、と呼んで捉え、それぞれの形の形状に特徴があることを学習している。

　本単元では、ものの形についての観察や構成などの算数的活動を通して、図形を構成する要素に着目させ、三角形を「3本の直線で囲まれている形」、四角形を「4本の直線で囲まれている形」と定義し、単なる用語の習得ではなく、平面図形の特徴を捉えたり、身の回りの事象を図形の性質から考察したりする力を身につけることをねらっている。また、学習の中で三角形

と四角形の定義に基づいて図形を弁別したり、点と点を直線でつないで作る点構成や線構成だけでなく、紙を折ったり切ったりする活動の中で三角形や四角形、正方形、長方形、直角三角形を作る面構成などの様々な算数的活動を行う。これらの活動から、図形に対する概念を深めるとともに図形の構成要素である辺、頂点、直角についても理解を深める必要がある。

(2) 児童観

　本学級の児童は、算数の学習に意欲的に取り組む児童が多い。算数の学習についてのアンケートでは、算数の勉強が「とてもすき」「まあまあすき」と答えた児童が○％であった。また、事前テストをすると、直角三角形4枚を使った形づくり（面構成）の問題の正答率は○％、マッチ棒を使った線構成を見る問題の成答率は①○％②△％、点構成をみる問題では□％という結果が出た。児童の中の答案には無回答はなく、考えを書くことはできていた。しかし問題の正答率からも分かるように、線構成の正答率が特に低い。これは、形を線で見ることよりも面で認識しているためだと考えられるので、辺につながる問題では、特に手立てが必要になる。

(3) 指導観

　指導にあたっては、まず、点と点を結んでできた形を、図形の構成要素である直線に着目し、仲間分けを行う。その際に、「長さ」の学習で習得している、点と点をまっすぐつないで直線を引く学習を踏まえて、形を見分ける視点を直線におく学習を進めたい。また、線構成と点構成の学習時間をそれぞれ確保し、「辺」と「頂点」の用語の意味をおさえていく。そうすることで、図形を構成する線構成や点構成に目をむけて図形の弁別や認識ができる数学的な見方をもち、身の回りに隠れている形を見つけ、辺の本数や角が直角かどうかを基に形を見分けて、さらに新しい問題を見つけ考えようとする姿勢や能力を培うように指導していきたい。

　本単元では、児童が学習活動で作図した図形等、学習の成果を次時以降の学習へとつなげられるよう工夫を行う。学習の成果を印刷しておき、児童が自由に教材選択できる場を設けておく。そうすることで、自らが問題解決をする問題を選択できるような工夫や、多様な図形を問題解決に用いることによって、一般化へとつながる学習を設定する。多様な図形に触れながら学習を進めることで、向きや大小が変わっても三角形、四角形の概念がしっかりとらえられるようにしたい。

4　指導計画（全13時間　本時12／13）

次	時	主な学習活動	育てたい資質・能力
1	1	・直線を使って、動物を囲み、できた形を2つの仲間に分ける。	・直線で囲んだ図形の仲間分けを行い、その理由を考える。　　【学び】
	2	・「三角形」「四角形」の用語と定義を知り、形を見て三角形と四角形を見つけ、そのわけを説明する。	・線構成に着目する見方を身に付ける。　　　　　　　　　【知、技】
	3	・点と点を直線でつないで三角形や四角形をつくる。	・点構成に着目する見方を身に付ける。　　　　　　　　　【知、技】

	4	・三角形の紙を2つに切るとどんな形ができるのかを予想し、2つの図形に分け、切り取る。	・切り分けられる形を考えながら、図形に書き込む線の位置を考える。【思、判、表】
	5	・教室や他の場所で三角形や四角形の形をしたものを見つけ、話し合う。	・身の回りに隠れた形を見つけ、弁別しようとする。【学び】
2	6	・「直角」を知る。・身の回りから、直角を見つけて、三角定規で確かめる。	・直角の意味について知る。【知、技】
	7	・紙を折って長方形をつくることを通して、長方形について理解する。	・長方形の意味について知る。【知、技】
	8	・長方形の紙を切って、できた形の角の形や辺の長さを調べて、正方形について理解する。 ・身の回りから、長方形や正方形の形をしたものを見つける。	・正方形の意味について理解する。【知、技】 ・長方形や正方形を見つけようとする。【学び】
	9	・長方形や正方形の紙を2つに分けて、できた形の特徴を、角の形に着目して調べ、「直角三角形」の用語と定義を知る。	・正方形や長方形から直角三角形ができ、その定義を理解する。【知、技】
	10	・方眼紙に長方形、正方形、直角三角形をかく。	・形の特徴に着目して、作図できる。【知、技】
	11	・切った色紙を2枚並べて、長方形や正方形、直角三角形をつくる。	・4つの三角形からいろいろな四角形をつくりだすことで、図形を構成する要素に着目し、考察する力をつける。【思、判、表】
	12（本時）	・四角形の上を直線が通ったときにできる図形の形について考える。	・四角形の上を移動する直線の位置によってできる図形を考えることができる。【思、判、表】
	13	・たしかめましょうの問題を解き、学習のまとめをする。	・いろいろな形を定義を基に作図できる。【知、技】

5 本時について

(1) 目標

様々な四角形を分割してできる図形を、操作活動を通して考えることができるようにする。

【思考力、判断力、表現力等】

(2) 展開

学習活動と児童の反応（　　　　）	教師の働きかけ
1　学習課題をつかむ。（5分） 　四角形の上を直線が通ると、どんな図形がみえるかな？ 　三角形　　三角形と四角形	・　学習のつながりをいかすために、児童が作図した四角形を掲示し、幾つかを電子黒板に提示する。 ・　問題の状況がつかめるよう、直線を動かす操作を問題の提示で行う。
四角形を　1本の直線で分けたときのひみつをみよう	
2　解決方法を考える。（15分） 　（1）　問題を選択する。 　三角形　　三角形と四角形 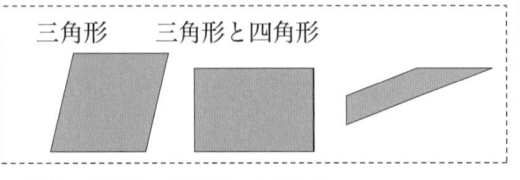 　（2）　選択した問題で解決する。 　三角形　　三角形と四角形 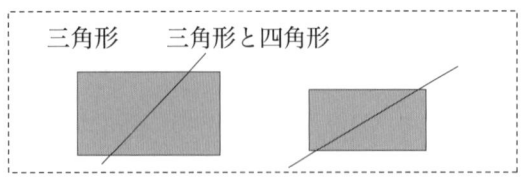 3　考えた解決方法を交流する。（20分） 　（1）提示された友だちの考えを見て自分たちで交流する。 　（2）全体で考えを交流する。 ・四角形に分けられるせんがある。 　→ へんとへんをとおる。 ・三角形と四角形に分けられるせんがある。 　→ へんとちょう点をとおる。 ・三角形にだけになるせんがある。 　→ ちょう点とちょう点をとおる。 　→ むかいあうちょう点とちょう点をとおる。 4　学習をふりかえる。（5分） 　四角形は、1本の直線で分けられる。	・　意欲的に問題解決できるようにするために、解決する問題を自分で選択できるようにしておく。 ・　本時のねらいにより迫れるように、児童に提示する問題は、教師側で整理をし、学習の状況に応じて選択できる問題を追加して提示する。 ・　様々な考えがあることがわかるようにするために、電子黒板に児童の考えの様子を撮影して提示し、必要な場合は、友だちの考えを見たり、聞きに行ったりするように促す。 ・　児童の考え方がより整理されるように、提示した考え方を分類してから発表するような場を設定する。 ・　提示したものが「一般化」へとつながるように、児童が見つけたひみつが、他の図形でも同じようにいえるのかを問いかけ、実際に確かめる場を設定する。 ・　児童が算数用語を使えるようにするため、指示語は具体的な言葉へと置き換えられないかを問いかける。 ・　本時で得た考えが、次時以降もつながるように、他の図形でも同じことがいえるのかを問いかける。 ・　本時の学習をふりかえる場を設ける。

④ 理科

第6学年○組　理科学習指導案

指導者　○○　○○

1　単元　植物の養分と水の通り道（教材　やってみよう！「気こうを観察してみよう」『わくわく理科6年』啓林館）

2　単元について

　植物の身体のつくりと体内の水などの行方や葉で養分をつくる働きに着目して、生命を維持する働きを多面的に調べる活動を通して、植物の身体のつくりと働きについての理解を図り、観察、実験などに関する技能を身に付けるとともに、主により妥当な考えをつくりだす力や生命を尊重する態度、主体的に問題解決しようとする態度を育成する。

3　目標

（1）　植物の身体のつくり、体内の水の行方や葉で養分をつくる働きに着目して、生命を維持する働きを多面的に調べ、次の事項を理解し、観察、実験の技能を身に付ける。（知識及び技能）

（ア）　植物の葉に日光が当たるとでんぷんができること。

（イ）　根、茎、葉には水の通り道があり、根から吸い上げられた水は主に葉から蒸散により排出されること。

（2）　植物の身体のつくりと働きについて追及する中で、体のつくり、体内の水などの行方および葉で養分をつくる働きについて、より妥当な考えをつくりだし、表現する。（思考力、判断力、表現力等）

（3）　生命を維持する働きを理解することによって、生命を尊重する態度、主体的に問題解決をしようとする態度を身に付ける。（学びに向かう力、人間性等）

4　指導計画（全7時間）

導入	大きな木の写真を見るなどして、気付いたことや疑問を話し合う。	1時間
第一次	植物と水　【観察1】水の通り道　【実験1】蒸散作用、気孔観察	2時間
第二次	植物と空気【実験2】植物が二酸化炭素を利用することを調べる。	1時間
第三次	植物と養分【実験3】日光と葉のでんぷんを調べる。	2時間
まとめ	これまでに学習したことをまとめて植物が生命を維持する働きを理解する。	1時間

5　本時（3／7）

（1）　目標　気孔の観察実験【実験1】を行い、葉まで届いた水が気孔から蒸散により排出されることを理解する。

(2)　準備　植物の葉（ホウセンカ、ツユクサ、ゼラニウムなど）、ピンセット、スライドガラス、カバーガラス、ビーカー、スポイト、顕微鏡

(3)　実際

過程	時間	主な学習活動	教師の支援
導入	5（分）	1　植物が水を吸って葉まで届くことを確認する。	・前時の学習を想起させ、根から吸った色水が、茎を通って葉に行きわたったことを確認させる。
展開	30	2　前時の実験結果を観察してワークシートに記録する。	・前時に行った実験（植物にビニール袋をかぶせて密封）の結果、中に水蒸気がたまっていることを確認させる。
		3　実験内容を確認する。 葉までたどり着いた水を排出するための「気孔」を観察しよう。	・グループに材料を配り実験の準備をさせる。
		4　各グループで実験を行う。 ・葉の裏側の表面の薄皮をピンセットではがす。 ・薄皮をスライドガラスにのせて水を1滴落とし、カバーガラスをかける。 ・顕微鏡で観察し、ワークシートへスケッチを画く。	・実験の手順を説明し理解させる（下図はゼラニウムの例）。 ・気孔の写真をプロジェクター等で投影して同じものを観察させる。顕微鏡の接眼レンズからスマートフォン等で撮影可能（下図）。
まとめ	10	5　実験結果をワークシートへ記入し、植物が吸った水の行方についてふり返る。	・スケッチから気孔の水の出口を確認させる。

5 生活科

第2学年○組 生活科学習指導案

場　所　生活科教室
授業者　○○　○○

1 単元・教材名

「つくって　あそぼう　おもちゃランド」

2 単元の目標

　身近にあるものを使って動くおもちゃを工夫して作り、そのおもしろさや不思議さに気付いたり、集団で行う遊びを考えてルールを守りみんなで遊びを楽しんだりすることができる。

3 単元の評価基準

知識・技能	思考力・判断力・表現力	主体的に学習に取り組む態度
①身近な自然や物を使っておもちゃが作れ、楽しく遊べることに気付いている。 ②自分や友だちのおもちゃのよさに気付いている。 ③協力したり工夫したりすると、遊びや生活がより楽しくなることに気付いている。	①おもちゃの仕組みについて考えている。 ②身近な物でおもちゃを作るために、考えたり工夫したりしている。 ③楽しかったことや工夫したことなど、自分なりの方法で表現している。	①身近にある自然や物などを利用して、遊べるおもちゃを作ろうとしている。 ②みんなで遊びを楽しもうとしている。

4 単元について

(1) 単元について

　本単元は、学習指導要領解説生活編の内容 (6)「自然や物を使った遊び」にもとづいて構成することとする。

> (6) 身近な自然を利用したり、身近にある物を使ったりするなどして遊ぶ活動を通して、遊びや遊びに使う物を工夫してつくることができ、その面白さや自然の不思議さに気付くとともに、みんなと楽しみながら遊びを創り出そうとする。

(2) 児童の実態

　児童は、休み時間になると外で元気よく遊ぶ姿が見られる。ただし、その遊びは、なわ跳びや一輪車、ジャングルジムなどの道具や遊具を使った一人遊びが中心である。そして、自分で遊びを考えたり、仲間とルールを工夫したりする姿は、ほとんど見られない実態である。また、家庭でも、家庭用ゲーム機を使った遊びが中心で、道具や材料を工夫して遊びをつくり出す経験は少ない。図画工作の時間の道具の使い方を見ると、はさみを上手に使って紙をきることができなかったり、しっかりのりづけをすることができなかったりする児童も見られる。

　そこで、この単元では児童が自ら創意工夫し、身近にある自然や物などを利用して、遊びや遊びに使う物を工夫してつくることで、その面白さや自然の不思議さを実感し、みんなで遊びを楽しむことができるようにしたいと考え、本単元を設定した。

4 単元指導計画 (全12時間)

小単元	ねらい	主な学習活動
①身近なものを使って動くおもちゃを作ろう。	・ 身近な物を使って作る活動を通して、動くおもちゃを工夫して作ることができる。	・ 自分が作ってみたいおもちゃを決める。 ・ 必要な材料や道具を集める。 ・ 安全に気を付けて、おもちゃを作る。
②おもちゃランドであそぼう。	・ 作ったおもちゃで遊ぶ活動を通して、遊びのおもしろさに気付くとともに、みんなと楽しみながら遊びを考えることができる。	・ 遊び方を考えながら、準備をする。 ・ おもちゃランドを開いて、みんなで遊ぶ。 ・ おもちゃランドでの遊びを振り返る。

5 本時の学習 (本時　1~6／12)

段階	ねらい	学習活動	○教師の働きかけ・◇評価
つかむ	・ 本時の課題をもつことができる。	1. 本時のねがいを確認し、活動の見通しをもつ。 　おもちゃを工夫して楽しく作ろう。 ・ 遊べるおもちゃの例を見て、遊んだ経験を想起したり、用意したおもちゃで遊んだりする。 ・ 経験や資料をもとに、自分が作りたいおもちゃを決める。	○児童の意欲を喚起するために、手作りおもちゃを多数用意し、存分に遊ぶ場を設定する。
ふかめる	・ おもちゃ作りを通して、自分なりに工夫しながら、作品を作ることができる。	2. 一人一人が、自分の作りたいおもちゃを作る。 〈膨らませて遊ぶもの〉 ・ 空気砲 〈走らせて遊ぶもの〉 ・ ゴム車、風を使った車 〈すべらせてあそぶもの〉 ・ ケーブルカー、あやつり人形 〈飛ばしてあそぶもの〉 ・ 飛行機、ロケット 〈浮かばせてあそぶもの〉 ・ 風を使った船、モーターボート、魚つり	○おもちゃを作るために必要な道具や材料を準備する。 ○道具や材料の扱い方を知るとともに、道具や材料の片付け方、おもちゃ作りの作業での注意を知る。 ○色を塗ったり、飾りをつけたりして、おもちゃを完成させる。 ○自分が作ったおもちゃで楽しく遊ぶことができている。 ○おもちゃの仕組みを理解し手順を考えておもちゃを作っている。
	・ 自己の作品を振り返ることを通して、課題を見付け次の活動への意欲をもつ。	・ 自分の作品について紹介し合い工夫した点、うまくできた点・次に頑張りたい点などを発表する。	【思考力,判断力,表現力等の基礎】【発言】 ◇工夫したところ、うまくできたところ、遊んで楽しかったところなどを発表できるように振り返りの視点を提示する。

第1学年○組　音楽科学習指導案

指導者　○○　○○

1　題材　かたつむり

2　本時のねらい

（1）拍子打ち、リズム打ちしながら歌うことにより、2拍子の拍子を理解する。

（2）♫や♪のリズムを感じ取りながら、明るく弾んだ歌い方になれる。

3　本時の展開

過程	主な学習活動	教師の支援
導入	1　既習曲を歌う。 ・「ドレミのうた」「かえるのうた」などをうたう。	・いろいろな身体反応をさせながら楽しい雰囲気で歌わせる。
展開	2　「かたつむり」を歌う。 ・かたつむりについて話し合う。 ・とおして歌詞模唱する。 ・1フレーズずつ歌詞模唱する。 ・1・2番を歌詞唱する。	・既習経験やかたつむりについて発表させ、題材に興味をもたせ、学習への意欲を高揚させる。 ・リズムや音程に気を付け、範唱を聴いて歌わせる。
	3　拍子打ちをする。 ・自由に手拍子する。 ・板書の「符点音符」を見て手拍子する。 ・グループごとに手拍子の分担奏をする。	・伴奏やメトロノームにより、拍の流れを感じ取らせる。 ・階名でも模唱させる。
	4　リズム唱、リズム打ちをする。 ・1フレーズずつリズム打ちをする。 ・1フレーズずつリズム唱をする。 ・歌いながらリズム打ちをする。	・基本リズムやフレーズも意識させる。 ・♫や♪のリズムを、色々な言葉でうたわせる。 ・暗唱させる。
終末	5　歌詞唱する。 ・リズムや音符に気を付けて全員で歌う。 ・友達の歌を聞く。 ・友達の歌い方について話し合う。 ・本時のまとめとして歌詞唱する。	・どんな歌い方がよいか、友達の歌を聞き合うようにさせる。

第6学年○組　音楽科学習指導案

指導者　○○　○○

1　題材　音楽創り（トランプを使って、曲を創る）

2　本時のねらい
  (1)　トランプを使ってシャッフルして出てきた数字を音符とし、それを基にメロディを創る。
  (2)　メロディを契機にし、全体の曲の長さと構成を考える。

3　本時の展開

過程	主な学習活動	教師の支援
導入	1　トランプの4つの型から好きなカードの種類を選ぶ。 ・トランプをシャッフルして出てきた数字を音符にする。 2　シャッフルして出てきた数字を音符として記入する。 　・20個ほど音を記入する。 　・表現したい拍子を考える。 ※数字の1、3、5、6、8、10、12、13を選択し、白鍵のみで作成する又は、2、4、7、9、11の黒鍵のみで作成する。	・トランプの1から13目までの数字と1オクターブの白鍵8音と黒鍵5音の13音とが等価であることを、予め児童に説明して理解させておき、本時の学習内容について確認させる（シャッフルして出てきた数字を音符として五線譜に記入すること）。シャッフルさせる際、予めトランプの数字を5つ選択させ、五音音階で曲を作成させるのでも良い。 ・4拍子、3拍子等の簡単なリズムを決めて記入させる。その際、机間指導し、個々の児童の実態に応じて支援する。
展開	3　各音符の長さを考えて、五線譜に小節線等とともに書き加え、メロディを創る。 　・メロディを第1動機（大体4小節）とする。 　・曲の長さと構成を考えて完成させる。 4　曲名を考える。 5　完成した作品を合奏で演奏する際、どのような楽器を使用するかを考える。 ・楽器を選ぶ。 ・担当を考える。	・メロディを第1動機（大体4小節）として、全体の曲の長さを検討させ、構成も考えさせる。個々の学習状況を確認し、作業が円滑に進むように支援する。 ・メロディや曲の構成等を振り返らせ、それを基に曲名を考えさせる。 ・作品の内容を振り返り、それを演奏する際、どのような楽器が適切かを考えさせる。そしていずれの楽器を担当するかも考えさせる。
終末	6　発表する。	・完成した作品を発表させ、本時のまとめとする。

⑦　図画工作科

第4学年○組　図画工作科学習指導案

指導者：○○　○○

1　題材名　見えないものを描こう

2　題材について

　本題材はこれに先立って実践した、物を観察して描く題材と対をなすものである。この学齢の児童は見たものを上手く描きたいという欲求が芽生える時期にある。見たものを上手く描くこと、すなわち写実表現というのは、美術における表現方法の一つであるが、美術の世界は写実だけでは終わらない。想像力を働かせて色や形を抽象的に扱う能力も、昨今の美術表現の広がりを理解する上で極めて重要であると考えられる。そのため今回は写実に必要な観察力を養う題材（「身の回りの物を描こう」）を実践した後、見えない世界に思いをはせ、想像力を養う題材として本題材を開発し、実践した。児童には現実世界をそのまま写す力と同じくらい、色や形を自由に操りイメージを紡ぎだす力が大切だということを学んでもらいたい。

　導入では、世の中にある見えないものを想像し、できるだけ沢山発表させ、学級全体で「見えないもの」への理解を共有させるようにする。次にそれを色や形や線に置き換えて「見える」ようにする。今回は導入で発表された様々なものの中から、「感情」と「音（オノマトペ）」をテーマに制作させた。「見えないものを」描くのだから、表現する際に具体的な事物を連想させないように注意する必要がある。現実物に頼ることなく、児童が色や形による抽象的なイメージを創造し、そのようなイメージのよさや面白さを理解することが本題材の主たる目的である。

3　目標
- （1）見えないものへの理解を深め、それらを色や形に置き換え、描画材料の特性を生かして工夫した表現ができる。【知識及び技能】
- （2）見えないものとは何かを考える活動を通し、自由にアイデアを発想し、どうしたら見えるように表現できるか構想することができる。【思考力、判断力、表現力等】
- （3）見えないものに対して興味・関心を持ち、積極的にアイデアを発表することができる。【学びに向かう力、人間性等】

4　指導計画（全4時間）

導入	見えないものを考える。	1時間
第1次	「感情」を色・線・形を用いて表現する。	1時間
第2次	「音（オノマトペ）」を色・線・形を用いて表現する。	1時間
まとめ	鑑賞と振り返り	1時間

5　本時（3/4）
- （1）　目標：いろいろなオノマトペ（擬音）を考え、その音が想像できるように色と形と線で表現できる。

(2) 準備：画用紙、絵の具、クレヨン、鉛筆
(3) 授業の流れ

過程	時間	主な学習活動	教師の支援
導入	10分	・今までの活動を振り返る。 ・「オノマトペ」について、知っていることを発表しあう。 ・「オノマトペ」で表されている音をイメージしながら、どうやったら色と形と線で表現できるか、考える。	・本時の活動への期待を膨らませるようにする。【学びに向かう力、人間性等】 ・「音」をテーマに制作することを伝え、その中でもオノマトペ（擬音）について考えさせる。【知識及び技能】 ・オノマトペを視覚化する方法を考えさせる【思考力、判断力、表現力等】
展開	25分	・アイデアが固まったら、十六切りサイズ（八つ切りの半分）の画用紙に制作する。水彩絵の具、クレヨン、鉛筆等の描画材料を自由に使用する。 完成したら別のアイデアを使って2枚目・3枚目の作品を制作する。	・実際に形のないものだから、具体的な事物の形（例えば雨の音を描く際に使われやすい雨粒など）を描かないように指導する。【知識及び技能】 ・イメージが思い浮かばない児童には幾何形体を使ってみたり、線の引き方を工夫してみたりするなどといった助言を行う。【知識及び技能】
まとめ	10分	・後片付けをする。	・筆洗やパレットを洗う際は流し台を順番に使うように指示する。 ・次回の予告を伝える。

【参考資料（児童作品図版）】

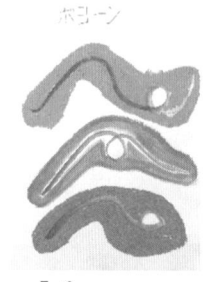
「ポヨーン」

「ピチャピチャ」

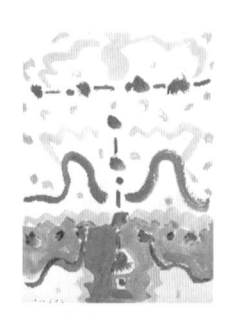
「ジンジン」

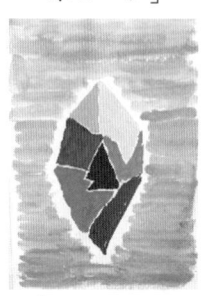
「ガシャン」

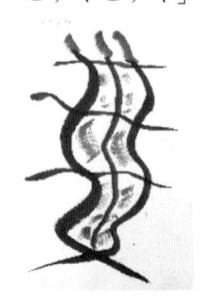
「サラサラ」

「ザーザー」

8 　**家庭科**

第5学年○組　家庭科学習指導案

平成○○年○○月○○日（○）第○校時

指導者　　○○　　○○

1　題材名　じょうずに使おう物やお金

2　本時 (3／5)

(1) 本時のねらい

　　自分の物の買い方や商品の選び方を振り返り、お金や物の使い方を考える。

(2) 展開

過程	学習活動	教師の支援と評価	準備物
導入 5分	1　前時の学習内容を振り返り、本時のめあてを決める。 ・教室内の落し物や忘れ物が減らない理由について考える。 ・買う前に考えることは何か思い出す。 お金の使い方や物の選び方を振り返ろう。	・お金が大切であることや収入と支出のバランスが大切であること、また、お金を大切にした買い方や使い方をする必要があることを確認し、本時のめあてに繋げる。	
展開 10分	2　(ア)〜(ウ)の3種類のノートを見て、その中のどれを選ぶか、その理由も合わせて話し合う。 (1)「買うとしたら、どのノートを選ぶだろうか」の問いについて考え、選ぶ観点を整理する。 ・どれを選ぶか、選ぶ理由も合わせて考え、表に記入する。 ・自分の選んだノートと選んだ理由をワークシートにまとめ、発表する。	・ノートの実物を提示し、又 黒板にノートの写真（拡大版）を貼り、3種類のノートの違いを確認させる。 (ア) キャラクターマーク付きのノート (イ) グリーンマークかエコマーク付きのノート (ウ) 3冊のセット売りで、1冊あたりの値段は (ア)(イ) よりも安いノート ・どのノートを選ぶか、選ぶ理由は何かを発表させ、黒板に書き出し、選ぶ観点を整理する。	ワークシート 3種類のノートとその説明（写真・実物）

8分	・自分が選ばないノートと選ばない理由をワークシートにまとめ、発表する。 (2) それぞれの選び方の特徴を考える。 ・（ア）を選んでいる人は何を大切にして選んでいるか． ・（イ）を選んでいる人は何を大切にして選んでいるか。 ・（ウ）を選んでいる人は何を大切にして選んでいるか。	・自分がそれぞれのノートを選ばなかった理由も考えさせ、表に整理する。 ・（ア）を選んだ理由と、その価値観を考えさせる。 ・（ア）（イ）（ウ）の中からそれぞれを選ぶ理由と、そこにある価値観を考えさせる。 ・（ア）（イ）（ウ）の中からそれぞれを選ばない理由と、そこにある価値観を考えさせる。	
10分	3　自分の選び方の特徴を知る (1) 自分の選び方と他の人の選び方を比べる。 (2) 自分の選び方の特徴をまとめる。 (3) ノート以外の物を選ぶ場合の選ぶ観点を考える。	・自分と他の人の選び方を比べさせることにより、自分の選び方の特徴に気付かせる。 ・ノート以外の服や食べ物などの例を挙げ、買う物によって選択の基準が異なる事にも気付かせたい。	
8分	4　自分の買い方や物の選び方についてまとめ、改善したいことを考える。		
まとめ 3分	5　本時のめあてに従い学習した内容や学習の仕方を振り返り、今後の生活に生かす方法をまとめる。	【評価】＜知識・理解＞ ・買い方や選び方の特徴を知り、自分の特徴を理解することができたか。（ワークシート） 【評価】＜創意工夫＞ ・自分の買い方や選び方の改善点を考えることができたか。（ワークシート）	ワークシート
次時 予告 1分	6　次時の学習内容を確認する。	・次時は実際の買い物の手順や情報の集め方、計画の立て方などについて考えることを確認させる。	

⑨ 体育科

低学年　体育科学習指導案

指導者　〇〇　〇〇

1　単元　器械・器具を使っての運動遊び　（鉄棒を使った運動遊び）

2　本時の目標

　鉄棒を使った運動遊びを行う際のルールと安全について考えるとともに理解し、楽しく工夫したぶら下がりの運動遊びを行う中で実践することができる。

過程	主な学習活動	教師の支援	備考
導入 5分	1．グループ毎に鉄棒の前に一列になって集合をする。 2．準備運動をする。	・健康観察を行う。 ・よく体を動かすようにさせる。	・ホイッスル ・鉄棒
展開 31分	3．学習目標の確認をする。 「鉄棒の約束を守って、鉄棒を使った運動遊びをしてみよう。」 4．鉄棒を使う時の約束を考え、発表するとともに知る。 《やくそく》 ・あんぜんを、かくにんしよう！ ・じゅんばんは、まもって、なかよく、あそぼう！ ・できることをいっぱいみつけよう！ 5．鉄棒で運動遊びを行うとともに、約束を実践する。 ・鉄棒にぶら下がる。 ・何秒ぶら下がれるか数を数える。 ・ぶら下がり足ジャンケンで大会！ ・どんなぶら下がり方があるかな？ ・チャレンジタイム　跳び上がりと跳び下りをやってみよう。	・学習の目標を確認させる。 ・鉄棒の約束を考え発表させ、自発的な安全への意識を持たせるとともに、演示してみせ理解させる。 ・鉄棒をくぐる時は手を添える。前の人がいなくなってから、列の作り方など具体的な約束事も確認させる。 ・鉄棒から手を離さないようさせる。 ・握り手の種類に気付くようにさせる。 ・約束を守るようにさせる。 ・ぶら下がりが苦手な児童には、しっかり鉄棒を握らせ、少しでも足を浮かせてみたり補助してあげたりする。 ・高さの合った鉄棒に移動させる。 ・上がり下りが苦手な児童には、低い鉄棒を使わせたり、台などの補助をつかったりする。	・ボード ・掲示物
整理 9分	8．整理運動をする。 9．本時のまとめをする。 ・学習カードを記録する。 10．次時の確認、挨拶をする。	・健康観察を行う。 ・学習カードに守ることができた約束とともに、鉄棒遊びでできたことをチェックさせる。 ・次時の確認をさせる。	・学習カード

高学年　体育科学習指導案

指導者　○○　○○

1　単元　ボール運動（ゴール型　バスケットボール）

2　本時の目標

　4対2のゲームの仕方を理解し、チームやゲームの特徴を考え合い、工夫して練習するとともに作戦を決め、協力してゲームに取り組むことができる。

過程	主な学習活動	教師の支援	備考
導入 5分	1. チームに分かれて集合、挨拶をする。 2. 準備運動をする。 3. ボール慣れの運動をする。	・健康観察を行う。 ・よく体を動かすようにさせる。	・ビブス ・ホイッスル ・バスケットボール
展開 32分	4. 学習目標の確認をする。 「4対4の特別ルール（4対2）のパスゲームをやってみよう。」 ・ルールを聞き、やり方を理解する。 5. チームでゲームの特徴を踏まえて工夫して練習する。 6. 練習を踏まえて話し合い作戦を考える。 7. 4対4の特別ルールゲームを行う。	・学習の目標を確認させる。 ・ゲームの方法を、図を用いて説明し、理解させる。 ・ゲームの攻守の切り替えを理解させ、ゲームを抜ける順番は機会が平等になるよう注意させる。 ・これまでの攻撃有利な2対1の練習と4対2の関係を考えさせる。 ・ボールの操作が苦手な児童には、距離を近くするなど、成功する方法を伝えチームの児童に協力してもらう。 ・守りの時にゲームを抜ける順番を決めさせる。 ・作戦を学習カードに記入させる。 ・攻守の交代は落ち着いて行わせる。 ・ゲーム内容の理解が難しい児童には出ている時や入っている時に、次のタイミングを教える。	・ボード ・図 ・学習カード ・得点板
整理 8分	8. 整理運動をする。 9. 本時のまとめをする。 ・良かったプレーを発表し、学習カードに記録する。 10. 次時の確認、挨拶をする。	・健康観察を行う。 ・様々な工夫がある事を理解させ、認めるように促す。 ・次時の確認をさせる。	・学習カード

ルール①チームは4人でパスだけでボールを運ぶ
ルール②攻撃は4人、守備は2人で行う。

ルール②のやり方
・白から黒に攻撃が変わったら、黒が2人入り、白が2人抜ける

第６学年○組 外国語科学習指導案

○組 男子　名 女子　名 計　名
指導者 ＪＴＥ
ＡＬＴ

1 単 元 "I like my town." 〜行ってみやんせ！鹿児島のよかとこ〜

2 単元について

　この期の児童たちは、他教科での学習や生活経験を通して、自分の住む町や市・県への理解を深め、愛着をもってきている。そこで、鹿児島のおすすめの場所を話題にすることは、児童たちの興味・関心を喚起するものであり、互いの嗜好を伝え合ったり、自分の郷土である鹿児島のよさを再発見したりすることができるものとして魅力があると考える。そのため、国際交流員の方に鹿児島のおすすめの場所を紹介する活動を設定することは、児童たちのコミュニケーションへの意欲を高めることに適している。また、簡単な一般動詞や助動詞 can を用いておすすめの場所の特徴やよさを伝える英語を身に付けることにも適している。

　そこで、本単元では、国際交流員の方に伝える内容（何を）や方法（どのように）を工夫して鹿児島のおすすめの場所を紹介する活動を通して、簡単な一般動詞や助動詞 can を用いた表現を身に付け、おすすめする場所の特徴やよさを伝えたり、相手の紹介に対して感想を伝えたりする等、相手意識を基にしてコミュニケーションを図ろうとする態度を養うことをねらいとしている。また、国際交流員による文化紹介を聞くことを通して、外国の有名な食べ物やスポーツ・自然等について体験的に理解することもねらいとしている。

3 目 標

　(1) 鹿児島のおすすめの場所を伝えようとしたり、他国の文化を理解しようとしたりする。

　(2) 相手に応じて伝える内容や方法を工夫しながら、鹿児島のおすすめの場所を紹介することができる。

　(3) ・おすすめの場所の特徴やよさを紹介する際 一般動詞や助動詞 can を用いて話すことができる。

　　　・一般動詞を用いた文の日本語と英語の語順の違いを理解することができる。

4 指導計画（全6時間）

過 程	学習課題と主な学習活動
意欲をもつ	① Let's Know What to do. 1 ビデオを視聴し、本単元の話題を知る。 2 単元のめあてを話し合う。 国際交流員の方に鹿児島のおすすめの場所を紹介し、鹿児島のよさを知ってもらおう。 3 どのような英語を学ぶ必要があるか考える。
つかむ	② Let's Play Games. 1 鹿児島のよかとこ四択クイズを行い、発表の話形を知る。 2 Guessing Game を通して、話形に慣れ親しむ。 3 グループで紹介する場所を考える。
挑戦する・広げる	③～⑤ Let's Prepare to Talk. 1 どのようなリーフレットを作ればよいか話し合う。 2 オリジナルリーフレットを作る。 3 英語でのおすすめの場所の紹介の仕方を考え、練習する。 4 学級全体でリハーサルをする。
振り返る・生かす	⑥ Let's Talk With Exchange People. 1 あいさつ・自己紹介をする。 2 鹿児島のおすすめの場所を紹介する。 3 国際交流員の文化紹介を聞く。

5 本時（1／6）

(1) 目標

　鹿児島のおすすめの場所を話題として、国際交流員とコミュニケーションを図ることへの意欲をもち、おすすめの場所を紹介するために必要な英語に気付くことができる。

(2) 本時の展開に当たって

　単元の学習を見通させるために、まず、ビデオや写真を提示し、国際交流員に鹿児島のおすすめすることを捉えさせる。また、今後の学習で学ぶ必要がある英語に気付かせるための場所を紹介ために、平川動物園の紹介の仕方のモデルを提示して基本的な話形を捉えさせた後、開聞岳を紹介する際を例に出し、紹介する際に必要な英語を観点として比較させる。

(3) 実際

過程	主な学習活動	使用英語・ルール	時間	教師の具体的な働きかけ
意欲をもつ	1 Greeting 2 Watching Video 3 Watching Pictures 4 Meeting Unit Target 国際交流員の方に鹿児島のおすすめの場所を紹介し、鹿児島のよさを知ってもらおう。 国際交流員の方に伝えるために、どんな計画を立てればよいのだろう。	A:Here is Shiroyama. Look! That's temple. H:Oh! Yes. That's Nishi-honganji. A:We can see Nishi-honganji What's that? H:That's a library. We can see many things from here.	10分	・本単元の学習内容に興味・関心をもたせるために、ALTとJTEが鹿児島の名所を巡るビデオを提示し、本単元の話題（鹿児島の名所）や基本的な語彙・表現を捉えさせる。 ・本単元で図るコミュニケーションへの相手意識や目的意識を喚起するために、国際交流員と交流を行うことを伝え、「どんな場所をおすすめすれば相手は喜んでくれるのだろうか」と問う。
つかむ	5 Finding Out What Words to Use. 紹介の仕方のモデル（例：平川動物園） 施設名 zoo ／ 所在地 Kagoshima その場所でできること(動物を見る) can+ see+animals 比較 自分が紹介する場所（例：開聞岳） 施設名（山？） ／ 所在地 Ibusuki その場所でできること（登山をする） can+?+mountain? う〜ん。「施設名」と「できること」の英語が変わりそうだけど、言い方が分からないな。これからの学習で、この英語を学ぶ必要があるな。		15分	・おすすめの場所を紹介するにあたって、施設名や簡単な一般動詞を身に付ける必要があることに気付かせるために、平川動物園の紹介の仕方をモデルとして提示し、紹介する際に「施設名」「所在地」「その場所でできること」を伝えることに気付かせる。そして、「例えば、開聞岳を紹介する際には、どの英語を変える必要があるか」と問い、平川動物園と開聞岳を「紹介する際に使う英語」を観点として比較させる。
挑戦する・広げる	6 Practice 7 Rhythm Chants 8 Gesture uame 9 Kagosmma Yokatoko 紹介の仕方のイメージがもててきたよ。 【ジェスチャーゲーム】 ①順にカードを引く。カードを見て、グループのメンバーはジェスチャーで観光地を表す。 ③観光地をたくさん当てたグループが勝ち。 ゲームを通して、それぞれの場所の特徴やよさを考えることができたよ。	紹介の仕方の例 This is hirakawa Dobutsuen./It's a zoo./It's in Kagoshima city/We can see many animals./	15分	・英語での紹介の仕方を捉えさせるために、ALTによる鹿児島よかとこクイズを行い、楽しみながら話形を繰り返し聞く活動を設定する。その際、「施設名」や「その場所でできること」に特に着目させるために、JTEは黒板に掲示した話形を指しながら、ALTの英語を繰り返す。 ・単元の学習を通して、目指す目標を明確にもたせるために、「5〜10文紹介できる」と文量についての具体的な到達目標を提示する。さらに、「相手に伝えるためには、この目標だけで十分か。」と問い、
振り返る	10 Reflection 11 Ending 国際交流員の方に、鹿児島のよさを伝えられるといいな。分かりやすく伝えることができるために、「何を」「どのように伝えるか」、もっと考えていきたいな。		5分	「話す速度」「非言語的手段（資料提示）」の観点を子どもに見通させる。

第2学年○組 道徳指導案

1 主題名 努力と強い意志—自分がやるべき勉強や仕事をしっかりと行うこと。
 〔教材「小さな ど力の つみかさね—二宮金次郎」 私たちの道徳1・2学年〕

2 主題設定の理由
　本学級の児童は、教材「るっぺ どう したの」において、朝起きられない「るっぺ」の姿を見て、基本的習慣の大切さを学んだ。そこで本主題では、教材を理解させ、主体的に行動することや自分でやらなければならないことを児童に考えさせる。
　教材を通して児童は、貧しい農家に生まれた二宮金次郎が、小さい時から努力していたことを理解し、仕事や勉強をすることの大切さを学ぶ。その上で、それぞれ自分のできることを児童に考えさせ、これからの生活に生かす態度を身に付けさせる。
　本学級の児童は、家のお手伝いには関心を持っているので、将来の生活において自分のできることを意欲的に考えさせ、自分の目指す仕事を考えさせたい。

3 本時の目標
　① 読み物資料を読み、二宮金次郎が一生懸命働いた理由を説明できる。【知識及び技能】
　② 自分ができるお手伝いを考え、発表できる。【思考力、判断力、表現力等】
　③ 将来の仕事に関心を持つとともに、今できる勉強やお手伝いなどを今後も続けていこうとする態度を身につける。【学びに向かう力、人間性等】

4 指導過程

時間	主な学習活動	教師の支援
導入 5分	1 「二宮金次郎像を見て下さい。何をしていますか。」 ・歩きながら本を読んでいる。 ・人にぶつかるので、危ない。	・歩いている像と座っている像を見せ、その違いに気付かせる。 ・たきぎの用途を説明する。 ・危なくない方法を考えさせる。
展開 40分	2 教師が資料を読み、質問の答えを考えさせる。 　①「金次郎は小さいころから、家のお手伝いをしていました。皆はどのようなお手伝いをしていますか。」 ・新聞を取ってくる。 ・風呂の掃除をする。	・小さなことでも、お手伝いであれば批判しないで受け入れる。 ・お手伝いを考え、他の児童の前で発表できたか。(思考力、判断力、表現力等)

	②「なぜ金次郎は一生懸命働いたのでしょうか。」 　・生まれた家を作るため。 　・兄弟と暮らすため。 ③「皆は何のために働きますか。」 　・お金を得るため。 　・家族を養うため。 ④「夜遅くまで本を読んでいる金次郎は、どのような気持ちでしたか。」 　・つらいなあ。 　・つらいけれど、頑張ろう。 ⑤「まんべえおじさんから叱られた時、金次郎はどのように思いましたか。」 　・うるさいなあ。 　・でも、本を読みたいな。 ⑥「金次郎は家を作りましたが、皆は将来何を目指しますか。」 　・サッカーの選手になる。 　・ケーキ屋さんになる。 ⑦「将来のために、今できることは何ですか。」 　・運動をして体を鍛える。 　・仕事に役立つ勉強をする。	・金次郎の立場になり、何のために働いたのかを考えさせる。 ・金次郎が働く理由を考えられたか。(思考力、判断力、表現力等) ・自分にとって、働く意味を考えさせる。 ・親が働く意味を考えさせるのも良い。 ・金次郎の立場になり、気持ちを共感させる。 ・金次郎の気持ちを理解できたか。(知識及び技能) ・なぜまんべえおじさんが叱ったのかの理由(あぶらがもったいない、農業には読書は必要ない)を説明する。 ・金次郎の気持ちを理解できたか。(知識及び技能) ・全員の答えを聞けないので、数人聞いた後で、ノートに書かせる。 ・今できることをノートに書かせる。 ・複数書いても良いことを伝える。 ・今できることを考え、発表できたか。(思考力、判断力、表現力等)
終末 5分	3　学んだことを確認する。 　・自分のノートを見直す。 　・努力することの意義について、教師の話を聞く。	・小さな努力の積み重ねが、良い結果を生むことを説明する。 ・努力しなければ結果が得られないことをわかりやすく説明する。

第6学年○組　総合的な学習の時間学習指導案

場　所　6年教室

授業者　○○　○○

1　単元・教材名

「共に生きる　障がいとは」

2　単元について

　(1) 単元観

　第6学年における「○○タイム」のテーマは、「共に生きる（福祉）」である。「共生」の第一歩としては、社会には様々な立場の人が生きていることに気付き、その立場に立って考えることである。しかし、児童が日常生活でかかわる人の範囲は狭く、様々な立場の人の存在を意識する機会は多くない。そこで、本単元では、障がいのある方との出会いの場を設定することとした。障がいのある方のお話を聞いてインタビューをし、それをまとめる活動を通して、障がいのある方の生活の様子や生き方に触れるようにする。

　そして、本単元では、校舎内でのアイマスクや車いす体験を行い、これらの体験を通して、日常生活での大変さを実感できるようにしていきたい。さらに、まちの中でも同様な体験を仕組み、実際の生活の場ではどうなのか、体験を通して理解を深めることができるようにする。単元の終末では、障がいのある方に、自分たちがどう関わっていくのか、何ができるのかを考える学習を位置付け、実践できるようにしていきたいと考える。

　(2) 指導観

　本単元の指導に当たっては、以下の点に留意して指導することとする。導入となる課題設定の段階では障がいに関する様々な体験活動を充実させることにより、一人一人が自己の課題をもつことができるようにしたい。課題追究の段階では、自己の課題解決に必要となる多様な情報を主体的に収集できるように、学習環境を整えるようにする。収集した情報を整理・分析する段階では、課題別グループで情報を整理したり、思考ツールを活用したりして分類できるようにする。まとめ・表現の段階では、学習活動を通して課題についてまとめたことから自己の生き方を考え、表現できるようにする。

　(3) 児童観

　本校の児童は、地域の高齢者との交流体験があり、高齢者のことをより考え、大切にしたいという気持ちをもっている。一方、障がいのある方との触れ合いの経験をもつ児童はほとんどいない。児童の多くは、障がいのある方について、たいへんそうかわいそうと思ったり、自分のこととは切り離して考えたりしているのが実態である。

3　単元の目標

　アイマスクや車いす体験、まちのバリアフリーについて調べる活動などを通して、障がいの

ある方の生活を実感したり、まちのバリアフリーの存在に気付いたりして、障がいのある方に対して、自分たちができることについて考えることができる。

4　観点別の評価規準

知識・技能	思考力・判断力・表現力	主体的に学習に取り組む態度
・障がいをもつ人々の生活を支える仕組みについて理解できる。 ・障がいをもつ人々と健常者との暮らしを支える人々の工夫や支え合って生きていることが分かる。	・問題を発見し、自分の課題をもつことができる。 ・事象を観察して模倣したり、見習ったり、教えてもらったりしながら情報を集めることができ、収集した情報を効果的に活用できる。 ・学んだ情報を整理・分析し、論理的に思考・判断することができる。 ・調べたことをまとめ、分かりやすく伝える。	・自分の活動を振り返り、自分の生き方について考えることができる。

5　本時について（○／○時間）

　本時は、前時に行った校舎内でのアイマスク体験や車いす体験の感想についての交流を通して、話し合い内容を集約し、整理する活動を位置付け、障がいについての理解を深める。　授業の終末では、単元を貫く課題とかかわらせながら、実際の生活の場ではどうなのか、体験を通して理解を深められるように、今後の活動の見通しをもてるようにしていきたい。

6　単元指導計画

・（略）

7　本時の目標

　アイマスクや車いす体験から気付いたことや感じたことを交流し意見を集約する活動を通して、バリアフリー等の設備の必要性や、補助員の存在の大切さを理解し、まちでの活動の見通しをもつことができる。

8 本時の展開

段階	学習活動	留意点（○）及び評価（◇）
導入	1. アイマスクや車いす体験で気付いたことや感じたことを全体で交流する。 ・アイマスクをしている時は、何もないところでも怖くていつものようには歩けなかった。友達の補助がないと、階段を降りたり、廊下の角を曲がったりすることが難しかった。 ・車いすだと、少しの段差でも越えるのが難しくてすごく力が必要だった。 ・スロープは、便利そうだけど車いすで上るのは力がいるから思ったより大変だった。 2. 本時の課題を確認する。 　アイマスクや車いす体験から気付いたことや感じたことを交流し、これからの活動を考えよう。	○本時までに体験した様子が分かる資料や単元を貫く課題を掲示し、課題意識をもつことができるようにする。 ○単元を貫く課題をもとに本時の課題を確認する。
展開	3. 体験での意見を集約し、まとめる。 ・少しの段差でも障がいのある方には不便だから周りにいる人の助けがあると行動しやすい。 ・スロープや点字などの設備がある方が便利だけど、補助してくれる人がいるともっと楽に行動できる。 ・以前、○○さんや□□さんからお話を聞いたときに、車いすでいろいろな場所に出かけているけれど、実際にまちの中ではどうなのか。 4. VTRで○○さんのお話を聞き、実際の生活での状況を予想し、まちでの活動を考える。 ・郵便局や公民館の公共の施設にあるスロープでは車いすが使いやすいか体験したい。 ・本屋に行って、車いすで本が探しやすくてとりやすいかどうか体験してみたい。 ・アイマスクをして道路にある点字ブロックの上を歩いてみたい。	◇根拠を明確にして自分の意見を述べたり、自分の意見と比較しながら、仲間の発言を大切に聞いたりする姿を価値付ける。 ○根拠をもとに話すことができるように、これまでの体験や、掲示してある資料を使って話したり、実際に活動しながら発言したりと、仲間に具体的に伝えることができるように指導する。 ○実際の生活の場では、どうなのかと問い、まちでの体験に目を向けさせるようにする。 ○仲間の意見から感じたことや、次時の活動について興味をもったことを書くように投げかける。 ◇自分が体験して気付いたことや思ったこと、体験したこと等を実際にその場で再現しながら述べたり、写真を示しながら語ったりするなど、根拠を明確にして分かりやすく話そうとしている。 ○自分とのかかわり仲間の意見と自分の考えとを比較しながら、自分の考えを深め、まちでの活動に興味をもったまとめを書いている。
終末	5. 本時のまとめを書く。	○今後の活動の見通しをもつことができるように、次時の活動内容を伝える。

⅓ 特別活動

第2学年○組　学級活動学習指導案

指導者　○○　○○

1　題材「わすれものをしないようにしよう。」

2　題材設定の理由

　　第2学年になり1か月余り過ごした児童は、学校生活に慣れ、学習面、生活面、いずれも活発に取り組めるようになってきている。しかし、その反面、学習面、生活面での緩みも見られるようになり、学習に必要なものを忘れたりする児童が目立つようになった。新学期当初より「忘れ物がないように、次の日の準備を時間割を見て確かめておきましょう。」と指導し、忘れ物をしなかった児童に対しては連絡帳にシールを貼って励ましてきたが、忘れ物をしたら「自分が困る」「友達に迷惑を掛ける」という意識は希薄である。このようなことを踏まえ、忘れ物をする原因について思索をめぐらし、そして忘れ物をしない方策について話合い、忘れ物をしないことのよさに気付き、それを実践することによって楽しい充実した学校生活を送ることができることを願って本題材を設定した。

3　本時

（1）ねらい

　　　忘れ物をする原因について知り、それを基に忘れ物をしないための方策を考え、学習の準備をきちんとすることができるようにする。

（2）実際

過程	主な学習活動	教師の支援
導入	1　忘れ物の実態に気付く。 　・えんぴつ・赤えんぴつ・消しゴム・教科書 　＜わすれものひょう＞ （表） | 月	火	水	木	金
●				
●	●			●
●	●		●	●
●	●	●	●	●
●	●	●	●	●
5人	4人	2人	3人	4人 | 2　忘れ物をして困ったときの経験を発表する。 　自分 　・体操着を忘れた。 　・教科書を忘れた。　→ 準備すればよかった。 　友達 　・見せてあげた。 　・机をよせた。　→ 忘れ物しないでほしい。	・学習に必要な道具の挿絵を提示し、それを持ってきているか確認させる。 ・学級の1週間の忘れ物表を提示し、その実態（忘れ物をしている児童が多いこと）に気付かせる。 ・忘れ物をしたときと、隣の席の児童が忘れ物をしたときの気持ちを考えさせ、発表させる。「自分が困る。」ことや「友達に迷惑を掛ける。」こと等に気付かせる。

展開	3 本時の学習について確認する。	・学習の目当てを短冊で提示し、それを音読させる。
	わすれものをしないための方ほうを考えよう。	
	4 忘れ物をする原因を考え発表し合う。 ・時間割をよく見ないで準備する。 ・連絡帳に次の予定を書き忘れる。 ・朝、急いで準備する。 ・お母さんに確かめて貰わなかった。	・忘れ物をする原因を発表させ、そのときの様子を思い出させる。 ・特に困ったときの経験を発表させる。
	5 忘れ物をしないための方策を話し合う。 ・時間割を手元において、次の日の準備をする。 ・連絡帳にきちんと書く。 ・連絡帳を見て準備し、その後確かめる。	・考える視点(「いつ」「誰と」「何を見て」)を短冊によって提示し、それを基に発表させる。
	6 忘れ物をしないための作戦を立てる。 ・いつ→前の日 ・誰と→おうちの人と ・何を見て→連絡帳を見て	・皆で話し合った内容を板書し、それを基に忘れ物をなくす工夫を確認させる。
	7 連絡帳ルールを決める。 ・書いたら先生に見せる。 ・家に帰ったら自分で見る。 ・おうちの人にサインをして貰う。	・「いつ」、「誰と」、「何を見て」等の観点より忘れ物をしないための作戦を考えさせる。
終末	8 連絡帳を書く。	・実践への意欲を高めるためにまず連絡帳ルールを決め、そして次の日の学習内容と予定等を連絡帳に記入させる。連絡帳の書き方の例を参考にさせる。

第5学年　学級活動学習指導案

指導者　○○　○○

1　題材　「清掃指導」

2　題材設定の理由

　児童の学習環境を清潔にしておくことは、健康を保持増進し、新たな気持ちで学習できる環境をつくる上から極めて重要なことである。このように学習の場を「きれいにする」ということを通して、「仕事をしてよかった」という児童の満足感を育て、と同時に児童の清潔感も高めることもできる。以上のことを踏まえ、清掃の意義を理解し、自分達の清掃区域、清掃道具の正しい使い方等を知り、そして協力して清掃にしようとする態度の育成を願って本題材を設定した。

3　ねらい

　清掃の意義を理解し、清掃区域を知り、清掃道具の使い方を知り、協力してきれいにしようとする態度を育てる。

4　展開

過程	主な学習活動	教師の支援
導入	1　清掃の大切さを知る。 ・気持ちよく学習ができる。	・窓ガラスの汚れや教卓の下のごみ等に着目させ、それを基にきれいにすることの大切さに気付かせる。
展開	2　清掃について考える。 （1）　清掃区域と分担 ・自分たちの担当区域・役割 （2）　清掃の仕方 ・清掃用具とその使い方 ・能率的な清掃の仕方	・清掃区域の図を基に自分達の担当区域を確認させ、そして清掃担当メンバーも確認させる。 ・清掃区域によって清掃道具が異なることを確認させ、そしてその使い方については具体物を提示して考え（ほうきの持ち方、掃き方等）させる。 ・清掃の態度、早くきれいにする方法等を考えさせる。
終末	3　清掃の仕方を確認する。	・清掃担当毎に確認させる。

5　指導に当たっての留意事項

　学校における清掃は、教育活動の重要な一場面であることを念頭に置いてその指導に当たることが重要である。清掃活動は、施設・設備の保全のためだけではなく、児童に満足感を味わわせたり、清潔感を高めさせたりする重要な場である。その過程において、仕事を分担し、協力し合うことによって、好ましい人間関係を構築するように努めることである。清掃活動の場合、重点箇所を児童と相談して決めて行うことも必要である。

補章　小中の連携

1　小中連携の意義

　幼稚園教育と小学校教育との円滑な接続をめぐっては、両者の目標を「学びの基礎の育成」と捉え、研究が進められ、そして中学校の教育と高等学校の教育をめぐっても、1999（平成11）年度に中高一貫教育制度が選択的に導入され、研究が進められている。これに比べて小学校の教育と中学校との連携をめぐっては、「これまで全国的な取組の検証や支援の在り方等に関する検証はなされていない[1]。」のが現状である。それは、小中連携、一貫をめぐっては、制度的に位置付けられたものでなく、全国の学校、市町村において独自に取組が進められていたためである。その中には「研究開発学校制度」や「教育課程特例校制度」の活用により、「独自の教科の新設等による小中連携の推進」に取組むなど、教育課程の基準の特例を活用して推進される小中一貫教育が存在する[2]。そうした背景には、教育現場において、児童が小学校から中学校への進学において、新しい環境での学習や生活へ移行する段階で、不登校等が増加する、いわゆる中一ギャップが指摘されているからである。各種調査によれば「授業の理解度」「学校の楽しさ」「教科や活動の時間の好き嫌い」等について、中学生になると肯定的に回答する生徒の割合が下がる傾向にあること、また「上手な勉強の仕方が分からない」と解答する生徒が大幅に増えていること等がその起因となっている。さらに、暴力行為の加害生徒数、いじめの認知件数、不登校生徒数等が中学生1年生になったとき大幅に増えている実態もその起因となっている。

　その背景として考えられることは、小学校と中学校には、学習指導面と生徒指導面等に関して大きな違いが存在することである。前者の学習指導面に関しては、小学校では学級担任制であるのに対し、中学校では教科担任制と授業形態が異なり、加えて各生徒の小学校時点における学習上の課題を中学校と十分共有されていないという学習上の課題が存在する。一方後者の生徒指導に関しては、各生徒の小学校時点における生徒指導上の課題が中学校と十分共有されていないこと、加えて中学校では小学校と比較して、生徒に課される内容が多岐に亘っており、中学校においては、小学よりも課題に基づいた厳しい生徒指導がなされる傾向があるという、生徒指導上の方法の違いが存在する。このような学習上の課題と生徒指導上の課題等を小学校の教員と中学校の教員が相互に理解することが、小中一貫教育に当たっては重要である。そのためには、小学校と中学校の教育課程の系統性を確保し、小・中学校の教員が互いの教育課程を理解することが求められる。具現すれば、小学校の教員は自らが指導する内容が、中学校における学習にどのようにつながっていくのかを理解しながら指導し、中学校の教員は小学校における学習の程度を把握した上で、各分野の指導をすることが必要である[3]。その際、例えば、小・中学校の合同研修会における意見交換を通じ、学力観、指

導観を一貫することで、系統性の理解に結び付けることである。こうした系統性の確保とともに、児童生徒の発達段階の状況等を踏まえて、中学校教員が小学校で、また小学校教員が中学校で指導を行う（「乗り入れ指導」）場も必要である。その「乗り入れ指導」をめぐっては、以下の効果が認められる。

　　中学校教員による小学校への乗り入れ指導は、児童の中学校進学への不安軽減等の観点からいわゆる中一ギャップの解消につながるものとして効果が高いと指摘されているが、乗り入れ指導を行う際には、単に特定教科の免許を所有する中学校教員が小学校において指導するだけでなく、小・中学校教員が互いの教育課程を理解した上で、小学校における教育課程のうち中学校教員が担当する部分まであらかじめ検討しておくなどの工夫をすることで、より教育効果を上げていくことが望ましい。中学校教員による小学校への乗り入れ指導は、中学校における学習への児童の興味関心を高め、学習の楽しさを体験すると共に、中学校への進学に伴う不安を軽減すること等に意義があるものであり、より教育効果を上げていくことが望ましい[4]。

　ここでは、中学校教員による小学校への乗り入れ指導の重要性について触れているが、この乗り入れ指導によって「児童の中学校進学への不安軽減等の観点からいわゆる中一ギャップの解消につながるものとして効果が高い」とし、加えて「中学校における学習への児童の興味関心を高め、学習の楽しさを体験すると共に、中学校への進学に伴う不安を軽減すること等に意義がある」とし、そのメリットを強調している。これは、学び手である児童の資質・能力に関わる内容である。今一つは、乗り入れ指導を実施することによって、小・中学校教員が互いに授業を見合う授業交流を行うことが考えられるが、これを契機に小・中学校教員合同研修会も実施され、そこでは指導技術の修得の方途についても話題になるであろう。

　小・中学校間の連携、接続について触れてきたが、小・中連携の推進をめぐっての調査（市町村教育委員会回答）を見てみると、「異校種間の教員の乗り入れ授業を計画的、継続的に実施した学校がある」（36.4％）、「小・中学校合同の委員会等を設けている学校がある」（46.7％）、「市町村主催で小・中学校教員が合同参加する授業研究のための会議等を恒常的に設けている」（39.09％）等の内容については、ある程度積極的に行われているものの、「教育委員会として小中9年間を通じた教育課程の編成の方針を定めている」（3.3％）の内容ついては、極めて低く大きな課題といえよう。乗り入れ指導の部分でも触れたが、最も重要なことは、小・中学校教員のそれぞれが互いの学校の教育課程の方針やその内容を理解することである。小学校と中学校と教育課程の系統性を把握することなしには、乗り入れ指導の効果は期待できない。今後は、このような課題を解決しいくことが極めて重要である。

注1　文部科学省「小・中学校間の連携・接続に関する現状、課題認識」 p.1
　2　同上書　p.3
　3　文部科学省「小・中連携、一貫教育の推進について」 p.3
　4　同上書　p.9

2 中学校の教育内容

1 国語科

小中連携を見据えた中学校古典授業の展開
——口語文法や伝統文化から古典の読み深めに入っていく可能性を問う

　文部科学省の今回の学習指導要領では従来用いられていた「学力」という語を使用せず、「資質・能力」の語が使用されることになった。それというのも、従来の学力だけでは輻輳する高度情報化社会の現実をよりよく生きていくことはできないという判断が働いたからだろう。そうして、その「資質・能力」を向上させるには(1)知識及び技能が修得されること／(2)思考力、判断力、表現力等を育成すること／(3)学びに向かう力、人間性等を涵養すること、の3本柱が求められることになった。与えられた知識や技能をもとにして、自らの思考力・判断力・表現力を育成する、以上の目標を達成させることのできる学ぶ意欲、学び続ける人間性を涵養する、そうしてこれらの柱は互いに影響を及ぼしつつ進められるべきだという。これはたぶん我々大人（教員）にとっても「言うは易し行うは難」きことを教育現場で実現することが求められているのである。しかも、これを不断に満遍なく教育現場で実践することが求められている。それがいまここの日本及び世界の現実を見据えたときに必要だという判断なのであろう。そうしてこれらの教育の目的を達成するのに必要な教育現場でのいとなみが「主体的・対話的で深い学び」だというのである。これを「主体的」「対話的」「深い学び」と3分割して理解する方便がある。しかし、これらの3者もまた互いにつながり合っている。生徒が自ら興味を持ち、かつ自分の将来への計画を自ら見据えながら（主体的）、他の生徒、教員、地域の人々らと協働しつつ、自らの課題を深く掘り下げていくいとなみを繰り返していく学びの実践である。

　さて、それでは国語科においては、これらの新しい教育の体制をどのように実践できるだろうか。ここではそれをこのテキストの補章という位置付けに鑑みて「小中連携」というテーマから考えてみる。

　小中連携の背景には、現実として所謂中1ギャップの問題がある。中学校に入学してから始まる科目ごとに担当教員が入れ替わる授業への違和感、学習進度の速さから来るストレス、通学区域や部活動などの教育環境の変化への不適応等によって引き起こされる諸問題である。問題の解決に早道はなく地道に一つ一つの問題に対処するのが最善だと思われるが、それでは国語の場合はどうか。小学校の教員が中学校での国語科のあり方も理解しつつ小学校高学年での授業実践を行うこと、同様に中学校の国語科教員も小学校での国語教育のあり方を踏まえつつ授業実践を行うこと、双方が努力することに尽きる。

　ここでは、中学校1年の国語科の教科用図書に見られる伝統的な言語文化教材、すなわち「古典」の文章を取り上げて、具体的にその方策を探りたい（ここでは「古文」に限定して「漢文」は扱わない）。

2018年現在、中学校第1学年の国語科教科用図書には、『中学校国語1』(学校図書)、『伝え合う言葉　中学国語1』(教育出版)、『現代の国語』(三省堂)、『新編新しい国語1』(東京書籍)、『国語1』(光村図書出版)の5種がある。それぞれの教科用図書のほぼ中央当たり（目次順に授業を進めて言った場合だとおそらく2学期頃に学習することになる）の教材として、いわゆる「古典」教材が配置されている。

　各社それぞれ工夫を凝らしているが、それらの全てが『竹取物語』を教材として取り上げている。

　学校図書では「4　伝統——時を超えて　古典の語り手を捉え、語り手と対話し応答する力を高めよう」の単元に「古典解説　言葉の向こうに（説明・解説）」に続いて「姫の物語？　翁の物語？——竹取物語（古文）」「とらわれた心に突き立つ矢——宇治拾遺物語（古文）」「古典の仮名遣い」が並んでいる。

　教育出版では「五　古典と出会う　古典との出会いをとおして、言葉や文化を大切に受け継ぐ」の単元に「古典の扉を開く——百年後、千年後の友人であるあなたへ」「物語の始まり——竹取物語」の教材が並んでいる。

　三省堂では、「古典に学ぶ」の単元に「解説　月を思う心」「古文　竹取物語」「古典情報　古典の仮名遣い」の教材が並んでいる。

　東京書籍では「5　伝統文化に触れる」の単元に「古典の世界」「伊曽保物語」「竹取物語」の教材が並んでいる。

　光村図書出版では「5　いにしえの心に触れる　古典の文章に出会い、現代とのつながりを考える」の単元に「古文・音読　言葉を楽しもう　いろは歌」「古文・解説　月に思う」「古文　蓬莱の玉の枝——「竹取物語」から」の教材が並んでいる。

　以上のそれぞれに違いがある。教科用図書はどこでも同じではない。もちろん学習指導要領に沿った教育内容を押さえた単元構成がなされ、教材が選択されているのだが、その力点は微妙に異なる。『中学校学習指導要領』によると、「我が国の言語文化に関する事項」として、第1学年では「ア　音読に必要な文語の決まりや訓読の仕方を知り、古文や漢文を音読し、古典特有のリズムを通して、古典の世界に親しむこと。／イ　古典にはさまざまな種類の作品があることを知ること。」と古典についての説明がある。要領解説の国語科編では、イについて、「小学校から親しんできた様々な古典の作品と結び付けることで、古典の世界についての新たな興味・関心を喚起し、古典に親しませることが大切である」と詳述している。後で述べるように、小学校での「昔話や神話・伝承」をもここでは「古典」として同様に重視したい。

　5種の教科用図書は、当然この要件を満たしている。

　その上での個性ということになるが、小中連携という視点から『竹取物語』の教材を見ると、学校図書の「姫の物語？　翁の物語？——竹取物語（古文）」が興味深い。なぜならば、ここでは古文読解の導入部分に織田幹夫／文、織田観潮／絵の絵本『かぐや姫』(『新・講談社の絵本』シリーズ、2001年刊)の冒頭部分を示して、「上の絵は、『竹取物語』を基にした絵本の冒頭の部分です。／「えっ、『かぐや姫』じゃないの？／そうです。私たちが絵本で親しんできた『かぐや姫』は『竹取物語』のことです。」と、小学校の第1・第2学年で学習する「昔話や神話・伝

承」として紹介された「かくや姫」（古語「カカヤク」に由来する命名なので清音であろう）の話が「古典」であることに気付かせる工夫をしているからである。

　学校図書の優れているところは、この導入から始まって、物語の冒頭と結末との古文を、その間のあらすじ紹介を挟んで読ませた後に、この物語が「かくや姫」を中心とする物語という読み方の他に、竹取の翁が不死の薬を入手するよりもかくや姫の不在を嘆くことに注意を向けて、「竹取の翁」中心の物語としても読まれる可能性を示し、すなわち生徒に古典『竹取物語』に一個の文学作品としての「読み深め」を促している。これは小中連携に止まらず、中高連携への姿勢といってもよいだろう。さらに、教科用図書の巻末に口語用言の活用表と文語用言の活用表とを対照して載せているのも、中高連携の試みだと思われ、相当に欲張った作りになっている。

　次に、語法的な観点からみると、東京書籍の構成が工夫されている。東京書籍はまず解説文「古典の世界」で、現在の我々にとって身近な「猫」が出てくる古文を絵画資料を交えて紹介し、古文が現代と切れた世界のできごとではないことに気付かせたうえで、仮名草子の『伊曽保物語』から「犬と肉のこと」「鳩と蟻のこと」を教材として収録している。これはいわゆるイソップ物語として児童の読み物として紹介されているものであり、小中連携の試みと考えられるが、同時に語法としても口語文法と文語文法とが接続していることに気付かせるしかけとなっている。なぜならば、近世初期の仮名草子の語法は、現代の口語にかなり近くなっているからである。たとえば動詞では平安期を基調とした文語文法では下二段活用、上二段活用であった動詞が、口語文法の下一段活用、上一段活用となるなどである。

　これと同様の工夫は、教育出版の教科用図書からも窺える。すなわち、古典導入の教材「古典の扉を開く──百年後、千年後の友人であるあなたへ」は解説の中で近世の作品が多用されている。特に近世後期の『浮世床』は、当時盛んであった声色芸を意識して当時の口語の記録が試みられており、それは『伊曽保物語』よりもさらに現代の口語文法に近いのである。なお、この教材では写真資料として切支丹版の『イソホのハブラス』が掲載されている。興味を持つ生徒は、そこでのアルファベットでの表記が、今のそれとは違うことから音韻的な違いに気付く可能性もある。これも「読み深め」の一つの可能性となるだろう。

　また、古典の導入期に音読、暗唱を求めるのは常套であるが、光村図書出版の「古文・音読　言葉を楽しもう　いろは歌」は、それを強く意識させている。

　三省堂の教科用図書では、『竹取物語』の「かくや姫」が月からやってきたことを意識させるため、導入の「解説　月を思う心」で、天体としての「月」と暦としての「月」とに着目させ、旧暦の解説を行い、また、月を愛でる文芸趣向についても解説している。

　このように、それぞれの教科用図書がそれぞれの工夫を試みているが、気を付けたいのは、そのどれかが絶対的に正しいとも間違っているとも言えないことである。教員が陥りやすい教科用図書絶対の思考に陥らないように、教員もまた「主体的・対話的で深い学び」の姿勢を手放さずに、生徒と接したい。

　さらに大学において教員養成課程に身を置く研究者も「主体的・対話的で深い学び」の実践をして、それを学生に見せる必要があろう。

　ここで一つの仮説を提出したい。それは『竹取物語』の冒頭の「今は昔」についてである。

これは、小学校国語科の第1・第2学年で学習する伝統的な言語文化「昔話や神話・伝承」の中の一つ、「昔話」と大きく係わる文言である。昔話の冒頭の語り始めの「とんとむかし」や「ざっとむかし」などと似通う表現である。これをどのように解釈するか。中学校の古典教材では、現代語訳が付されている。

　それによると、「今ではもう昔のことだが……」（学校図書、教育出版、光村図書出版）、「今となっては昔のことだが……」（三省堂）、「今はもう昔のことだが……」（東京書籍）となっている。

　『宇治拾遺物語』や『今昔物語集』などでも見かける冒頭句であるが、今までほぼこの読み方で来ていると思われる。「今ではもう昔のことだが」が多数派であり、他もそれと著しい違いがあるわけでない。今と昔とを時間的な差異として認識し、物語を享受しているいまこことむかしの物語世界とを分節し、切断する標識の句だということになろう。

　しかし、昔話を研究している筆者はこの解釈に疑問を持っている。たとえば、古語「今は昔」の係助詞「は」に「今」と「昔」という対照的な言葉を結び付けて、「……となっては〜〜のことだが」というように二つの対照的な言葉の差異（今となっては〜〜のことだが）と意味を分節化し、切断する用法が他にあるだろうか。たとえば、「今は鎌倉時代」を「今となってはもう鎌倉時代のことだが」のように。

　これを他に用例のない特殊な用法だと理解する前に、係助詞「は」の一般的な用法に当てて意味が通らないかをひとまず確認しておく必要があるだろう。

　そのことを一旦意識しておき、次に「昔」について考える。臼田甚五郎は、イニシエ（古）とムカシ（昔）とを対照して語源を説いた。『古今和歌集』に「ムカシヘ」の用例があることなどを踏まえ、「イニシヘ」が「往ニーシー方」であり、「往ぬ」が時間の経過を踏まえた過去に向かう語であるのに対して、「ムカシヘ」は「向カーシー方」であり、「向く」は必ずしも時間の過去だけを指さず、将来に対してもまた異なる空間に対しても向かう語であり、"昔"は"今"に継続する時間的距離にあるのでは無く、"今"に断絶して別世界に飛躍するパスポートの如き役割をはたすのである。"昔"とは超現実のシムボルである」(1)（臼田「民話の生誕」『臼田甚五郎著作集』5、おうふう、1995年）と説いた。臼田が説いたのは、国語学的な考察に加えて柳田國男の昔話の定義の一つ（昔話＝信じられていない）に応じてのことであった。だが、これは「イマ」の語を使わずに「トントムカシ」や「ザットムカシ」等と語り始める現行の昔話の冒頭句の問題だった。ここで問題にしているのは古代から中世にかけてしばしば見られる物語の冒頭句「今は昔」である。

「今は昔」の解釈のヒントとなるのは、おそらく、次のような昔話の伝承の場だろう。

　　片泊の昔話を聴く日は、正月七日と同じ十四日即ち小正月の夜であつた。その日子供達は予め団子とシメモン（煮しめ）を親から作つて貰ひ、語り手の老人の許に進物として贈る。その際は俗にカブリモノ（被物）と云つて、多くは親達の着物を抱へてゆき、それを頭からスツポリ被つて、思ひ思ひに横になつて聴く。之に対し語り手の資格は男女に限らず老人で、話の数を豊富に持つて居ればよいのである。（中略）

　　物語りの形式は、格別変つた事はなく、一同の顔を一渡り見廻してから、

　　さるむかし　ありしかなかりしか知らねども、あつたとして聞かねばならぬぞよ──

或は最初を「さることのありしかなかりしか云々」とするもある。さうして話の一節毎に返事を促すので、それに対して相槌を打つ、之には必ずウームと言へと教へられた。オーとかハイと云つてはならぬ。子供達が眠気を催ほして来た頃にはきまつてねぶいと語つて聞かせぬぞ——

と云つて、じろりと見られるのが、子供心におそろしかつたさうである。話の最後にはきまつて其場に眠つてしまふのが常で、翌朝家に帰る事となつて居た。

（早川孝太郎『古代村落の研究　黒島』文一路社、1941年）

　これは、1934（昭和9）年に早川が鹿児島県奄美諸島の一つ黒島での聴き書きである。ここにある「さるむかし　ありしかなかりしか知らねども、あつたとして聞かねばならぬぞよ」という昔話を語り始めるに当たっての誓約の句は注目に値する。その後、同様の句は鹿児島県下で複数報告され、また、遠く山形県下からも報告された。ちなみに筆者は、昔話の語り収めとして「あっとこねえのこんにゃらぼー」という句を福島県下で聴き書きしたことがあるが、これらの事例は、柳田國男の昔話の定義の一つである「信じられていない」に対して再考を迫るものと考えている。あるいは、このような昔話の語り方も報告されている。

　　富実禎さんに話を聴いた初日、「其兄が側に居られて、恰度「天道さん金の綱」の話が始まつた処が、『待つたい』と口を入れた。そして『昔話は要領が大事ぢや。打ち出しは、例へて言へば浦原に……とやらなければいかん』と言つて、話者に初めからやり直させた」。この「天道さん金の綱」は、『島』での報告と照らし合わせると、第一巻第二号「喜界島昔話（一）」に載る「姉妹と鬼」にあたり、「これも浦原に例いて話しませう」と始まる。富実禎さんの兄が要求した、この「打ち出し」に注意して資料を追っていくと、「昔有たン事には——貧乏な一人暮しの男があつて、例いりば浦原の村から川嶺の村へ用事に行こうと思つて」（「母の目玉」）、「昔有たん事が——例いて言ひば、浦原の村に」（「弘法様と鬼」）、「これも例いて見りば浦原に」（「アサナローの花」）と、目にはいる。話の途中で、「先づ例いれば浦原の泊の様な泊であるから、其処から上つて川嶺の村に向つて歩いて行つた」（「継子の出世」）、「例へば浦原から阿伝の浜の様な処迄来た」（「死んだ娘」）とさしはさまれる場合もある。話者はいずれも、浦原在の富実禎さんである。

（藤久真菜「記述への模索と「態」への気づき —岩倉市郎の聴き書きを考える—」『口承文芸研究』30、日本口承文芸学会、2007年）

　これも鹿児島県の喜界島の事例だけれども、この種の事例は、たとえば広く日本各地の昔話で同様の事例が見られると藤久は紹介している。「むかしむかしあるところに」と場所を不特定で語らずに、リアリティを持たせるために、近くの場所に準えて語るのが常だというのである。

　いったいに、我々はファンタジーなどのストーリーに対して、常にこれは荒唐無稽で信じられないと距離を置いて、冷静に読んだり聴いたりしているものだろうか。

　かくして、古文に見える「今は昔」の語意もある程度見通せてはこないだろうか。ここでの「は」は、強意の係助詞なのではないか。今こそは昔なのですよ、現前こそは昔なのですよと、いまここを臼田のいう「超現実」の世界に引きずり込む仕掛けだったのでなかろうか（高木史人「昔話を語るということ——幼児・児童に児童文化・伝統文化としての昔話を「語り—聴き」するための覚悟について、あるいはことばと昔話との関係について——」『教育保育研究紀要』1、名古屋経済大学教育保育研

究会、2015年)。

　説話文学がしばしば布教の手段として利用されるのは、人々の心に響く強さは、説話が目前に起きているような臨場感を作り出す仕組みにあったのだと求めることができるだろうが、「今は昔」という冒頭句にもそのような機能が働いていたのだと思われる。

　以上のように解釈することは、文末の助動詞「けり」も単に伝聞回想とするのではなく、「けり」を動詞「来り」という語源に求めて、

> 私は、空間性を時間のうちに含ませて、〈時間的なあなたからやってくる事象〉であると、統一することはできないかと考える。物語文学の大枠の時制は非過去つまり現在にあって、刻々と、現在なら現在の時間が流れている。そこへ〈あなたなる時間が這入り込む〉と考えればよいのでないか。
>
> （藤井貞和「伝来の助動辞「けり」——時間の経過」（『文法的詩学』笠間書院、2012年)

と説く説などとも通底し響きあってくる。

　もし、小学校の第1・第2学年で学習される昔話教材が、これらの日本口承文芸学会や日本昔話学会等で議論されてきた課題を包摂して行われるならば、以上の知見によって、小学校の国語科での伝統文化に関する教材と中学校の国語科で行われる古典（古文）教材との間で、互いに読みを深め合う、「主体的・対話的で深い学び」に繋がる教育として機能できるのではないか。

　ここでは大学の教員養成課程に身を置く研究者として、まずは自らの「主体的・対話的で深い学び」を実践しようと試みたが、「主体的・対話的で深い学び」をもし本気に取り組むならば、これらの実践を生涯に互って学生・児童・生徒・教員・研究者・保護者や地域の人々らがそれぞれに力強く進める覚悟が必要だろう。学生・児童・生徒だけに求めて他が手本を示さないのでは、成果は期待できまい。

2 社会科

1 社会科の成果と課題

　「中学校学習指導要領解説　社会科編」においては、2008（平成20）年改訂の学習指導要領における小・中・高等学校を通した社会科、地理歴史科、公民科の成果と課題を示している。課題として示された1つは、「主体的に社会の形成に参画しようとする態度や、資料から読み取った情報を基にして社会的事象の特色や意味などについて比較したり関連付けたり多面的・多角的に考察したりして表現する力の育成が不十分であること」と、もう1つは、「課題を追究したり解決したりする活動を取り入れた授業が十分に行われていないこと」である。授業と生徒の資質・能力の関係にある2つの課題を併せて改善していくことが必要とされるのである。

　また、「社会的な見方や考え方については、その全体像が不明確であり、それを養うための具体策が定着するには至っていないこと」が課題として示されている。「見方・考え方」とは、各教科等における学びの過程で「どのような視点で物事を捉え、どのような考え方で思考していくのか」ということであり、各教科等を学ぶ本質的な意義でもある。今次改訂においては、全ての教科等において各教科等を学ぶ本質的な意義の中核をなすものである。そして、教科等の学習と社会をつなぐものであるとして整理されている。「社会的な見方や考え方」については、課題を追究したり解決したりする活動において、社会的事象等の意味や意義、特色や相互の関

連を考察したり、社会に見られる課題を把握して、その解決に向けて構想したりする際の視点や方法であると考えられる。

　今次の中学校社会科の改訂については、2008年改訂の学習指導要領における成果と課題から、育成すべき資質・能力が３つの柱として整理された。このことを踏まえて、その基本的な考え方は、以下の３点に集約されている。すなわち、①基礎的・基本的な「知識及び技能」の確実な習得、②「社会的な見方・考え方」を働かせた「思考力、判断力、表現力等」の育成、③主権者として、持続可能な社会づくりに向かう社会参画意識の涵養やよりよい社会の実現を視野に課題を主体的に解決しようとする態度の育成が求められているのである。

2　目標の改善

今次改訂では、知・徳・体のバランスのとれた「生きる力」を育むために「何ができるようになるか」という観点で、育成を目指す資質・能力を示し、「何を学ぶか」という視点で、指導内容の改善を図り、「どのように学ぶか」というアクティブ・ラーニングによる指導改善を示している。

　社会科の教科目標については、柱文に他教科等と同様に「社会的な見方・考え方を働かせ」と示され、「公民としての資質・能力の基礎」を育成することを目指している。そして、その資質・能力として、「知識及び技能」、「思考力、判断力、表現力等」、「学びに向かう力、人間性等」の３つの柱で再構成されている。これは、学校教育法第30条第２項の規定等を踏まえ、設定されているといえる。

平成 29 年学習指導要領	平成 20 年学習指導要領
第１　目標 　社会的な見方・考え方を働かせ、課題を追究したり解決したりする活動を通して、広い視野に立ち、グローバル化する国際社会に主体的に生きる平和で民主的な国家及び社会の形成者に必要な公民としての資質・能力の基礎を次のとおり育成することを目指す。 (1) 我が国の国土と歴史、現代の政治、経済、国際関係等に関して理解するとともに、調査や諸資料から様々な情報を効果的に調べまとめる技能を身に付けるようにする。 (2) 社会的事象の意味や意義、特色や相互の関連を多面的・多角的に考察したり、社会に見られる課題の解決に向けて選択・判断したりする力、思考・判断したことを説明したり、それらを基に議論したりする力を養う。 (3) 社会的事象について、よりよい社会の実現を視野に課題を主体的に解決しようとする態度を養うとともに、多面的・多角的な考察や深い理解を通して涵養される我が国の国土や歴史に対する愛情、国民主権を担う公民として、自国を愛し、その平和と繁栄を図ることや、他国や他国の文化を尊重することの大切さについての自覚などを深める。	第１　目標 　広い視野に立って、社会に対する関心を高め、諸資料に基づいて多面的・多角的に考察し、我が国の国土と歴史に対する理解と愛情を深め、公民としての基礎的教養を培い、国際社会に生きる平和で民主的な国家・社会の形成者として必要な公民的資質の基礎を養う。

また、(1) から (3) に示す3つの資質・能力の育成を目指すために、主体的・対話的で深い学びの過程を目指すとともに、その学びの過程において、より質の高い深い学びを実現するために、各教科等の特質に応じてどのような視点で物事を捉え、どのような考え方で思考していくのかという「見方・考え方」が示されている。柱文に示される「社会的な見方・考え方を働かせ」の社会科における「社会的な見方・考え方」は、以下のように整理されている。

> (1) ③社会科、地理歴史科、公民科における「見方・考え方」
> ○「社会的な見方・考え方」は、課題を追究したり解決したりする活動において、社会的事象等の意味や意義、特色や相互の関連を考察したり、社会に見られる課題を把握して、その解決に向けて構想したりする際の視点や方法であると考えられる。そこで、小学校社会科においては、「社会的事象を、位置や空間的な広がり、時期や時間の経過、事象や人々の相互関係などに着目して捉え、比較・分類したり総合したり、地域の人々や国民の生活と関連付けたりすること」を「社会的事象の見方・考え方」として整理し、中学校社会科、高等学校地理歴史科、公民科においても、校種の段階や分野・科目の特質を踏まえた「見方・考え方」をそれぞれ整理することができる。その上で、「社会的な見方・考え方」をそれらの総称とした。
> ○こうした「社会的な見方・考え方」は、社会科、地理歴史科、公民科としての本質的な学びを促し、深い学びを実現するための思考力、判断力の育成はもとより、生きて働く知識の習得に不可欠であること、主体的に学習に取り組む態度や学習を通して涵養される自覚や愛情等にも作用することなどを踏まえると、資質・能力全体に関わるものであると考えられる。

　このように、教科目標においては、以下の3点が重要視されているといえよう。すなわち、第1に、「社会的な見方・考え方」が重要視されていること。第2に、公民としての資質・能力の基礎の育成を目指すこと。第3に、「知識及び技能」「思考力、判断力、表現力等」「学びに向かう力、人間性等」の3つの資質・能力を身に付けることが、2017（平成29）年学習指導要領における社会科の教科目標の特色である。

3　各分野における目標の改善

　社会科の分野については、前回までのものを踏襲し、地理的分野、歴史的分野、公民的分野で整理され、変更はない。各分野における目標は、以下の通りである。

　2017（平成29）年学習指導要領の各分野目標についても教科目標と同様に「柱文」の部分と(1) 〜 (3) の資質・能力を示す部分に分けて示される構造である。例えば、中学校社会科における「社会的な見方・考え方」は、各分野の特質に応じて整理されている。地理的分野では「社会的事象の地理的な見方・考え方」として、「社会的事象を位置や空間的な広がりに着目して捉え、地域の環境条件や地域間の結び付きなどの地域という枠組みの中で、人間の営みと関連付けて」、歴史的分野では「社会的事象の歴史的な見方・考え方」として、「社会的事象を時期、推移などに着目して捉え、類似や差異などを明確にしたり事象同士を因果関係などで関連付けたりして」、その上で公民的分野では「現代社会の見方・考え方」として、「社会的事象を政治、法、経済などに関わる多様な視点（概念や理論など）に着目して捉え、よりよい社会の構築に向けて、課題解決のための選択・判断に資する概念や理論などと関連付けて」働かせるものと

され、小・中・高等学校の学校種を超えて社会科、地理歴史科、公民科を貫く「社会的な見方・考え方」の構成要素として整理されている。地理的分野は「社会的事象の地理的な見方・考え方」と示され、歴史的分野は「社会的事象の歴史的な見方・考え方」と示され、公民的分野は「現代社会の見方・考え方」と示されている。

第2 各分野の目標及び内容

〔地理的分野〕

1 目標

　社会的事象の地理的な見方・考え方を働かせ、課題を追究したり解決したりする活動を通して、広い視野に立ち、グローバル化する国際社会に主体的に生きる平和で民主的な国家及び社会の形成者に必要な公民としての資質・能力の基礎を次のとおり育成することを目指す。

(1) 我が国の国土及び世界の諸地域に関して、地域の諸事象や地域的特色を理解するとともに、調査や諸資料から地理に関する様々な情報を効果的に調べまとめる技能を身に付けるようにする。

(2) 地理に関わる事象の意味や意義、特色や相互の関連を、位置や分布、場所、人間と自然環境との相互依存関係、空間的相互依存作用、地域などに着目して、多面的・多角的に考察したり、地理的な課題の解決に向けて公正に選択・判断したりする力、思考・判断したことを説明したり、それらを基に議論したりする力を養う。

(3) 日本や世界の地域に関わる諸事象について、よりよい社会の実現を視野にそこで見られる課題を主体的に追究、解決しようとする態度を養うとともに、多面的・多角的な考察や深い理解を通して涵養される我が国の国土に対する愛情、世界の諸地域の多様な生活文化を尊重しようとすることの大切さについての自覚などを深める。

〔歴史的分野〕

1 目標

　社会的事象の歴史的な見方・考え方を働かせ、課題を追究したり解決したりする活動を通して、広い視野に立ち、グローバル化する国際社会に主体的に生きる平和で民主的な国家及び社会の形成者に必要な公民としての資質・能力の基礎を次のとおり育成することを目指す。

(1) 我が国の歴史の大きな流れを、世界の歴史を背景に、各時代の特色を踏まえて理解するとともに、諸資料から歴史に関する様々な情報を効果的に調べまとめる技能を身に付けるようにする。

(2) 歴史に関わる事象の意味や意義、伝統と文化の特色などを時期や年代推移、比較、相互の関連や現在とのつながりなどに着目して多面的・多角的に考察したり、歴史に見られる課題を把握し複数の立場や意見を踏まえて公正に選択・判断したりする力、思考・判断したことを説明したり、それらを基に議論したりする力を養う。

(3) 歴史に関わる諸事象について、よりよい社会の実現を視野にそこで見られる課題を主体的に追究、解決しようとする態度を養うとともに、多面的・多角的な考察や深い理解を通して涵養される我が国の歴史に対する愛情、国民としての自覚、国家及び社会並びに文化の発展や人々の生活の向上に尽くした歴史上の人物と現在に伝わる文化遺産を尊重しようとすることの大切さについての自覚などを深め、国際協調の精神を養う。

〔公民的分野〕

1 目標

　現代社会の見方・考え方を働かせ、課題を追究したり解決したりする活動を通して、広い視野に立ち、グローバル化する国際社会に主体的に生きる平和で民主的な国家及び社会の形成者に必要な公民としての資質・能力の基礎を次のとおり育成することを目指す。

(1) 個人の尊厳と人権の尊重の意義、特に自由・権利と責任・義務との関係を広い視野から正しく認識し、民主主義、民主政治の意義、国民の生活の向上と経済活動との関わり、現代の社会生活及び国際関係などについて、個人と社会との関わりを中心に理解を深めるとともに、諸資料から現代の社会的事象に関する情報を効果的に調べまとめる技能を身に付けるようにする。

(2) 社会的事象の意味や意義、特色や相互の関連を現代の社会生活と関連付けて多面的・多角的に考察したり、現代社会に見られる課題について公正に判断したりする力、思考・判断したことを説明したり、それらを基に議論したりする力を養う。

(3) 現代の社会的事象について、現代社会に見られる課題の解決を視野に主体的に社会に関わろうとする態度を養うとともに、多面的・多角的な考察や深い理解を通して涵養される国民主権を担う公民として自国を愛し、その平和と繁栄を図ることや、各国が相互に主権を尊重し、各国民が協力し合うことの大切さについての自覚などを深める。

　また、社会科では、従前の目標である「公民的資質を養う」ために地理的分野で「地理的認識を養う」、歴史的分野で「国民としての自覚を育てる」、公民的分野で「国民主権を担う公民として必要な基礎的教養を培う」であった。今次の改訂では、小学校社会科及び中学校各分野の柱文を共通化したことにより、その関連性が明示化されたといえよう。そして、各分野の(1)〜(3)が目指す資質・能力の具体像を示している。

　このように、今次の学習指導要領においては、小学校3年生の社会科から中学校、高等学校までの目標、育てたい資質・能力を構造化、系統化することによって、その接続性が明確となったといえよう。

引用・参考文献
・中央教育審議会『幼稚園、小学校、中学校、高等学校及び特別支援学校の学習指導要領等の改善及び必要な方策等について（答申）』2016（平成28）年12月21日。

③ 美術科

1 教科の目標について

改訂（平成 29 年告示）	現行（平成 20 年告示）
表現及び鑑賞の幅広い活動を通して、造形的な見方・考え方を働かせ、生活や社会の中の美術や美術文化と豊かに関わる資質・能力を次のとおり育成することを目指す。 (1) 対象や事象を捉える造形的な視点について理解するとともに、表現方法を創意工夫し、創造的に表すことができるようにする。 (2) 造形的なよさや美しさ、表現の意図と工夫、美術の働きなどについて考え、主題を生み出し豊かに発想し構想を練ったり、美術や美術文化に対する見方や感じ方を深めたりすることができるようにする。 (3) 美術の創造活動の喜びを味わい、美術を愛好する心情を育み、感性を豊かにし、心豊かな生活を創造していく態度を養い、豊かな情操を培う。	表現及び鑑賞の幅広い活動を通して、美術の創造活動の喜びを味わい美術を愛好する心情を育てるとともに、感性を豊かにし、美術の基礎的な能力を伸ばし、美術文化についての理解を深め、豊かな情操を養う。

　まず、教科目標の基本として、中学校美術科は、「生活や社会の中の美術、美術文化などと豊かに関わる資質・能力を育成する」教科であることを明示している。

　そして3項目の目標が続くのであるが、これら（1）（2）（3）は、それぞれ資質・能力の3つの柱に対応させる形で新たに加えられた。

　　（1）は「知識及び技能」に関する目標であり、〔共通事項〕に示す内容を「知識」に位置付け、表現における創造的に表す能力を「技能」に位置付けている。

　　（2）は「思考力、判断力、表現力等」に関する目標であり、表現における発想や構想と、鑑賞における見方や感じ方などに関するものを対応させているといえる。

　　（3）は「学びに向かう力、人間性等」についての目標である。主体的に学習に取り組む態度や、現行の学習指導要領においても取り上げられている、美術を愛好する心情、豊かな感性や情操などに関するものをこの項目に位置付け、表現及び鑑賞の活動を通して育成されるべきものであるとしている。

2 学年目標について（「第1学年」を例に）

　図画工作科と同じく、学年目標は、教科の目標に示す（1）（2）（3）に対応する形で示されている。それぞれが「知識及び技能」「思考力、判断力、表現力等」「学びに向かう力、人間性等」に沿った目標となっている。

改訂（平成 29 年告示）	現行（平成 20 年告示）
1　目標 (1) 対象や事象を捉える造形的な視点について理解するとともに、意図に応じて表現方法を工夫して表すことができるようにする。	1　目標 (2) 対象を見つめ感じ取る力や想像力を高め、豊かに発想し構想する能力や形や色彩などによる表現の技能を身に付け、意図に応じて創

(2) 自然の造形や美術作品などの<u>造形的なよさや美しさ、表現の意図と工夫、機能性と美しさとの調和、美術の働きなどについて考え、主題を生み出し豊かに発想し構想を練ったり、美術や美術文化に対する見方や感じ方を広げたりすることができるようにする。</u> (3) 楽しく美術の活動に取り組み<u>創造活動の喜びを味わい</u>、美術を愛好する心情を培い、心豊かな生活を創造していく態度を<u>養う</u>。	意工夫し美しく表現する能力を育てる。 (3) 自然の造形や美術作品などについての基礎的な理解や見方を広げ、美術文化に対する関心を高め、よさや美しさなどを味わう鑑賞の能力を育てる。 (1) 楽しく美術の活動に取り組み美術を愛好する心情を培い、心豊かな生活を創造していく意欲と態度を育てる。

　今回改訂の目標 (1) は「知識及び技能」に相当する目標であり、従来の目標 (2) の後半に相当し、なおかつ新しい概念である「造形的な見方・考え方」が新たに付け加えられたものである。

　新しい目標 (2) は、「思考力、判断力、表現力等」に関する目標であり、従来の目標 (2) の前半と、目標 (3) を併させた形で示されている。新しい資質・能力の中で、「思考力、判断力、表現力等」は美術科において従来あった評価の観点のうち「発想と構想の能力」「鑑賞の能力」に対応しているからである。

　そして目標 (3) は、従来の目標 (1) にそのまま相当している。「学びに向かう力、人間性等」に関わる目標である。

　これらの目標が内容とどのように対応しているかはそれぞれ以下の通りである。

(1) 造形的な視点を豊かにするために必要な知識としての〔共通事項〕と、A表現 (2) の技能に対応している。

(2) A表現 (1) の発想や構想と、B鑑賞 (1) に対応している。

(3) 学習に主体的に取り組む態度や美術を愛好する心情、豊かな感性などを示し、A表現及びB鑑賞の活動を通して育成する。

3　教科の内容について（「第1学年」を例に）

改訂（平成 29 年告示）	現行（平成 20 年告示）
2　内容 （A 表現は省略） B鑑賞 <u>(1) 鑑賞の活動を通して、次のとおり鑑賞に関する資質・能力を育成する。</u> 　ア　美術作品などの<u>見方や感じ方を広げる</u>活動を通して、鑑賞に関する次の事項を<u>身に付けることができるよう</u>指導する。 　（ア）造形的なよさや美しさを感じ取り、作者の心情や<u>表現の意図と工夫</u>などについて考えるなどして、見方や感じ方を広げること。	2　内容 （A 表現は省略） B鑑賞 (1) 美術作品などのよさや美しさを感じ取り味わう活動を通して、鑑賞に関する次の事項を指導する。 　ア　造形的なよさや美しさ、作者の心情や意図と表現の工夫、美と機能性の調和、生活における美術の働きなどを感じ取り、作品

（イ）目的や機能との調和のとれた美しさなどを感じ取り、作者の心情や表現の意図と工夫などについて考えるなどして、見方や感じ方を広げること。

イ　生活の中の美術の働きや美術文化についての見方や感じ方を広げる活動を通して、鑑賞に関する次の事項を身に付けることができるよう指導する。

（ア）身の回りにある自然物や人工物の形や色彩、材料などの造形的な美しさなどを感じ取り、生活を美しく豊かにする美術の働きについて考えるなどして、見方や感じ方を広げること。

（イ）身近な地域や日本及び諸外国の文化遺産などのよさや美しさなどを感じ取り、美術文化について考えるなどして、見方や感じ方を広げること。

〔共通事項〕

(1)「A表現」及び「B鑑賞」の指導を通して、次の事項を身に付けることができるよう指導する。

ア　形や色彩、材料、光などの性質や、それらが感情にもたらす効果などを理解すること。

イ　造形的な特徴などを基に、全体のイメージや作風などで捉えることを理解すること。

3　内容の取扱い

(1) 第 1 学年では、内容に示す各事項の定着を図ることを基本とし、一年間で全ての内容が学習できるように一題材に充てる時間数などについて十分検討すること。

(2)「A表現」及び「B鑑賞」の指導に当たっては、発想や構想に関する資質・能力や鑑賞に関する資質・能力を育成する観点から、〔共通事項〕に示す事項を視点に、アイデアスケッチで構想を練ったり、言葉で考えを整理したりすることや、作品などについて説明し合うなどして対象の見方や感じ方を広げるなどの言語活動の充実を図ること。

などに対する思いや考えを説明し合うなどして、対象の見方や感じ方を広げること。

イ　身近な地域や日本及び諸外国の美術の文化遺産などを鑑賞し、そのよさや美しさなどを感じ取り、美術文化に対する関心を高めること。

〔共通事項〕

(1)「A表現」及び「B鑑賞」の指導を通して、次の事項を指導する。

ア　形や色彩、材料、光などの性質や、それらがもたらす感情を理解すること。

イ　形や色彩の特徴などを基に、対象のイメージをとらえること。

美術科の内容については、かなり細分化され、より綿密な指導ができるように改訂されている。従来からの、A表現、B鑑賞とそれにまたがる〔共通事項〕という枠組みこそ踏襲しているが、それぞれの機能がより深く密接に関連して新しい資質・能力の3本柱の育成に関与させようとする意図が随所にみられる。

　特に注目すべき点は、教科目標でまず触れられた「生活や社会の中の美術、美術文化などと豊かに関わる資質・能力を育成する」という考えに対応し、内容としてB鑑賞の指導事項が増えたことが挙げられる。造形作品の鑑賞から身の回りの生活をよくするための美術の役割から美術の社会的機能まで、従来のものより具体的で詳細な指導事項が記されている。どこか抽象的でつかみどころがなかった今までの指導事項に比べて、鑑賞活動を通して生徒の何をどういうふうに伸ばしてゆくのかが明確になったといえるだろう。

　また、〔共通事項〕もより具体的な表現になっている。これは〔共通事項〕が育成すべき新しい資質・能力の「知識」として位置付けられたためである。さらに表現と鑑賞の関連をさらに深めるため、両者に共通する事項の指導を充実させようというねらいがあるといえよう。

　各学年に「内容の取扱い」が新設されたのも特筆点である。従来は「第3　指導計画と内容の取扱い」で各学年共通に示されてあったものが、今回学年ごとの配慮事項が新たに設けられた。その中で言語活動の充実を図るようにすると示されているのは、「生活や社会の中の美術や美術文化と豊かに関わる」という目標にも示されている通り、新しい資質・能力の育成に美術科が深く関与してゆくという決意の表れともいえるだろう。

4　指導計画及び内容の取扱いについて

　この項では、今回の改訂で特に重要と思われる変更点をいくつか挙げておく。

【1指導計画の作成にあたっての配慮事項】

- ・（1）において「題材など内容や時間のまとまりを見通して、その中で育む資質・能力の育成に向けて、生徒の主体的・対話的で深い学びの実現を図るようにすること。その際、造形的な見方・考え方を働かせ、表現及び鑑賞に関する資質・能力を相互に関連させた学習の充実を図ること」という、アクティブ・ラーニングに関する配慮を求められていること。
- ・（6）として障害のある生徒などへの配慮事項が新設されたこと。

【2内容の取扱いに当たっての配慮事項】

- ・（1）において、〔共通事項〕は単に知識として指導するのではなく、活動を通して実感的に理解することが重要であるという補足説明が加えられた。

【4鑑賞の環境づくり】

- ・（1）学校図書館等における鑑賞用図書、映像資料等の活用。
- 　（2）校内外における生徒作品などの展示の充実。

　上記のように2項目に分割された。このうち、（2）の校内外への展示であるが、学校内に留まらず、郊外への生徒作品の展示を促すという点が新たな考えである。美術と社会との関わりについて深く学ぶ機会を探ろうとしている。

　以上が、2017（平成29）年度告示の中学校学習指導要領（美術）における主な変更点の概要

である。

④ 特別の教科　道徳

1　道徳科の目標

　目標という言葉は、目的、ねらい又は目当てと関係している。目的は、理念や理想を前提としている。理念は、人間に普遍的に妥当する望ましい姿を表現しており、真・善・聖・美という価値を追究している。理想は、人々の状態や環境に即して理念を具体化したものである。目的は、理想を実現するための段階的なものである。

　教育基本法第1条では、「人格の完成」という教育の目的が示され、学校教育法では、学校段階別の教育の目的が示されている。目標は、目的をさらに詳しく、細かくしたものである。目標は、目的と対になって記載されることが多い。目標は小学校の目標、国語科の目標のように使用されるので、その範囲は広い場合とせまい場合がある。目標は、さらに細分化され、ねらい又は目当てと呼ばれる。

　中学校では2019（平成31）年度から、「特別の教科　道徳」が全面的に実施される。中学校学習指導要領「第3章 特別の教科 道徳　第1目標」では、道徳科の目標を次のように述べている。

> 　第1章総則の第1の2の（2）に示す道徳教育の目標に基づき、よりよく生きるための基盤となる道徳性を養うため、道徳的諸価値についての理解を基に、自己を見つめ、物事を広い視野から多面的・多角的に考え、人間としての生き方についての考えを深める学習を通して、道徳的な判断力、心情、実践意欲と態度を育てる。

　2017（平成29）年と2008（平成20）年の道徳教育の目標を比べると、第1に、小学校と同様に、道徳の諸様相と呼ばれる、「道徳的な判断力、心情、実践意欲と態度」の順番が並び替えられた。

　道徳的な心情については、従来の道徳の指導が「読み物の登場人物の心情理解のみに偏った形式的な指導が行われる例があること」（「道徳に係る教育課程の改善等について（答申）」中央教育審議会、2014（平成26）年10月21日）という批判がある。道徳的な心情は登場人物の考えや行動に共感することは必要なことであるが、心情だけを追究することは望ましくないという指摘である。2017年版では、「善悪を判断する能力」の方が「善を行うことを喜び、悪を憎む感情」よりも重視されている。

　第2に、道徳性とは何かを明確にするため、「よりよく生きるための基盤となる道徳性を養う」ことが明示された。2015（平成27）年「中学校学習指導要領解説　特別の教科　道徳」では、「主体的な判断に基づいて道徳的実践を行い、自立した人間として他者と共によりよく生きるための基盤となる道徳性を養うことが道徳科の目標である」と述べられている。

　道徳性は、「人間としてよりよく生きようとする人格的特性」（2015年「中学校学習指導要領解説　特別の教科　道徳」）である。「人格」という言葉は、教育基本法第1条の中で使用されている。この言葉は、「我が国に啓蒙運動の展開があった明治30年ごろに、カントの倫理学における『ベルゾーン（Person）』の訳語としてつくられて日本の思想界に定着したと言われる」[1]。「人格」の「格」は、「木が高くそびえるさまをあらわして高いランクを意味する語である」[2]。「人

格」は、価値を含まない「パーソナリティ」とは異なり、価値を含んだ言葉である。このことから、「人格」を理解するために、理想的人間像の在り方を追究することになる。

　第3に、道徳的な判断力などを育成するため、「人間としての生き方についての自覚を深め」ることから「人間としての生き方についての考えを深める学習」を実施することに改められた。

2　道徳科の内容

　「中学校指導要領解説　特別の教科　道徳」によれば、道徳科の内容項目は、「中学校の3年間に生徒が人間として他者とともによりよく生きていく上で学ぶことが必要と考えられる道徳的価値を含む内容を、短い文章で平易に表現したもの」である。内容項目ごとに「内容を端的に表す言葉」を付け加えている。これらの内容項目は、「生徒自らが道徳性を養うための手掛かりとなるもの」である。

　内容項目は、道徳科の目標を達成するために選択し、配列されたものである。たとえば、「自主、自立、自由と責任」という内容項目は、「道徳的な判断力、心情、実践意欲と態度を育てる」ために選択されている。「自主的に考え」ることを学習すると、その結果として道徳的な判断力を鍛えることになる。したがって、内容項目は単独で取り扱うのではなく、目標との関連を考えなければならない。

2017（平成29）年の中学校学習指導要領「第3章 特別の教科 道徳　第2　内容」	2008（平成20）年の中学校学習指導要領「第3章　道徳　第2　内容」
学校の教育活動全体を通じて行う道徳教育の要である道徳科においては、以下に示す項目について扱う。 A　主として自分自身に関すること [自主、自律、自由と責任] 　自律の精神を重んじ、自主的に考え、判断し、誠実に実行してその結果に責任をもつこと。 [節度、節制] 　望ましい生活習慣を身に付け、心身の健康の増進を図り、節度を守り節制に心掛け、安全で調和のある生活をすること。 [向上心、個性の伸長] 　自己を見つめ、自己の向上を図るとともに、個性を伸ばして充実した生き方を追求すること。 [希望と勇気、克己と強い意志] 　より高い目標を設定し、その達成を目指し、希望と勇気をもち、困難や失敗を乗り越えて着実にやり遂げること。 [真理の探究、創造] 　真実を大切にし、真理を探究して新しいも	道徳の時間を要として学校の教育活動全体を通じて行う道徳教育の内容は、次のとおりとする。 1　主として自分自身に関すること。 　（1）望ましい生活習慣を身に付け、心身の健康の増進を図り、節度を守り節制に心掛け調和のある生活をする。 　（2）より高い目標を目指し、希望と勇気をもって着実にやり抜く強い意志をもつ。 　（3）自律の精神を重んじ、自主的に考え、誠実に実行してその結果に責任をもつ。 　（4）真理を愛し、真実を求め、理想の実現を目指して自己の人生を切り拓いていく。 　（5）自己を見つめ、自己の向上を図るとともに、個性を伸ばして充実した生き方を追求する。 2　主として他の人とのかかわりに関すること。 　（1）礼儀の意義を理解し、時と場に応じた適切な言動をとる。

のを生み出そうと努めること。

B 主として人との関わりに関すること

[思いやり、感謝]

思いやりの心をもって人と接するとともに、家族などの支えや多くの人々の善意により日々の生活や現在の自分があることに感謝し、進んでそれに応え、人間愛の精神を深めること。

[礼儀]

礼儀の意義を理解し、時と場に応じた適切な言動をとること。（以下略）

(2) 温かい人間愛の精神を深め、他の人々に対し思いやりの心をもつ。

(3) 友情の尊さを理解して心から信頼できる友達をもち、互いに励まし合い、高め合う。

(4) 男女は、互いに異性についての正しい理解を深め、相手の人格を尊重する。

(5) それぞれの個性や立場を尊重し、いろいろなものの見方や考え方があることを理解して、寛容の心をもち謙虚に他に学ぶ。

(6) 多くの人々の善意や支えにより、日々の生活や現在の自分があることに感謝し、それにこたえる。（以下略）

2017年の中学校学習指導要領「第3章 特別の教科 道徳 第2 内容」と2008年版の道徳教育の内容を比べると、次の2点で異なっている。

第1に、中学校の道徳科の内容項目も、小学校と同様に、4つの視点でまとめられているが、視点と学年の構成が異なっており、3番目と4番目の視点の順序が変更されている。4つの視点は、独立しているのではなく、相互に深い関連をもっている。たとえば、自律的な人間であるためには、Aの視点の内容が基盤となって、他の3つの視点の内容に関わり、再びAの視点に戻ることが必要になる（2015年「中学校学習指導要領解説　特別の教科道徳」）。

第2に、生徒の発達的特質に応じた内容構成の重点化を図ることが求められている（2015年中学校学習指導要領解説　特別の教科 道徳）。中学生は心身の発達が著しい時期であり、自我が発達すると同時に自己の生き方に関心を持つようになる。高等学校に進学する時期であり、人生観や価値観の基礎を作る時期でもある。このような発達的特質を考慮したうえで、内容構成の重点化を図っていく。

中学校の道徳科の内容を端的に表す言葉を列挙すれば、次のようになる。

「①自主、自律、自由と責任、②節度、節制、③向上心、個性の伸長、④希望と勇気、克己と強い意志、⑤真理の探究、創造、⑥思いやり、感謝、⑦礼儀、⑧友情、信頼、⑨相互理解、寛容、⑩遵法精神、公徳心、⑪公正、公平、社会正義、⑫社会参画、公共の精神、⑬勤労、⑭家族愛、家庭生活の充実、⑮より良い学校生活、集団生活の充実、⑯郷土の伝統と文化の尊重、郷土を愛する態度、⑰我が国の伝統と文化の尊重、国を愛する態度、⑱国際理解、国際貢献、⑲生命の尊さ、⑳自然愛護、㉑感動、畏敬の念、㉒よりよく生きる喜び」

これらの22項目は、小学校の道徳科の内容と一貫性が図られている。中学校の3年間で、すべての内容項目を取り扱うことになっている。2008年版の道徳教育の内容を比べると、内容項目は分割されたり統合されたりしている。

3 指導計画作成と評価

中学校でも、小学校と同様に、道徳教育の推進を主に担当する「道徳教育推進教師」を中心に、全教師が協力して道徳教育を推進する。

指導計画については、中学校で配慮すべき事項を述べる。

第1に、小学校と同様に、担任教員が行うこととされている。小学校は全科担任制なので、問題はない。一方、中学校は教科担任制なので、本来は道徳科の教員免許を持つ教員が担当すべきである。しかし、道徳科の教員免許は創設されなかったので、担任教員が道徳科を担当することとされた。

第2に、各学校においては、道徳教育の全体計画に基づき、各教科、総合的な学習の時間及び特別活動との関連を考慮しながら、道徳科の年間指導計画を作成するものとされている。

第3に、生徒が自ら道徳性を養う中で、自らを振り返って成長を実感したり、課題や目標を見付けたりすることができるよう工夫するとされている。その際、生徒の発達段階を考慮することが求められている。

第4に、生徒が考えを深め、判断し、表現する力などを育むことができるよう、自分の考えを基に討論したり書いたりするなどの言語活動を充実することとされている。この言語活動は多面的、多角的視点から考え、新しい見方や考え方を生み出すことが求められている。

第5に、情報モラルを取り扱うこととされている。

第6に、道徳科の授業を公開すること、地域教材の開発や活用をすることなどを通して、家庭や地域社会との相互の連携を図ることとされている。

次に、評価については、小学校と同様に、生徒の学習状況や道徳性に係る成長の様子を継続的に把握することが求められている。「継続的に」という言葉は、半年から1年の期間と理解できる。その際、数値などによる評価は行わないので、記述式で評価することになる。記述式の評価については、通知表や指導要録に限られた文字数で書くことが課題となる。

注1　教育思想学会（編）『教育思想事典』p.412、勁草書房、2000年
　　2　同上書

参考資料
・渡邉満・押谷由夫・渡邊隆信・小川哲哉（編）『中学校における「特別の教科　道徳」の実践』北大路書房、2016年
・柳沼良太（編著）『子どもが考え、議論する問題解決型の道徳授業　中学校』図書文化、2016年
・永田繁雄（編集）『「道徳科」評価の考え方・進め方』教育開発研究所、2017年
・田沼茂樹（編著）『中学校道徳　アクティブ・ラーニングに変える7つのアプローチ』明治図書、2017年
・荒木紀幸（編著）『中学校　新モラル・ジレンマ教材と授業展開』明治図書、2017年

3 小中連携を見据えた学習指導案

① 国語科

第1学年○組　国語科学習指導案

指導者　○○　○○

1　単元　表現に立ち止まる（教材「オツベルと象」）
　(1)　目標　作品の構成や展開、表現の特徴について自分の考えを持つ。
　　　語句の意味やオノマトペ（擬音語・擬声語）に注意し、その工夫や効果を理解する。
　(2)　準備　作業のプリント、短冊
　(3)　実

過程	時間	主な学習活動	教師の支援
導入	5分	1　学習の目当てを確認する。 白象が「寂しく笑っ」たのはなぜだろう？	・前時の学習内容を基に本時の学習の目当てを確認させる。目当てを視写させ、学習への意識を高揚させる。 ・黙読し、オツベルの言動と行動、百姓どもの言動と行動、白象の言動と行動、山の象どもの言動と行動について、それぞれ線を引いて場面の推移を整理させる。
扉開	40	2　本時に学習する場面を読む。 　(1)　黙読し、サイドラインを引く。 3　読み取ったことを発表し合う。 　(1)　オツベル→「やっぱり偉い」「なにもかもわかっていた」「ラッパみたいないい声で百姓どもを励ました」 　(2)　百姓ども→「気が気じゃない」「白いようなもの…降参をする印」 　(3)　白象→「僕はずいぶん眼に遭っている。みんなで出てきて助けてくれ」 　(4)　山の象たち→「オツベルをやっつけよう」「みんなが一度に呼応する」「グララアガア」（白象には出てこない音、強く凶暴なイメージ） 　・「サンタマリア」→「「赤衣の童子」 　・オツベル／百姓＝強い／弱い 　・白象／山の象ども＝弱い／強い	・オツベルと百姓どもとの共通点と相違点とを指摘させる。 ・白象と山の象どもとの共通点と相違点とを指摘させる。 ・オツベルと対等に戦っているのは白象ではなく山の象どもだということに気付かせる。 ・百姓どものふがいない様子と対比されるのが「助けてくれ」と頼む象であることに気付かせる。 ・これまで「サンタマリア」とキリスト教系の存在にすがっていた白象が、ここでは仏教系の「赤衣の童子」に助けられていることに気

		→強い「オツベル＝山の象ども」 ・弱い「白象＝百姓ども」 ・結局、強いものの前に弱いものは屈伏するのか？ん ・山の象ども→「真っ黒になって吠えだした」 （オツベル　「からす」の夢） ⇔「白」象　　白⇔黒 ・白象が「寂しく笑っ」たのはなぜだろう？	付かせる。→白象の改宗。→森の象どもに迎合。という可能性に気付かせる。 ・人間と象という対比ではなく強者／弱者という対比で整理するとどうなるかを考えさせる。 ・同じ象でも異なること、特に皮膚の「色」の違いについて理解させる。 ・「白象が「寂しく笑っ」たのはなぜだろう？」の問いかけをし、話し合いをさせる。
終末	5	4　学習のまとめをする。 5　次時の学習について知る。	・板書によって本時の学習をまとめさせる。 ・本時と関連付けながら次時へ導く。

<h1>第1学年○組　国語科学習指導案</h1>

指導者　○○　○○

1　単元　文学と人生（教材「少年の日の思い出」）
　(1)　目標　僕の美しいちょうへの憧憬と盗み、後悔等の心情の起伏、葛藤等を叙述に即して読み取る。
　(2)　準備　作業のプリント、短冊
　(3)　実際

過程	時間	主な学習活動	教師の支援
導入	5分	1　学習の目当てを確認する。 　僕の盗みから後悔までの心情を読み取る。	・前時の学習内容を基に本時の学習の目当てを確認させる。目当てを視写させ、学習への意識を高揚させる。
扉開	40	2　本時に学習する場面を読む。 　(1)　黙読し、サイドラインを引く。 3　読み取ったことを発表し合う。 　(1)　やままゆ蛾への憧憬 　・僕―うらやましい。彼の部屋へ。 　(2)　展翅いたのちょう→欲望 　・誘惑に負けて、ピンを抜いた。 　・はん点…見つめた。 　・逆らいがたい欲望。 　(3)　良心の目覚めと後悔 　・不安に襲われた。 　・やままゆ蛾―つぶれてしまった。	・黙読し、僕の憧憬、盗み、後悔等が叙述されている部分にサイドラインを引かせる。 ・「僕はどのくらいうらやましい」「部屋の戸をノック」等の言葉より僕のやままゆ蛾に対する強い憧れを読み取らせる。 ・「誘惑に負けて、ピンを抜いた。」「はん点…見つめた。」等の言葉より盗みまで高まった陶酔と興奮を読み取らせる。 ・「良心に目覚めた」「何事もなかった」「つぶれた」等の言葉より僕の後悔、みじめな破局等を読み取らせる。
終末	5	4　学習のまとめをする。 5　次時の学習について知る。	・板書によって本時の学習をまとめさせる。 ・本時と関連付けながら次時へ導く。

<h1>第2学年○組　国語科学習指導案</h1>

指導者　○○　○○

1　単元　心と言葉（教材「言葉の力」）

2　単元について

(1) 単元（教材）の位置とねらい

　これまで生徒は、「一　生きた言葉」という単元の下に「心を伝える」の文章を読み取る学習を通して、言葉への関心を刺激し、言葉への興味を拡大し、言葉に対する考え方・感じ方を深化させようとする態度を身に付けてきている。

　そこで、「桜」染めのエピソード、つまり美しい花を咲かせるため、桜は木全体でピンク色にならなければならないということを読み取る能力を高め、と同時に我々の一つ一つの言葉もその背景に人間全体を背負っているという「言葉」と人間との関係の深さを認識し、ものの見方や考え方を豊かにする資質・能力の育成を願って、単元「一　心と言葉」（教材「言葉の力」）を設定した。

(2) 指導の基本的な立場

　教材「言葉の力」には、桜の一枚一枚の花びらがピンク色に咲き誇るのは、桜の木全体が一刻も休むことなく、活動を続けているからであるということ、それと同様に、我々の発する一つ一つのささやかな言葉でも、その背後に人間全体の世界を背負っているということ等が述べられた随筆である。この随筆を読むことによって、生徒は、言葉は物や事柄を概念的に写し伝えるとともに、その言葉を使う人間の心や生活を映しだし、人々の生活の支えになっていることに気付き、そして言葉に対する見方・考え方を深化させることができる。

3　目標

(1) 言葉への興味や関心を高め、言語認識を高めることができるようにする

(2)「桜」染の例から「言葉」と人間との関係を読み取ることができるようにする。

4　指導計画（全2時間）

第一次	初発の感想、学習計画（通読）	1時間
第二次	言葉と人間との関係について（精読）	1時間

5　本時（2／2）

(1) 目標　人間全体が、ささやかな言葉の一つ一つを反映しているという言葉の本質を叙述に即して読み取る。

(2) 準備　作業のプリント、短冊

(3) 実際

過程	時間	主な学習活動	教師の支援
導入	5分	1 前時の学習場面を確認する。 2 学習の目当てを確認する。 　「桜」染の例から言葉と人間について考える。	・ノートによって前時の内容を想起させ、それを基に本時の学習内容を確認させる。 ・目当てを板書し、それを視写させることにおいて、学習への意識を高揚させる。
扉開	35	3 本時に学習する場面を読み、読み取ったことをまとめる。 　（1）黙読する。 　（2）サイドラインを引く。 　（3）プリントにまとめる。 4 読み取ったことを発表し合う。 　【第一段落】の例 　① 口先だけのもの・語彙だけのもの―ささやかな言葉の一つ一つ 　② 人間全体の世界―人間全体 　③ いやおうなしに背負ってしまう―反映してしまう。	・黙読し（「美しい言葉・正しい言葉」「言葉というものの本質」「人間全体の世界」「ささやかな言葉の一つ一つ」等）にサイドラインを引かせ、それを段落ごとに整理させる。 ・発表を基に板書し、内容の構成や筆者が導き出した考えを整理する。その際、段落ごとに整理し、学習の流れが分かるようにする。それを基に言葉と人間との関係について、グループで検討させる。検討の際、第一段落と第三段落とを対比させる。 ・グループごと発表させる。
終末	5	5 学習のまとめをする。 6 次時の学習について知る。	・筆者が言葉について、どう考えているかプリントにまとめさせる。 ・本時と関連付けながら次時へ導く。

② 社会科

第2学年○組　社会科学習指導案

指導者　○○　○○

1　単元名　第3章　日本の諸地域　7　北海道地方　自然環境を中核とした考察の仕方

（1）単元観

本単元は、中学校学習指導要領 地理的分野の大項目「C　日本の様々な地域」は、「世界と日本の地域構成」及び「世界の様々な地域」の学習成果を踏まえ、日本及び日本の諸地域の地域的特色を捉える学習を通して、我が国の国土に関する地理的認識を深めることをねらいとしている。このねらいを達成するため、この大項目は、「(1) 地域の調査の手法」「(2) 日本の地域的特色と地域区分」「(3) 日本の諸地域」「(4) 地域の在り方」の4つの中項目から構成されている。本単元では、北海道地方の地形や気候などの自然環境に関する特色ある地理的な事象を中核として、それを人々の生活や人口分布、資源・エネルギーと産業、交通・通信などと関連付けて、多面的・多角的に考察し、表現する学習過程を通して、地域的特色や地域の課題を理解していくことをねらいとしている。

（2）生徒の実態

本学級の生徒は、大人しく授業態度もまじめで、落ち着いて学習に臨むことができる。そして、評価の観点「知識及び理解」が比較的に高い傾向がみられる。一方、観点「思考力、判断力、表現力等」に弱さがみられる。また、観点「学びに向かう力、人間性等」については、見通しをもちながら、学習をすすめることに課題がみられる。

（3）指導観

本単元の導入では、写真などを活用し、視覚に訴える教材提示の工夫し、生徒の興味・関心を高め、単元を貫く課題を設定し、学習の見通しをもたせたいと考える。本単元では、北海道地方を概観し、自然環境や人々の生活、主な都市の名称、産業を理解する。そして、石狩平野の稲作や、十勝平野の畑作、根釧台地の酪農について自然的条件や社会的条件と関連付けながら考え、表現できるようにする。また、観光地と交通網などから札幌の計画的な都市の開発について理解する。さらに、国立公園とラムサール条約登録湿地について、国際関係と関連させて考えるようにしていきたい。

2　単元の目標と評価規準

北海道地方の地形や気候などの自然環境に関する特色ある地理的な事象を中核として、それを人々の生活や人口分布、資源・エネルギーと産業、交通・通信などと関連付けて、多面的・多角的に考察し、表現する学習過程を通して、地域的特色や地域の課題を理解できる。

・北海道地方について、自然環境を中核とした考察をもとに地域的特色、地域の課題を理解する。〔知識及び技能〕

・北海道地方の地域的特色に関する様々な資料から、課題解決に必要な情報を適切に選択・判断して読み取り、まとめることができる。〔知識及び技能〕

補章　小中の連携　181

・北海道地方の地域的特色を、自然環境を中核とし、それをもとに多面的・多角的に考察し、適切に表現することができる。〔思考力、判断力、表現力等〕

・北海道地方の地域的特色に対する関心をもち、主体的・協働的に追究することができる。〔学びに向かう力、人間性等〕

3　単元指導計画

小単元名	学習内容・学習活動
北海道地方 1　北海道地方の自然環境	・北海道地方を概観し、自然環境や人々の生活の特色を理解する。 ○北海道地方の主な都市名を地図帳で調べる。 ○北海道地方の大きさを捉え、産業の特色を概観する。
2　北海道地方の地形と気候	○北海道地方の地形の特色を捉える。 ○北海道地方の気候の特色を捉える。
3　厳しい自然環境を克服した稲作の歴史	・厳しい寒さや農業に適さない土地という悪条件を乗り越えてきた稲作の歴史を考える。 ○北海道地方でさかんな稲作について、地形との関わりから読み取る。 ○北海道地方に、多くのアイヌ語由来の地名があることを読み取る。
4　大規模化してきた畑作や酪農、漁業	・大規模に展開する北海道の畑作や酪農、漁業の特色を考える。 ○十勝平野の畑作や根釧台地の酪農の特色を地図や鳥瞰イラストの資料図から読み取る。 ○北海道地方でさかんな漁業について捉える。
5　歴史や北国の自然を生かした観光業	・北海道の特色ある歴史や豊かな自然を生かして発達した観光業の特色を考える。 ○札幌が計画的につくられた都市であることを捉える。 ○代表的な観光地と交通網の関係を読み取る。
6　自然環境と災害	・北海道地方の自然環境について捉える。 ○北海道地方の、寒冷な気候による独特な自然環境について捉える。 ○北海道地方にある国立公園とラムサール条約登録湿地について読み取る。
7　自然環境の視点からまとめる	・北海道地方の特色と課題をまとめる。 ○北海道地方の特色と課題をまとめる。

4　本時の展開（3／7）

（1）本時の目標

　○北海道地方の農業の特色について自然的条件や社会的条件に関連付けて考察し、表現し、まとめることができる。

（2）展開

時間	主な学習活動	指導上の留意、評価規準
導入 5分	1. 食料自給率について調べる。 ・グラフから他国との比較で日本の食料自給率の低さをつかみ、日本の農産物の生産について将来を考える。 2. 北海道の食糧生産について、他の地域と比較する。 ・北海道の食糧生産が高いことを理解する。 課題 　なぜ、北海道は他の地域と比べて、食糧生産が高いのだろうか。 ・北海道で生産量が高いものを調べ、発表する。 ・予想と見通しをもつ。	○農産物の国内産の割合（食料自給率）を提示する。 ○食料自給率の資料から、食料について外国産の農産物が多いことや外国に比べて日本の食糧自給率が低いことを理解できるようにする。 ○日本の食糧生産割合の資料から、北海道の食糧生産が高いことを理解し、課題づくりをする。 ○グラフや写真から特徴を読みとるとともに、それらを多面的・多角的に捉え、考察できるように支援する。
扉開 40分	3. 北海道の農業の特徴について調べ、考察する。 ◇個人追究 ・耕地面積、農業技術、大型機械、自然環境に応じた農業の工夫などの視点から考察する。 ◇グループ交流 ・各グループの発表を聞く。 ・発表をもとに全員で考え、意見をまとめる。 4. 厳しい自然条件をどのように克服したのかを考える ・環境に応じて品種改良や技術の改善など、人々の工夫があったから。 5. 北海道の農業について課題を考える。 ・農業従事者の高齢化、後継者の不足、減反政策、輸入品との競争などをとらえる。	○広い耕地面積、大型機械の使用などから大規模農業経営の特徴をつかむことができるようにする。 ○地形や気候などと関連付け、恵まれた自然条件でないことを前時の授業から振り返り、環境に応じて品種改良や農業技術などの人々の努力や工夫があったことをつかませる。
終末 5分	6. 本時の課題のまとめをする。 ・自己の予想と比べてどうだったかを振り返る。 ・今日の振り返りを発表する。	○予想と相違点を見付け、新たに発見できたことを考えるようにして、学習の習得、定着を図る。

美術科

第3学年○組　美術科学習指導案

指導者：○○　○○

1　題材名　ありえない世界（シュルレアリスムって何？）

2　題材について

　新学習指導要領でも強調されている、表現と鑑賞の資質・能力を相互に関連させながら育成するという課題への取り組みとして本題材を設定した。

　20世紀美術の重要な考え方の一つに「イメージの異化」がある。これはあるイメージを、普段それが存在しない場所に置いてみて、そのイメージに対して持っていた固定観念や、まとわりついていた社会的な意味から解放された、純粋なイメージの姿を再確認したり、そのイメージと置かれた場とのギャップを楽しんだりするという考え方である。その考え方を典型的に実践したのがシュルレアリスムという方法で、今回は美術館に男性用便器を展示したマルセル・デュシャンの作品や「手術台の上のミシンとこうもり傘の出会い」というシュルレアリスムの有名な詩を導入に用い、その概念を分かりやすく説明し、その後ルネ・マグリットに代表される、イメージの不条理性、あり得ないものの出会いを主題とした絵画表現に着目させ、その方法について、表現を通して追体験させ、鑑賞を通して自分の表現を客観的に評価させるという活動を行う。表現と鑑賞が相互に関連し合う往還の中でシュルレアリスムという方法に対する理解を深め、現代における美術表現の広がりを受容するための基礎を身につけさせることがねらいである。

3　目標
- (1)シュルレアスムの方法を理解し、イメージを操作して表現を工夫できる。【知識及び技能】
- (2)シュルレアリスム絵画の基本的な考え方に基づき、その特徴である不条理性を理解し、作品化に向けて構想する。【思考力、判断力、表現力等】
- (3)シュルレアリスムに興味を持ち、基本的な概念と美術史的な意味を理解し、イメージの異化について関心を深める。【学びに向かう力、人間性等】

4　指導計画（全10時間）

導　入	シュルレアリスムを理解する（マルセル・デュシャンの作品やシュルレアリスムの有名な詩を例にして）。	1時間
第1次	ありえない世界の表現を考える（ある場所に置かれた、ありえない物同士の出会い）。	1時間
第2次	作品制作（八つ切り画用紙に水彩絵の具で）。	7時間
まとめ	鑑賞と振り返り（ルネ・マグリットの作品を鑑賞し、自分の制作した作品と比べてみる）。	1時間

5 本時 (1/10)

(1) 目標：シュルレアリスムの考え方を理解し、作品制作への意欲を高める。

(2) 準備：ワークシート、鉛筆

(3) 授業の流れ

過程	時間	主な学習活動	教師の支援
導入	10分	・先生の説明を聞きながらワークシートを完成させ、シュルレアリスムという美術の方法があることを学ぶ。	・シュルレアリスムの説明をする。デュシャンの作品のありえなさに対して、生徒が面白く感じ。これからの活動への期待を膨らませるようにする。【学びに向かう力、人間性等】
展開	25分	・シュルレアリスムの詩を参考にして、「○○での□□と△△の出会い」という言葉を考える。 生徒のワークシートより	・「手術台の上のミシンとこうもり傘の出会い」というシュルレアリスムの有名な詩を紹介し、場所と物と物がお互いまったく関係がないことを理解させる。【知識及び技能】 ・まったく関係のないものが出会った時の現実とのずれが面白いことに気付かせて、そんな組み合わせをたくさん考えるように指示する。【思考力、判断力、表現力等】
まとめ	10分	・考えた組み合わせを発表し合う。 ・次回は絵画制作のためのアイデアを考えることを確認する。」	・組み合わせの「ありえなさ」度合いを評価し生徒にフィードバックする。【思考力、判断力、表現力等】 ・次回の予告を伝える。

年　　組　氏名 _____

ありえない出会いを描こう！ －シュルレアリスム第1回－

作者：_____

タイトル：_____

　この作品は、[　　　　　　　　　]です。それにサインがされていて、作品として展示されています。この作品の重要な特徴は次に挙げる 2 点です。

1. 美術展に[　　　　　　　　　]という、ありえない組み合わせが。人々に衝撃を与えました。

　　みなが芸術に抱くイメージを破壊することを目的とした芸術運動が 20 世紀に入って盛んになりましたが、この作品はその先駆的なものです。

2. この作品の作者は誰でしょうか？サインした本人？でも彼自身はこれを制作しておらず、買ってきた既製品であると言っています。では実際にこの[　　　　　　　　　]を作った業者が作者なのか？1917 年に制作（？）されたこの作品は、20 世紀美術に大きな影響を与えました。これ以降、制作者が実際に作ったものでなくとも、作品とすることができるようになったのです。

　このように、20 世紀初頭に起こった、芸術に対するイメージを壊してゆくような芸術運動を[　　　　　　　　　]と呼びます。

　そして絵画の世界でこのような運動の中心になったのがシュルレアリスムです。

　シュルレアリスム（フランス語: Surréalisme, シュレアリスム）は、芸術の形態、主張の一つ。日本語では[　　　　　　　　　　　]と翻訳されています。

シュルレアリスム絵画には大きく二つの画風があります。

1. 自動筆記。無意識の世界を表現する。

2. 不条理な世界、事物の[　　　　　　　　　　]を写実的に描く。

このうち今回は2番目の、不条理世界を表現するシュルレアリスム絵画について、重点的に学習してゆきます。

※実践校は海辺にあったので、ありえない３つの言葉の組み合わせのうち、
　場所を「海」に統一している。

④ 特別の教科　道徳

第2学年○組　道徳学習指導案

指導者：○○　　○○

1　主題名　生命のビザ－きまりを守ることと人の生命
　　　　　　（教材「杉原千畝　生命のビザ－きまりを守ることと人の生命」　自作資料）

2　主題設定の理由
　本学級の生徒は、教材「法やきまりを守り社会で共に生きる」において、社会の一員として法やきまりを守ることを学んできた。法律や校則などのきまりを守ることは、安心して暮らせる社会を実現するために必要なことである。そこで、本主題では、教材「杉原千畝　生命のビザ」を理解させ、主体的に行動することや自分ですべきことを生徒に考えさせる。

　教材を通して、生徒は、杉原千畝が日本の外務省の指示に逆らってユダヤ人にビザを発給したことを理解する。その上で、法やきまりを守ることは大切であるが、場合によっては人の生命の方が優先されることを学ぶ。杉原千畝の立場になり、自分はどのような判断をするかを生徒に考えさせ、これからの生活に生かす態度を身に付けさせる。

　本学級の生徒は、学校や学級のきまりに関心を持っているので、きまりを守ることが大切であることを学び、人の生命を守るためには、きまりを破る場合があることを考えさせたい。

3　本時の目標
　①　読み物資料を読み、杉原千畝が生きていた時代の状況を説明できる。【知識及び技能】
　②　杉原千畝が外務省の指示に反して、ユダヤ人にビザを発給した理由を考え、発表できる。
　　　【思考力、判断力、表現力等】
　③　人に親切にされたら、それを忘れないようにするとともに、できれば別の人にでも恩返しをしようとする態度を身につける。【学びに向かう力、人間性等】

4　指導過程

時間	主な学習活動	教師の支援
導入 5分	本時の学習の目当てを確認する。 ①「杉原千畝を知っているか。」 　読み物資料の中で、理解しにくい言葉を説明する。 ・日本領事館、ビザ、参事官	・きまりを守ることと生命の大切さを確認する。 ・挙手をさせ、大体の人数を把握する。 ・中学生の発達段階を考え、まだ学習していない言葉を説明するように配慮する。
扉開 40分	②「リトアニア赴任したとき、杉原千畝の仕事は何でしたか。」	・外交官の職務を説明したうえで、杉原千畝の仕事を考えさせる。

・ソ連に関する情報を集め、日本の外務省に送ること	・日本とソ連やドイツなどとの政治的・軍事的関係を理解させる。
・リトアニアとの友好を深めるため	・外交官の仕事には文化交流なども含まれることに気付かせる。
・日本の文化を知ってもらうため	
③「ユダヤ人へのビザ発給に対する日本の外務省の考えは何ですか。また、その理由は何ですか。」	・当時の世界の状況に基づき、日本の外務省の方針を考えさせる。
・ビザ発給はしない。	
・ドイツとの同盟があるから。	・外務省の立場を理解させる。
⑤「なぜ杉原千畝は日本の外務省に逆らい、ビザを発給しましたか。」	・外務省の方針の順守とユダヤ人の生命を助けることの優先順位を考えさせる。
・ユダヤ人の生命の方が大切だと思ったから。	
⑥「皆が杉原千畝やその家族の立場になり、その気持ちを言ってください。」	・立場を変えて、家族の視点からビザ発給の是非を考えさせる。
・ユダヤ人の生命を助けたいが、家族の生活も大切である。	・家族の立場から、家族の生活が大切であることを理解させる。
⑦「戦後に、ユダヤ人が杉原千畝を探し続けた理由は何ですか。」	・杉原千畝に感謝する気持ちを持ち続けたことに気付かせる。
・生命を助けられたことを忘れなかったから。	・杉原千畝の生き方を手本にして、自分が将来人を助けたり、親切にしたりすることを考えさせる。
・表彰をするため。	
終末 5分 ⑧「杉原千畝や助けられたユダヤ人の生き方から学んだことをこれからどのように生かしますか。」	・自分ができること、将来実行しようとすることをそれぞれ考えさせる。
・困っている人を助ける。	
・親切にされたら、忘れない。	

あとがき

2017（平成29）年に告示され、改訂された新しい幼稚園教育要領、小学校学習指導要領に準拠した新しい教育の理論及び指導法のテキストをという求めに応じて、本書は企画された。

今回の新要領の内容を大づかみでいうならば、「何を」学ぶかを重視する考えから「どのように」学ぶかを重視する方向への変換だと言えようか。あるいは知識から知恵への変換と言ってもよいかもしれない。じつは、両方とも大切だということを念頭に言う（要領もよく読めばそう書かれていると思う）のであるが、今まで知識が大手を振って歩きすぎていたという反省から、今回の新要領ができたということかもしれない。

記憶していれば何とかなる受験勉強というのがある。その昔、英単語を覚えるために辞書を丸暗記して覚えた部分を千切って食べた人がいるという噂があった。暗記すれば何とかなるという筆記試験があった。スタティックでしたがって知識にそれほどの変更がない社会ならば、それで生きていくための力が身についたと見做されたのだろう。

それが、いま・ここでは、まったく予見できない流動性が目につく社会となった。

手元に『朝日ジュニア学習年鑑2017』がある。それを見ると、たとえば世界の人口の推移では、1950年に25億人と言われていたのが、2010年には69億人である。この流動する数字（「何を」）を暗記して役立つものかという反省がある。知識よりも、この推移から分かることを分析し、これから「どのように」人口問題を解決したらよいか考える方法を重んじる教育にウェイトが移るのは、社会の趨勢として了解できる。それも、他者から暗記せよと押しつけられるのでなく、自分から方法を考えて、他者と協働しながらよりよい考えに至ろうとするいとなみ、これを「主体的・対話的で深い学び」と称して、教育の大きな目標に掲げたのが新しい要領の特色なのだと了解できる。

それと同時に、特に国語科や社会科に顕著なことだけれども、日本に生きる一員としてのアイデンティティを「伝統文化」などの「何を」を言挙げする形で取り上げている。これは、我が主体を働かせて考えると、先の学習年鑑で見かけた国民総所得（GNI）での数値（日本はアメリカの3分の1以下、中国の2分の1以下）や一人当たりのGNIがノルウェイの3分の1強、アラブ首長国連邦、クウェート、ブルネイよりも若干下位にあることや、工業で見ると自動車の生産が中国の約3分の1という状況等に象徴される、経済大国日本の自信喪失（コンプレックス）の裏返しみたいだと思ってしまうのではあるが。

「何を」と「どのように」とが、この辺りでは齟齬をきたしていまいかとの危惧も生じうる。とはいうものの、こうも思う。古代中国の孔丘の言「学而不思則罔、思而不学則殆」をもっと思い起こすべきでないか、と。学＝知識を身に付けるだけでも、思＝考えを深めるだけでも不充分なのだと。両者の天秤の上に人間は生きられるのだと。教員現場に生きている一人として、このテキストを作りながらこんなことを悩みつつ考えていた。

なお、新しい教育要領や学習指導要領等の引用は文部科学省HP及び文部科学省が著作刊行権を有する刊行物に準拠している。

編者　高木 史人

執筆者紹介（順不同）

●編著者

生野　金三（しょうの　きんぞう）
尚絅大学短期大学部特任教授（国語科教育学・児童文学・教育方法論）
著書：『改稿新美南吉研究』（単著、萌文書林、2014年）、『保育・教職実践演習』（共編著、萌文書林、2016年）、『教育の方法と技術』（単著、教材開発出版会、2016年）。論文：「主体的・対話的で深い学びの研究—アクティブ・ラーニングの視点から—」（『人文科教育研究』44、2017年）
〔まえがき、第Ⅰ章1・2、第Ⅱ章1・2、第Ⅲ章1・2・3・4、補章1・3〕

香田　健治（こうだ　けんじ）
関西福祉科学大学講師（生活科教育、教育方法論、教育評価論）
著書：『気付きの質を高める生活科指導法』（分担執筆、東洋館出版社、2011年）。論文：「国語科における言語活動と学習評価に関する研究—『モデレーション法』による評価を通して—」（『個性化教育研究』8、日本個性化教育学会、2017年）
〔第Ⅰ章1、第Ⅱ章1・2、第Ⅲ章2・4、補章2・3〕

湯川　雅紀（ゆかわ　まさき）
関西福祉科学大学准教授（図工・美術教育研究、画家）
論文：「ゲルハルト・リヒターの抽象絵画が拓く絵画教育—学校美術教育におけるリヒター絵画の題材化とその実践—」（『美術教育学』第35号、2014年）。作品発表：『第5回 VOCA 展』大賞（上野の森美術館、1998年）、『日本の絵画の50年』（和歌山県立近代美術館、2013年）。作品収蔵：東京国立近代美術館、国立国際美術館等
〔第Ⅱ章1・2、第Ⅲ章2・4、補章2・3〕〔表紙デザイン〕

高木　史人（たかぎ　ふみと）
関西福祉科学大学教授（国語科教育・日本文学・口承文芸研究）
著書：『日本説話小事典』（共編、大修館書店、2002年）、『「採集」という連携』（共編著、関西福祉科学大学高木研究室、2016年）。論文：「社会的・競＝共演的でひろい悟り」へのアプローチ」（『口承文芸研究』42、日本口承文芸学会、2018年）
〔第Ⅰ章1、第Ⅱ章1・2、第Ⅲ章2・4、補章2・3、あとがき〕

●著者

阿久根　崇（あくね　たかし）
鹿児島大学教育学部附属小学校教諭（外国語科）
論文：「子どもが生き生きとコミュニケーションを図る中学年の英語活動の創造」（『鹿児島大学教育学部教育実践研究紀要』鹿児島大学教育学部附属教育実践総合センター、2015年）、「外国語科の特質に応じた深い学びについて」（共著、『鹿児島大学教育学部教育実践研究紀要』鹿児島大学教育学部附属教育実践総合センター、2018年）
〔第Ⅱ章2、第Ⅲ章4〕

伊藤　利明（いとう　としあき）
関西福祉科学大学教授（道徳教育）
著書：『教育学の展開』（中部日本教育文化会、2013年）、『生涯学習の理論』（中部日本教育文化会、2015年）、『乳幼児の教育』（中部日本教育文化会、2016年）、『現代の道徳教育』（中部日本教育文化会、2016年）
第Ⅱ章2、第Ⅲ章4、補章2・3

浦郷　淳（うらごう　あつし）

佐賀大学教育学部附属小学校教諭（算数科教育、生活科教育、総合的な学習の時間、教育評価研究）

論文：「算数科授業におけるi－Pad利用に関する研究－2年生での意見の交流場面に着目して－」（『個性化教育研究・第7号』日本個性化教育学会、2016年）、「総合的な学習の時間における評価研修の意義に関する研究　－小学校3年生の成果物を　活用して－」（『せいかつ＆そうごう第23号』日本生活科・総合的学習教育学会、2016年）

〔第Ⅱ章2、第Ⅲ章4〕

小山内　弘和（おさない　ひろかず）

川口短期大学准教授（健康科学）

論文：「短期大学女子学生の身体組成に関する検討」（『川口短大紀要』29、川口短期大学、2015年）、「保育・教職課程所属の学生が考える運動遊びの傾向について」（『川口短大紀要』31、川口短期大学、2017年）

〔第Ⅱ章2、第Ⅲ章4〕

小西　正雄（こにし　まさお）

関西福祉科学大学教授（社会認識教育論、教育文化人間論）

著書：『提案する社会科』（単著、明治図書、1992年）『教育文化人間論』（単著、東信堂、2010年）、『君は自分と通話できるケータイを持っているか』（単著、東信堂、2012年）

〔第Ⅱ章2、第Ⅲ章4〕

生野　桂子（しょうの　けいこ）

前・宮城学院女子大学教授（家庭科教育学・家庭経営論・教育課程論）

著書：『家庭科教育論』（単著、よしみ工産、1998年）。論文：「ホール・ランゲージ・アプローチによる総合的プログラムの実践」（『宮城学院女子大学発達科学研究』2013年）、「明治期の統合的教授論 - 樋口勘次郎の統合主義・活動主義教授法より -」（『宮城学院女子大学発達科学研究』2011年）

〔第Ⅱ章2、第Ⅲ章4〕

髙塚　桂子（たかつか　けいこ）

関西福祉科学大学教授（コンサートピアニスト・音楽学・音楽教育学・フランス音楽研究）

著書：『ピアニストによる絵画批評』（芸術出版）、「フランスと私」（『ふらんす月刊誌』白水社、2010年）、『作曲家フランク・マルタンの一考察―ピエール・ド・ロンサールの歌曲作品を例に―』（2011年）、ルイーズ・マティユ著『ダルクローズのリトミック音楽教育の現況の一考察』（訳書、2015年）

〔第Ⅱ章2、第Ⅲ章4〕

福山　多江子（ふくやま　たえこ）

東京成徳短期大学教授（幼児教育）

著書：『子どものいまとみらいを考える教育課程・保育課程論』（共著、みらい、2014年）、『保育実践辞典』（共著、すずき出版、2016年）、『幼稚園教育実習』（共著、一藝社、2017年）。論文：「実践的指導力の育成を志向して―保育観の形成を通して―」（『東京成徳短期大学紀要』No.51、2017年）、「アクティブ・ラーニング研究―学びに向かう活動を通して―」（『東京成徳短期大学紀要』No.51、2017年）

〔第Ⅱ章1〕

山本　真紀（やまもと　まき）

関西福祉科学大学教授（理科教育・生物学・遺伝学）

著書：『「共生」に学ぶ―生き物の知恵―』（単著、裳華房、2005年）、『クロモソーム―植物染色体研究の方法―』（共著、養賢堂、2006年）。論文：「遺伝教育におけるシンガポールと日本の比較―シンガポール教育の優れた点―」（『生物の科学　遺伝』69、2015年）、「学習指導要領の研究―新旧学習指導要領理科の対比による小学校理科学習指導要領の改善についての検討―」（『総合福祉科学研究』8、2017年）

〔第Ⅱ章2、第Ⅲ章4〕

幼稚園・小学校教育の理論と指導法

発行日	2018年2月15日　初版
	2019年3月25日　再版
編　者	生野 金三
	香田 健治
	湯川 雅紀
	高木 史人
発行者	加曽利達孝
発行所	図書出版 鼎 書 房
	〒132-0031　東京都江戸川区松島2-17-2
	TEL・FAX 03-3654-1064
	URL　http://www.kanae-shobo.com
印刷所	イイジマ・ＴＯＰ　製本所　エイワ

ISBN978-4-907282-41-7 C1037